兴义民族师范学院博士科研启动基金项目资助：

"郑珍理学思想研究"（项目编号：23XYBS16）

贵州省民宗委2025年民族古籍整理研究项目：

"沙滩文化"古籍整理——以郑珍、莫友芝、黎庶昌为主（项目编号：2025011）

王安权 著

郑珍理学思想研究

上海三联书店

前　言

　　晚清是中国理学史上的一个重要时期，程朱、陆王、考据、词章、实学、西学等交织在晚清跌宕的变局之中，形成了一个相互冲突、相互融合的学术场域，程朱理学的"衰而复炽"无疑是这一时代的学术主旋律。在晚清理学的贵州境域，郑珍是一位独特且值得研究的学者，作为立足于程朱理学、精通考据学的宋诗派杰出代表，郑珍治学以"汇聚汉宋"为宗旨，契合了晚清学术环境下学人的情感诉求，郑珍主要以孔孟、程朱、张履祥的思想作为治学根基，不断继承和吸收儒家思想的积极成分，为晚清理学在地方的学术场域开辟了一条路径。

　　在晚清社会动荡、价值失落之际，郑珍的学统，迎合了学人迫切需要复兴儒学的现实需求。在家族学术氛围和湖湘学术思潮的影响下，培养了郑珍融合汉宋、经世致用的学术旨趣。具体而言，郑珍的理学思想在学统上学孔孟而道杨园、治经宗郑玄、百行法程朱、博综"三礼"、探索"五经"。在对家族文化和儒家文化的继承和发扬过程中，郑珍为学为人始终遵循着儒家伦理纲常的道德规范。

　　郑珍充实和发展了朱熹的理气论和天道观，在"理气"先后问题上，接受朱熹的"理在气先"说，主张"理先气后"，并在继承"理气合一"的基础上提出"理气合成"说，在"理气合成"的理论启示下，郑珍认为"气则有终，理则无止"。在"理本论"的认识基础上，郑珍认为"理乃物之本""气乃物之具"。郑珍对朱熹的天道观亦有所阐发，其认为"天道无定"，因而要顺应"天命之理"。郑珍将"天道"和"天命"结合在一起，以"天道"统摄"人心"，将自然之法转化为道德原则，构筑了一座以"天道"贯通"人道"的桥梁。

郑珍的修养工夫论，通过对"天命""天理"的解释，构建了融摄天人的伦理道德价值体系，即无论人生穷达，都应该格致诚正，修齐治平，尽性穷理，以达到天人合一。故而，郑珍在处己之道、处事之道、处人之道等基本修养工夫方面有所创建。郑珍处己之工夫表现在："修己以静"与"自修可恃"、"慎独思敬"与"戒慎羞愧"；处人之工夫表现在："孝悌慈谅"与"尊亲仁爱"、"尚朴之道"与"质朴之气"；处事之工夫表现在："事必求是"与"言必求诚"、"言必顾信"与"行必中礼"等。郑珍体认"天理"构建道德思想体系，以此达到提升修养工夫的目的，即通过"学"来体认天理，认识到"学以为己"的重要性，并将"静以修身，俭以养德"的儒家修身理念，贯彻到处己、处人、处事之中。

郑珍知行论是以道德的修养和实践为主，其主要内容是："治经宗汉"与"析理尊宋"、"由经知汉"与"由理知宋"；其主要方法是："人求合于经"与"经求合于人"；其主要目的是："读书通古今"与"行身戒不义"。从郑珍的知行先后的关系上看，郑珍主张知先于行，即"论读书必归到经术行义上"；从知行的轻重关系上看，郑珍主张行重于知，即"行一分，始算得真知一分"；从知行的联系上看，郑珍主张知行相互影响、相互联系，不可分割，即"学行并进""文质相宜"。从本质上说，郑珍的认知论是基于体认天理、寻求道德实践路径的认知论，是提升道德实践能力的认知论。

郑珍伦理观认为"有欲斯有理"与"理欲皆自然"，继而提出既要"存天地之理"、又要"存寒饿之欲"二者并存的观点，形成了自己特有的理欲论。郑珍的生死观受孔子、张载的影响，认为"杀身以成仁"，以求"自全之道"，同时，郑珍提出了"生顺没宁"与"死得其所"的生死观，虽然郑珍认为"天道有难识"，但依然崇尚"此心终不移""达则富贵若固有，穷亦名誉不去身"的气节观。在德性论方面，郑珍主张"尊德性"而"道问学"，并"以道德相师"与"以仁义相友"，认为"气节高一代"与"言行法万世"。

郑珍在继承儒家经世理念的基础上，提出了许多经世致用的主张，包括"亲民、教化、贤才"等方面的理念，如其"亲民"理念包括"养民者食"与"戴君者民"、"饥寒乱之本"与"饱暖治之原"、"先富后教"与"不扰而治"；"教化"理念包括"好学深思"与"务求切实"、"致思得其真"与"能师尽其学"、"以辨明华夷"与"以道处蛮夷"；"贤才"理念包括："国本贤才"与"用贤之道"、"学至圣人"与"求圣之道"等。郑珍注重实际运用，在民生、教育、政治等方面提出了许多具有现实意义的主张，对地方政府改善民生、施行教化、育人选才等方面具有重要的指导意义，为地方经济、文化、政治建设作出了积极的贡献。

总之，郑珍理学思想是以理气论、工夫论、知行论、伦理观、经世思想等方面构成的学说体系。在这个学说体系中，蕴含了许多思想精华，对晚清理学作出了一定的理论贡献，在实践方面产生了一定的影响，值得我们研究和关注。

目　录

导　言

  在相当长的时间里,人们对贵州的印象是"怪杀天无三日晴,怪杀地无三里平"①,"偏僻""落后"成为贵州的标签。时至今日,贵州依然背负着两大"偏见":一个是"夜郎自大";另一个则是"黔驴技穷"。这是人们对贵州的地域刻板印象,甚至形成了严重的地域偏见。诚然,"夜郎自大"真实记载于《史记》:"西南夷君长以什数,夜郎最大"②,原意旨在表达夜郎属西南夷地区的最大领地,后来竟被引申为"夜郎自大""妄自尊大"。"黔驴技穷"则被莫名其妙地颠倒了主次,"黔驴"出自《柳宗元集》:"黔无驴,有好事者船载以入。至则无可用,放之山下。虎见之,庞然大物也,以为神"③,原意旨在表达当时黔地本无驴,后来有好事者不知从何处弄来一只驴,黔地之虎与不明来历之驴相互斗法,"计之曰:

———————————

① 雷梦水、潘超、孙忠铨、钟山:《中华竹枝词》,北京:北京古籍出版社,1996 年,第 3542 - 3543 页。
② (汉)司马迁:《史记·卷一百一十六》,裴骃集解、司马贞索隐、张守节正义,北京:中华书局,1982 年,第 2991 页。
③ (唐)柳宗元:《柳宗元集·卷十九》,北京:中华书局,1979 年,第 534 页。

'技止此耳！'因跳踉大㘞。断其喉，尽其肉，乃去"①，此驴技穷，最后被虎吃掉，意在表达"无计可施"，后来硬生生弄出一个"黔驴技穷"。此二者虽是演绎和引申，但不免有贬义之嫌。

当前，许多人对贵州的认知仍停留在"穷山恶水"的印象之中，客观地说，与其他省份相比，贵州的经济状况、文化教育等方面较为落后。但近年来，随着国家扶贫政策倾斜和贵州抢抓高质量发展机遇，外出求学的学子纷纷返回黔中之地，甚至吸引了许多优秀人才扎根贵州、干事创业。贵州青山绿水环绕，自然风光一绝，民族文化独具特色，旅游资源丰富多彩，发展特色经济产业潜力巨大，前景广阔。贵州正步入新时代跨越式发展的历史轨道，一幅立体多彩的贵州画卷正徐徐展示在世人面前。蜀先辈诗人赵香宋先生《南望》诗云："绝代经巢第一流，乡人往往讳蛮陬。君看缥缈綦江路，万马如龙出贵州。"②曾经的穷山恶水，已然成为青山绿水之地，犹如世外桃源。深入探讨贵州的历史文化，所谓地域的贫瘠并不代表文明的隔绝，早在汉代时期，舍人、盛览、尹珍等贵州名士就致力于传播中原主流文化，积极将儒家文化带到西南地区，这也意示着贵州文治教化的真正开始。明永乐年间，贵州建省，自此便有"六千举人""七百进士"之说，③这些数据有《黔记》《黔诗纪略》《黔诗纪略补编》等史料证实。清代以来，贵州渐有文人雅士，而继黔北"沙滩文化"崛起之后，黔之各地更

①（唐）柳宗元：《柳宗元集·卷十九》，北京：中华书局，1979 年，第 535 页。

②（清）郑珍：《巢经巢诗钞注释·历代名家论郑珍诗摘编》，龙先绪注，西安：三秦出版社，2002 年，第 6 页。

③ 参见庞思纯：《明清贵州六千举人》，贵阳：贵州人民出版社，2006 年；庞思纯：《明清贵州七百进士》，贵阳：贵州人民出版社，2021 年。

是人才辈出,如贵阳李端棻、兴义张之洞、毕节丁宝桢等,渐趋文化生态形成之势,而被称为晚清"西南巨儒"的诗人郑珍,文风独特,享有"清诗三百年,王气在夜郎"①之美誉。那么,所谓"偏远之地"缘何爆发出如此巨大的文化能量?晚清贵州文人呈现出怎样的意识形态?新时代的贵州将如何继承和发扬优良的文化传统?带着这些疑问,通过对贵州晚清名人学者相关资料的搜集,"沙滩文化"代表性人物郑珍进入了我的研究视野。

一、选题综述

郑珍(1806—1864),贵州遵义人,字子尹,晚号柴翁,别号五尺道人。清代儒者、诗人、文学家。郑珍治学根柢源于孔孟、程朱之学,是晚清贵州学人中的杰出代表,是清代贵州文化的重要坐标。郑珍一生著作宏富,学术成就斐然,其"通汉宋之律,不执成见,洵一代通儒也"②,融摄考据、义理于一身,是晚清"汇聚汉宋"之学术潮流在地方上的一个独特印记,代表了当时贵州学界的最高水准。然而,对郑珍的研究多在考据和诗文等领域,对其义理思想成就的研究未得到学界充分的重视,兰州大学敦煌学研究所邹芳望说:"书缺有间,我们今天已很难找出郑珍弥合汉宋两学的具体学思历程。观其后郑珍的论学诗《招张子佩琚》可知,他这时的议论已趋于持平,程朱的格致'非冥悟',而是'祖周实郊郑',学程朱而'谈性命',只是'俗士'所为,这一见解似乎已回到莫与俦以程朱之学为笃实的路上来了;同时,他也认为清代的'绝学'

---

① 钱仲联:《梦苕庵清代文学论集》,济南:齐鲁书社,1983 年,第 4 页。
② 周恭寿修,赵恺纂:《民国续遵义府志》,民国二十五年刊本,第 1384 页。

'谈经一何盛',汉以前的典籍'字字经鞠证',其成绩'直耸高密堂,上与日月并'"①。这段话介绍了郑珍将汉学与宋学持平的学思历程,表明了郑珍对理学的治学倾向,有必要进一步研究其理学的治学成就。

(一) 郑珍学术生平及其著作

郑珍乃道光五年拔贡生,十七年举人,以大挑二等选古州厅(隶属黎平府)儒学训导,历任镇远府学训导、荔波县训导。同治二年,大学士祁寯藻把郑珍推荐于朝廷,朝廷特旨以知县分发江苏补用,②郑珍从小就立志于"求圣成贤"之道,虽大半生耕读硕田,但其子郑知同说:"先子抱不世之才,僻处偏隅,生出晚季,鞶身贫窭,暂位卑官,文章事业,半得之忧虞艰阻之境,岂天之所以玉成完人者,类必如是耶? 然荼檗备尝,以粝食鹑衣终世,垂白厄穷,尤甚重足伤矣,而天复不假之纯嘏,使竟传所业,岂斯文之秘,犹将不欲毕留人世,抑又不可诘焉。第黔中数千人百年以来,求学术之醇且备、与著述之精以富,曾未盛如斯者,得非千古一时之会欤。"③其学术影响冠绝西南,为晚清贵州文化的重要代表人物之一。郑珍治学以儒学为根基,驰名于经学,主攻"三礼"及《说文解字》,旁及经史子集,著述多达 37 种,其义理思想深刻,见解独到。其中最主要的代表著作有《巢经巢经说》一卷、《巢经巢文集》五卷、《说文逸字》二卷、《说文新附考》六卷、《仪礼私笺》八卷、

---

① 邹芳望:《会通汉宋——郑珍、莫友芝学术渊源考》,《社科纵横》2018 年第 5 期。
② 赵尔巽:《清史稿》,民国十七年清史馆铅印本,第 7005 页。
③ 白敦仁:《巢经巢诗钞笺注》,成都:巴蜀书社,1996 年,第 1483 页。

《轮舆私笺》二卷、《凫氏图说》《郑学录》四卷、《巢经巢诗钞》《亲属记》一卷、《深衣考》《遵义府志》《樗茧谱》《老子注》《辑论语三十七家注》等，注疏成就斐然。

其中《巢经巢经说》一卷，收录考据类文章 19 篇，李慈铭曾在《越缦堂读书记》中评价此书"是举一经而全经之体例，俱得要领，益见经文记文之周密无间，而旧读之凭私牵合，灼然可知其误，苦心深识，乃成此创获之解，康成经注，真如日月经天矣"①，称"子尹自言六年之久，反复推寻，始得明备其说。经学最不易言，仪礼尤苦难读。然遇此等疑义，探索之余，涣然冰释，其乐自胜于看他书。今夕续灯，细籀此文，如获异宝，经义悦人，如是如是"②。《巢经巢文集》五卷，体裁多样，内容丰富，严谨流畅，包括游记、杂文、书札、序跋、墓志、游记、人物传记等，文笔淡雅却又不失深刻见解。《斗亭记》《望山堂记》等篇，感情真挚兼具含蓄隽永。

郑珍文字学专著《说文逸字》，专门探讨许慎《说文解字》遗漏问题，增补考订 160 余字。其《说文新附考》重视考订，穷原竟委，引据切洽，"则见其于文字正俗，历历指娄，其递变所由，虽旷沴连篇，逐字穷原竟委，引据切洽，第服其缕悉条贯，绝无支蔓赘辞"③，关于此书，学界已公认为清代同类著作的最高水准。新编《辞源》中，凡遇相关古字，皆有"参见郑珍《说文逸字》"或"参见郑珍《说文新附考》"等注明字样，胡朴安《中国文字学史》引录郑珍注疏多达千字。郑珍晚年撰写《郑学录》，为范晔《后汉书·郑

---

① （清）李慈铭：《越缦堂读书记》，由云龙辑，北京：中华书局，2006 年，第 1221 页。
② 同上。
③ （清）郑珍：《说文新附考叙》，清咫进斋丛书本，第 1 页。

玄传》作注,旁参曲证,无支蔓赘辞,考据精深,为当时研究郑康成不可或缺的文献资料,黎庶昌说:"每堪一疑,献一义,刊漏裁诬,卓然俟圣而不惑,斯亦天下之神勇也。"①《轮舆私笺》《樗茧谱》是郑珍的工艺学著作,蕴涵其经世致用的思想,后由莫友芝作注解,流传广泛。

郑珍《巢经巢诗钞》体现其诗文成就,刊印以来受到学界赞誉,汪辟疆说:"郑氏《巢经巢诗》,理厚思沉,工于变化,几驾程、祁而上,故同光诗人之宗宋诗者,辄奉郑氏为不祧之宗。又云:'程、郑二氏,学术淹雅,诗则植体韩、黄,典赡排奡,理厚思沈,同光派诗人之宗散原者,多从此入'"②。翁同书评价郑珍道:"古近体诗简穆深厚,时见才气,亦有风致。"③赵恺评论说:"诗之名满天下,上颉杜韩苏黄,下颔朱王,已无烦称说。巴陵吴南屏曰:'子尹诗笔横绝一代,似为本朝人所无'。"④吴鼎雪说:"余事为诗文,并雄传古茂,诗尤卓绝。"⑤认为历代诗人中,除李白、杜甫、苏东坡等,鲜有能远驾乎其上者。梁启超肯定郑珍说:"能自辟门户,有清作者举莫及。以余观之,吾乡黎二樵(简)之俦匹耳。立格选辞,有独到处,惜意境狭。"⑥钱仲联认为其诗歌"清代第一",并赐予郑珍"清诗三百年,王气在夜郎,经训一菑畲,破此南天荒"⑦的

① 白敦仁:《巢经巢诗钞笺注》,成都:巴蜀书社,1996年,第1472页。
② 汪辟疆:《光宣诗坛点将录笺证·卷七·额外头领附录·郑珍》,王培军笺证,北京:中华书局,2008年,第773页。
③ 白敦仁:《巢经巢诗钞笺注》,成都:巴蜀书社,1996年,第1507页。
④ 同上,第1525页。
⑤ 同上,第1529页。
⑥ 梁启超:《饮冰室书话》,周岚、常弘编,吉林:时代文艺出版社,1998年,第388页。
⑦ 钱仲联:《梦苕庵清代文学论集》,济南:齐鲁书社,1983年,第138页。

赞美诗句。

黎庶昌对郑珍的学术成就总结道："盖经莫难于《仪礼》,婚丧尤人道之至重,则为《仪礼私笺》;古制莫晦于《考工》,则为《轮舆私笺》《凫氏图说》;小学莫尊于《说文》,以段玉裁、严可均二家之说綦备,则为《说文逸字》及《说文新附考》;奇字莫详于郭忠恕《汗简》,而谬俗实多,则为《汗简笺正》;汉学莫胜于康成,则为《郑学录》。"[①]《清史稿·儒林》收录郑珍传,客观肯定其学术成就,"郑珍及子友芝,遂通许、郑之学,为西南大师"[②],可见,郑珍以其精湛之学术造诣享誉学界。

(二)"沙滩文化"孕育下的"西南巨儒"

"沙滩文化"不仅是晚清贵州文化的重要组成部分,也是中华历史文化宝库中的一朵奇葩。"沙滩文化"的形成,一方面是由于儒家文化的深厚积淀;另一方面是由于黎氏家族奉行"耕读传家"教育理念的必然结果。

1."沙滩文化"简介

"沙滩文化"(今贵州遵义新舟镇沙滩村)在黎氏家族的推动下,孕育了包括郑珍在内的数名贵州文化达人。崇尚"耕读硕田",旨在"弘扬儒学",经过黎氏家族的长期传承,逐渐形成了被学界广泛认可的区域性文化,成为晚清贵州孕育文人儒者的摇篮。道咸时期是"沙滩文化"的发展高峰期,孕育了郑珍、莫友芝、黎庶昌等为主要代表的贵州文化名人,他们不仅在此接受儒家文

---

① 白敦仁:《巢经巢诗钞笺注》,成都:巴蜀书社,1996 年,第 1472 页。
② 赵尔巽:《清史稿》卷五百二十九,民国十七年清史馆铅印本,第 7070 页。

化的熏陶，而且效法孔子、尹珍周游讲学，同时肩负着传播儒家文化的使命担当，为贵州培育了数名文人学者。

从明末至晚清，"沙滩文化"赓续300余年，培育了许多举人进士。抗日战争时期，浙江大学史地研究所编撰的《遵义新志》，把郑、莫、黎三大家族所共同缔造的沙滩地域文化统称为"沙滩文化"，逐渐引起学界的关注，有学者甚至认为其可与"吴越文化""巴蜀文化""河洛文化"等区域性文化相媲美。"沙滩文化"的治学精髓在于：不甘落后、向往文明、吸收外来、反哺乡邦、自强不息、革故鼎新、坚持办学、遗惠后人。道光至光绪年间，在"沙滩文化"的孕育下，从这里走出了几十位文人学者、两位杰出外交家和一批有所作为的官员。他们的研究涉猎广泛，在文学、经学、文字学、天文学、农学、医学、哲学、教育学、语言学等领域，都有很高造诣，学界普遍认为"沙滩文化"的出现，在贵州文化史上是一个奇迹，素有"贵州文化在黔北，黔北文化在沙滩"之称，这句话高度概括了这一地域性文化在贵州的重要地位。郑珍、莫友芝、黎庶昌作为其中的重要代表人物，他们的学术成就在中国学术文化史和思想史上占有一席之地，享誉内外。

在"沙滩文化"的高峰期，人才辈出，且多方面的学术成就居于国内一流水平，郑珍、莫友芝等在《辞海》中有条目记载，有六位名人在《清史稿》中入传，"沙滩文化"和"沙滩名人"成就被编入《中国文学史》《中国文学发展史》等国家级工具书，《大英百科全书》亦有沙滩学者条目。曾国藩、张之洞、梁启超、翁同书，以及章士钊、钱穆、钱钟书、钱仲联、胡先骕、白敦仁等名家都曾高度评价"沙滩文化"。1940年，浙江大学西迁遵义，竺可桢、梅光迪、张其昀等学者考察沙滩,并在《遵义新志》中将沙滩定位为全国知名文化区,一个偏僻地区的文化成就和影响如此之大,全国罕见。

2."沙滩文化"产生的历史文化背景

"沙滩文化"的产生并不是一种偶然的现象,而是有着长期的历史发展过程和深厚的儒家文化积淀,从历史文化发展的角度来看,可从间接文化背景和直接文化背景两个方面追本溯源。

间接文化背景方面,在贵州文化发展的进程中,贵州与中原的接触日益频繁,本土文化与中原文化逐渐接轨,融合渗透,贵州学者的视野不断开阔,贵州独特的地理和气候环境,都为"沙滩文化"的形成奠定了良好的基础。

先秦时期的文献中,关于贵州的记载仅限于疆域边界等问题,对其文化发展的记录并不多见,这是由于当时贵州处于蛮荒之地,区域闭塞,许多领域有待开发,加之受到"贵中华,贱夷狄"思想的主导,中原主流话语体系并没有将先秦贵州历史文化纳入考量范围。就目前所掌握的资料来看,西汉时期的犍为郡鄨邑(遵义),出现了一位叫舍人[①]的学问家,著有《尔雅注》[②]三卷,这是正史记载的关于贵州文化的第一人。莫友芝在《遵义府志·犍为问学传》中评价舍人"通贯百家,学究天人,与相如、张叔辈上下驰骋,同辟一代绝诣,淑文翁之雅化,导道真之北学。南中若奠先

---

① 舍人,古代贵州的文化先驱者,汉武帝时代犍为郡鄨邑(今贵州遵义)人,西汉时学问家。曾任犍为郡文学卒史,著有《尔雅注》三卷。《尔雅》是春秋到西汉初期,儒家为了解释经书编辑而成的一部训诂书籍,将中国古代经传中难懂的同义词和各种名物,分别归类,逐一解释。它是我国古代解释词和名物的第一部重要词书。尽管如此,一般人阅读起来仍感艰深难懂,不易理解。因此犍为文学卒史舍人特为该书作注,"注古所未训之经,其通贯百家,学究无人"。此书南朝肖梁时期失传。

② 冯楠:《贵州通志·人物志》,贵阳:贵州人民出版社,2000年,第7页。

师,断推文学鼻祖"①,与舍人同时代的盛览②,曾拜于司马相如门
下,研习诗词歌赋,后来到贵州从事教育工作,积极传播中原主流
文化,促进了当时贵州与外界的文化交流与发展。范晔在《后汉
书·西南夷》中记载了东汉尹珍③的事迹,他走出大山,不远千里
拜许慎为师,并将汉文化带回家乡,尹珍是中原主流文化的传播
者,也是西南地区汉文化的开拓者。舍人、盛览、尹珍三人在贵州
积极传播中原主流文化,意味着贵州文治教化的开始。

宋元时期,中原主流文化在贵州地区得到了进一步的传播和
发展,但由于地方志版本的散佚,未能得到很好的保留和传世,贵
州文化发展的具体状况已无从考证。明朝开始,地方志均对贵州
文化发展作了较为详细的记载,尤其是少数民族类的文献为我们
研究贵州本土文化提供了重要的参考价值。

明清是贵州本土文化形成和发展的重要时期。贵州在明代
建省之后,政府对贵州进行了大规模的建设和开发,中原儒学在
贵州逐步推广,贵州本土文化也开始进入学界视野。贵州现存最
早的地方志《贵州图经新志》,较为详细地记载了当时贵州各地儒
学及书院的发展情况,此外,还有明清时期设局修撰的《贵州通

---

① (清)郑珍:《道光遵义府志》卷三十三,清道光刻本,第 1458 页。
② 盛览,字长通,汉武帝叶榆(云南大理)人。据传,汉武帝时,著名的辞赋家司马相如通西
　南夷,叶榆(云南大理)人张叔、盛览到四川若水(今四川西昌附近)学习汉学,"归教乡
　里"。盛览著有《赋心》4 卷。这是关于白族先民使用汉文写作的最早记录。
③ 尹珍(79—162),字道真,东汉牂牁郡毋敛(今贵州正安境内)人,是贵州最早见诸文字,
　最先走出大山、叩问中原文化的著名儒学者、文学家、教育家和书法家,曾任尚书承郎、
　荆州刺史等职。尹道真是贵州汉文化的传播人,西南汉文化教育的开拓者,数千年来一
　直受到人们的敬仰。川滇黔三省皆留其办校的遗迹,祭祀庙宇香火绵延。作为贵州文化
　教育之拓荒人,尹珍那种不甘落后、奋发自强、热爱家乡、回报故土的精神便成为贵州学
　人的楷模。

志》,(明)郭子章《黔记》、(清)田雯《黔书》及李宗昉《黔记》等为代表的地方志,对贵州历史文化的发展情况均有载录。

据《贵州通志·人物志》和《贵州通志·艺文志》的记载,汉魏至清代,贵州籍以及留寓贵州的文人名家达 4800 余人,涵盖军事、政治、文化、忠义、德行、隐逸、方技、方外等方面。民国《贵州通志·艺文志》记录的著述多达 1966 部,且大多数为明清时期的典籍。由此可见,古代贵州文化发展的高峰期是在明清时期,这一现象主要得益于尹珍等人把中原主流文化带入贵州,播撒种子,生根发芽。

尹珍,是贵州最早见于文字记载的文化名人,是最先走出贵州大山叩问中原文化的著名儒者、文学家、教育家,是西南地区汉文化教育的拓荒者,受到后世敬仰。至今,川滇黔三省仍保留其办校的遗址,祭祀香火不断。作为贵州文化教育的鼻祖,尹珍那种不甘落后、奋发自强、热爱家乡、回报故土的精神一直是贵州学人的楷模,"沙滩文化"的精神理念便来源于此,作为汉代经师大儒,尹珍四处讲学授课、献身乡邦的精神生生不息,绵延流芳。为纪念尹珍,遵义新州镇设有尹珍"务本堂"及道真先生之神位,遗迹尚存。"务本堂"之"务本",取自孔子"君子务本,本立而道生,孝弟也者,其为仁之本与"(《论语·学而篇》)。贵州在明清时期开始重视文化建设,尤其是明朝实行改土归流之后,朝廷为了加强对贵州的控制和管理,不断派遣学者和官员入驻贵州,同时,贵州学子也不断与外界进行交流,这为贵州汉文化的发展和传播,为中原正统思想的传入起到了重要的促进作用。为纪念尹珍和加强文化交流,官方专门设立尹珍祠堂。贵州各地相继修建孔庙、设尹公专祠,清代扶风山王阳明祠旁还配道真专祠。道光时期,遵义府教授莫与俦设"汉三贤祠",以纪念尹珍、舍人和盛览三位贵州文化名人,正是受到莫与俦设立"汉三贤祠"的启发,后人还把郑珍、莫友芝、黎庶昌奉为"清三贤"。嘉庆时期,贵州各府县书院,始设尹公木主,尊崇尹公之风盛行,出现了郑珍笔下"凡属牂牁旧县,无地不称先师,食乡社"的盛况。

清代汉学兴起,莫与俦在遵义传播汉学和弘扬尹珍精神,把尹珍之学称为"毋敛学",而称自己为"毋敛学"的传薪人。莫与俦的得意门生郑珍,曾效仿尹珍出黔拜访名师,即郑珍曾往长沙拜程恩泽为师,其"东学长沙"与尹珍"北学中原"颇为辉映,因此,程恩泽特赐尹珍之姓为郑珍之字,取为"子尹",以激励子尹学习尹珍的治学精神,奉献黔邦教育事业,郑子尹之字便由此而来。在儒家文化精神的传播和影响下,贵州明清之际出现了"六千举人,七百进士"的壮举,且沾溉着"西南巨儒"郑珍和莫友芝,培植着光华显世的"沙滩文化"。

直接文化背景方面,居住于贵州遵义沙滩地区的黎氏家族,其文化渊源深厚,代有才人出,在血缘和地缘关系的相互作用下,黎氏的家族声望、教育理念、家教家风等,直接推动了"沙滩文化"的形成和发展。

黎氏家族祖籍四川广安,宋朝便出过诗人,与苏轼交往甚密,明朝点过"状元",官至礼部尚书,堪称名门望族,在当地为诗礼传家之典范。改土归流后,黎氏家族的一个分支便来到沙滩地区占籍,渔樵耕读,世代相传。沙滩地区的居民中,黎氏家族占了九成以上,学界对"沙滩文化"发展区间的最早界定,是以乾隆四十四年(1779 年)黎氏第八代黎安理中举为起点,到清末科举制的废除为止,约 130 年,故学界有"沾溉百余年"之说。兹认为沙滩文化的起源可追溯到第一代祖黎朝邦,亦 300 年有余。

沙滩地区黎氏家族第一代先祖为"沙滩文化"的起点,是"沙滩文化"形成的直接根源。明万历二十八年(1600 年),沙滩黎氏第一世祖黎朝邦随四川总兵刘挺平定播州叛乱入黔,次年改土归流后,辗转数次,黎朝邦来到沙滩地区,最终选在此处扎根定居,以耕读传家。据《遵义沙滩黎氏家谱》记载,黎氏家族本居于"广安渠江之金山里",后因兄弟争夺田地,于是黎朝邦"厥后二十九年而播州杨氏平,地入遵义、平越两府,分属川贵。更徙卜遵义治东八十里乐安水上之沙滩居焉"①,家谱记载了黎氏先祖在黔的宦游情况以及家族文化渊源。身为读书人,黎朝邦入黔之前便有功名在身,待其定居沙滩之后,"其所卜居之业,治家之法,饶有古儒风焉"②,他将家族家风与汉文化结合起来,沾溉如缕,形成家教家风,传扬后代。自此,黎氏家族便以儒家正统思想规范言行、修身治家。即使在冷籍"三代不应清朝科举"的政策束缚下,虽仕途无望,仍能使族人读书明理、陶冶情操、升华性情。

黎朝邦说:"载月着犁锄,栉淋风露雨,嗟彼膝前人,相看默相依,诗书旧生涯,功名行潦水,呜呼金石言,世世宜循轨。"③内容多在诗书礼仪,"治家之法于子孙之诗礼,文物(读与耕)四时课将之,仪节饶有古儒风焉"④,正因黎氏第一代秉承耕读结合的优良

---

① (清)郑珍:《道光遵义府志》卷二十九,清道光刻本,第 1247 页。
② (清)黎庶昌:《遵义沙滩黎氏家谱》,光绪十五年南京刻本。
③ 同上。
④ 同上。

传统,才有了沙滩黎氏第二代黎怀仁,以庠生从军,著有《程子注》《易经注》。第三代黎民忻,以道德文章鸣极一时。第四代黎烈,先任大理府经历,后任川东道经历,著有《增删四书》《解增补易注》等,集学问、故事、地理秘决于诸稿。黎耀虽以农为生,但其"躬领家政,事亲有道,温清定省,率家人以礼法,每遇元旦、庆节、生辰,鸡鸣时子妇孙曾即起,拜跪称觞,无敢惰慢,若迟至曙则有罚"①。第五代黎天明,"生平忠直自处,仁厚待人。上事先白祖,下友诸弟,庭无闲言"②,虽资质一般,仍能以诗书垂范后人。第六世黎国士以"礼"规范家风,其一言一行皆奉宋儒为圭臬,"葬祭必依于礼",且"治家有道,内外必肃。以耕读、勤俭、孝友垂训后人"③,在生活方面崇尚俭朴,如"饮食衣服、一缕一栗、必爱惜。遇喜庭,寿节,岁时,伏腊,毋糜费,毋奢华、闺门之内、秩秩如也"④,黎国士以身垂范,尊礼重道,得到族人的一致认可,见其至,"辄拱立以俟。既尊长,行亦循循规矩。毋敢箕距喧哗"⑤。第七代黎正训,梅溪府庠生,以教书为生,重视家庭教育。

综上,黎氏家教家风传承的现实意义在于:清朝入主中原,在大兴文字狱,打击排除异己的历史背景下,黎氏家族偏安一隅,能坚持儒家文化传家,就大抵守住了汉文化的根脉,就意味着为家族守住了汉文化的"根"和"魂",为后来"沙滩文化"的孕育播下了健康的种子。

---

① (清)黎庶昌:《遵义沙滩黎氏家谱》,光绪十五年南京刻本。
② 同上。
③ 同上。
④ 同上。
⑤ 同上。

3.“西南巨儒”的诞生

黎氏家族第八代黎安理,乾隆举人,曾任山东长山县令,后以教书为业,著有《锄经堂诗文集》《梦余笔谈》等。其为政德行和教育理念对后辈影响很大,培养了黎恂、黎恺两位文才,被誉为“黎氏双璧”。第九代黎恂,即“雪楼先生”,他便是将“沙滩文化”推向巅峰的关键性人物,黎恂对经史的研究颇深,并对“宋五子”推崇备至,著有《蛉石斋诗文集》《千家诗注》《读史纪要》《回书纂义》等。黎恂的妹夫郑文清便是郑珍的父亲,因郑、莫、黎三家互为姻亲,因此,郑氏子尹三兄弟和莫氏子偲五兄弟都得到了黎恂的启蒙和熏陶,虽然黎恂和黎恺家族弟子和门人众多,但是只有郑珍、莫友芝和黎庶昌三人的成就最高,著述甚丰,影响力也最大。

郑珍继承了黎氏家族耕读传家、以儒为尊的传统。“耕”是为了保障基本的物质生存条件,休养生息,图谋发展;“读”是为了将儒家文化传承下去,修身养性,陶冶情操。正是在这数百年来的儒家文化传承,以及个人对道德的理想追求和实践基础,逐渐塑造了名噪一时的山村文化景观,儒家的忠、孝、仁、义、礼、慎、勤、朴等基本文化理念,始终贯穿于黎氏家族以及沙滩地区人民的言行举止之中,这是黎氏家族对文化之魂的坚守和保护。这种对儒家文化的自觉遵守和传承,对黔北人民起到了良好的示范和带动作用。“西南巨儒”的诞生,不仅是数百年来为贵州文化传播事业作出贡献的先贤们的心血积淀,更是儒家文化的强大生命力在黔地生根发芽的必然结果。

(三)晚清时期的湖南理学

嘉道时期,晚清理学“复兴”,汉学渐趋衰落,义理之学获得发展良机,在经世致用的学术环境下,经过统治阶级的政策扶持和理学名家的学术倡导,程朱理学在政治上和思想上都积蓄了力量。晚清咸丰以后,由于各种社会矛盾愈发尖锐,如社会腐败、政治黑暗、经济凋敝、外势入侵等矛盾因素,致使整个国家"病入膏肓""积重难返"。近代爱国思想家张穆痛批晚清时局,"方今良法美意,事事有名无实。譬之于人,五官犹是,手足犹是,而关窍不灵,运动皆滞。是以当极盛之时,而不及四期,已败坏至此"①,将整个社会的状态比作人的五官七窍不灵,濒临垂危,可谓一针见血。为寻求解决时弊的良药,许多有识之士积极反思和探索,大多数学者从儒家德治教化的视角来看待时局,认为国家危机的主因在于"失人心,坏风俗,变成规"②,甚至有学者把社会风俗败坏、道德人心颓堕的原因归结为当时学者对程朱理学的排斥或忽略,如潘德舆说:

> 程、朱二子之学,今之宗之罕矣。其宗之者率七八十年以前之人。近则目为迂疏空滞而薄之,人心风俗之患不可不察也。夫程、朱二子学圣人而思得其全体,所谓德行、言语、政事、文学,殆无一不取而则效之……而七八十年来,学者崇汉唐之解经与百家之杂说,转视二子不足道。无怪其制行之日趋于功利邪僻,而不自知也。③

① (清)张穆:《海疆善后宜重守令论》,北京:中华书局,1963年,第92页。
② (明)王世贞:《鸣凤记》卷上,清刻本,第77页。
③ (清)潘德舆:《养一斋集》卷十八,清道光二十九年刻本,第399页。

这段文字反映了当时社会人心颓惰之因乃忽视义理之学所致,潘德舆的言论意在倡导恢复圣贤义理之学,反映了当时进步学者和士大夫的共同心声,他们认为"欲救人事,恃人才;欲救人才,恃人心;欲救人心,则必恃学术"①。这里的"学术"实指程朱理学,即他们认为只有程朱义理之学才能挽救当时的人心、人才、人事。甚至有学者认为,在各种学术中,只有程朱理学才是正统之学的精要所在,即所谓"正学",才具有"正人心,历风俗,兴教化"的社会效果。如关中理学家李元春说:

> 乃吾儒之学亦且分党而角立,指其名则有记诵之学,有词章之学,有良知之学,今日又有考据之学,而皆不可语于圣贤义理之学。汉儒,记诵之学也;六朝及唐,词章之学也;良知之学,窃圣贤之学而失之过者也;考据之学,袭汉儒之学而流于凿者也。独宋程朱诸子,倡明正学而得其精。通世顾横诋之亦大可感矣。②

李元春的这段文字进一步表明了当时多数学者和士大夫迫切寻求改革时弊的良药,这剂良药便是"倡明正学而得其精"的程朱理学,即程朱诸子之学乃补救人心所倚仗的正统之学。同时,大多数理学家认为考据的治学方法徒废精力,且对当时的社会变革"无多益处""究复何用"。程朱理学以伦理道德思想为核心,能将国家民族意识和个人信仰紧密地结合起来,构成完整的逻辑体

---

① (清)潘德舆:《养一斋集》卷二十二,同治十一年刊本,第18页。
② (清)李元春:《时斋文集初刻》卷二,道光四年刻本,第1页。

系,这更能适应当时的社会需求。由于学术环境转向程朱理学解救时弊的趋势,理学思潮获得了短暂的"复兴",这也给理学家们提供了参与政治的契机,他们不断笼络士大夫,打出"卫道"的旗号,并积极参与到政治、经济等活动中。

就理学士人活动范围的分布情况来看,全国理学学者群体较为活跃的地区主要在陕西、安徽、河南、湖南等地。其中,湖南是晚清理学发展最为活跃的一个区域,这是因为理学在湖南的发展源远流长,本身就有其深厚的理学积淀,如理学的开山鼻祖周敦颐便出自湖南。宋明时期,湖南也是理学活动的中心地区之一,朱熹、张栻、王阳明等先后在湖南从事过学术活动。清代中期,汉学风靡全国,却几乎未波及湖南,其积淀的理学文化根基依然深厚,严如熤对当时湖南理学的发展状况进行概述,所谓"倡明道术,衍朱张之传,湖湘间翕然宗之,一时俊伟奇杰之士,获闻夫子之绪余,皆服右志道为有体有用之学,不区区疲精力于文也"[①],又"汉学风靡一时,而湖湘学子大者专已守残,与湖外风气若不相涉"[②],表明了湖湘理学与其他各省的风格迥异之处,在晚清复兴理学思潮的背景下,湖南更是涌现了一批理学家,如贺长龄、唐鉴、罗泽南、曾国藩、程恩泽等,使湖南成为理学思想最为活跃的地区之一。

晚清时期,湖湘理学名家与贵州往来关系较为密切的便是贺长龄和程恩泽,贺长龄学宗程朱,注重考求经世致用之学,表

---

① (清)严如熤:《乐园文钞·卷三·文会记》,黄守红标点,朱树人校订,长沙:岳麓书社,2013年,第83页。
② 湖南文献委员会:《湖南文献汇编》第二辑,长沙:湖南人民出版社,2008年,第111页。

现出义理与经世合一的学术特色,他不仅当过岳麓书院山长,而且出任过贵州巡抚,在其任内,鼓励办学,提倡教化,培养弟子甚多;程恩泽提出"凡欲通义理者必自训诂始"的治学理念,郑珍、莫友芝等皆受其学风的影响。湖湘士人长期与毗邻的贵州密切来往,亦频繁到贵州任职传道,贵州学者也时常往返湘黔两地进行学术交流活动,使理学思想在贵州得到了很好的传播和发展。

(四)晚清时期的贵州理学

明朝中后期,"心学"开始在贵州传播,这一方面得益于王阳明,其被贬龙场悟道期间,培养了一批心学弟子,使贵州成为阳明心学的开创之地;另一方面,清代陈法①推崇程朱之学,理学之风盛行,并逐渐走向汉宋合流之路。

王阳明被贬贵州龙场的三年时间里,为贵州培养了一批心学弟子,播下了心学种子,心学在贵州生根发芽,并且被贵州学者所接纳,贵州王学盛极一时,著名学者陈田②说:"吾黔理学,有明以孙文恭、李同野为开先。孙、李之学时有出入,惟定斋祈响紫阳,粹然一出于正。"③

---

① 陈法(1692—1766),字世垂,一字圣泉,晚号定斋,清朝贵州安平(今平坝县)人。清代乾隆年间著名学者,为清初名儒之一。一生著述颇丰,内容涉及哲学、政治、水利、诗文、教育等诸多方面。所著《易笺》为世人所称道,也是贵州唯一入选《四库全书》的学术专著。陈法是贵州开省以来继清平孙应鳌、贵筑周起渭之后又一有影响力的历史人物。同时他对贵州文化开发作出的贡献,也同样值得肯定。

② 陈田(1850—1922),清朝贵州贵阳人,光绪十二年(公元1886年)进士。虽居官清要,却潜心嗜古,辑成《明诗纪事》200卷,参与辑成《黔诗纪略后编》30卷,《略补》3卷,他负责《黔诗纪略后编》各诗家的传证工作,对清代贵州诗人的生平事迹遗闻逸事,考证精详、持论平允。

③ (清)莫庭芝:《黔诗纪略后编·卷七》,贵阳:贵州人民出版社,2014年,第806页。

孙是孙应鳌①，李是李渭②，他们都是贵州明代著名的阳明弟子、名臣大儒，为心学在贵州的传播作出了巨大贡献。陈法则是继"黔中王门"衰落之后，成名于贵州本土的清初程朱派理学家，他是贵州理学思潮从陆王心学转向程朱理学的关键性人物。有学者指出，陈法所倡导的程朱理学，标志着阳明心学在贵州流传百余年之后的余波犹韵在清代宣告完结。③清代，贵州兴起程朱理学之风亦绝非偶然，程朱的笃实作风正好契合当时学风转变之际贵州士人的精神诉求，经过陈法的极力倡导，贵州学人开始推崇程朱理学。在贵州学风由心学向理学的转变过程中，郑珍接受了黎恂、莫与俦、程恩泽等名家的治学理念，又拜读理学大师张履祥《杨园先生集》，郑珍由此对理学产生了浓厚的兴趣，经过长期的耳濡目染并潜移默化于其学思历程中，这些理学思想的积淀为郑珍的学术思想形成奠定了良好的基础。

正值贵州士人追求笃实学风之际，张履祥的思想迎合了贵州学人的学术需求，因而备受重视，黎恂与莫与俦皆推崇张履祥，他们正是这种转变时期的贵州重要代表人物，如黎恂"举杨园《愿学》、《备忘》诸篇谓邑士：士学程、朱必似此，真体实践，始免金

---

① 孙应鳌(1527—1586)，字山甫，号淮海，谥文恭。贵州清平卫(今凯里)人，官至工部尚书。明朝的名臣大儒，是在王阳明学说思想影响下成长起来的理学家，为明代四大理学家之一。
② 李渭(1514—1588)，字湜之，号同野，明朝贵州思南府水德司(今思南县)人。明世宗嘉靖十三年(公元1534年)举人，渭潜心研究儒学，生平无日不以讲学为事，讲学反对空论，主张实践，受人敬仰。他是贵州有名的理学家，一生治学以孔子"四不"为准则，主张修养的功夫是"无欲"，还进一步阐明了王阳明"知行合一"学说。他与清平的孙淮海、贵阳的马心庵被称为王阳明的再传弟子。
③ 张明：《贵州阳明学派思想流变初探》，贵州师范大学硕士论文，2003年。

溪、姚江高明之弊"①，黎恂对张履祥的推崇势必会影响到郑珍，
他把《杨园先生集》有意传授给郑珍，在其监督和指导下，郑珍一
日过目数万言，可谓殚精竭虑、融会贯通。郑珍入遵义学府，适逢
莫与俦任教于此，莫氏主张用程朱的笃实作风弥补心学之不足。
郑珍好友莫友芝治学讲究"不拘拘焉以门户相强"，郑珍对此颇为
赞同，他们都认为应当不避门户偏见，各取所长，即偏执必有害。
湖南程恩泽曾在贵州学政任上将郑珍收入门下，引导其学习儒家
经典，让郑珍有了进一步深造理学的机会，郑珍感悟道："博综五
礼，探索六书，得其纲领。"②在黎恂、莫与俦、程恩泽等的影响下，
郑珍对张履祥推崇备至，清末姚大荣③说："该故儒从（黎）恂得见
《杨园全书》，读而爱之，迻写成帙，诵其书即师其人，因以为进学
阶梯。后复与其友莫友芝竭资重刊《杨园全书》，以惠黔士。今论
者但知该故儒小学、诗歌、古文超绝一代，不知其积基树本，近师
杨园；身体力行，远绍程朱"④。另外，还有一位名家对郑珍的理
学思想产生影响，即贺长龄⑤，乃嘉道时期湖南理学群体中名气

---

① （清）郑珍：《巢经巢诗文集》，民国三年花近楼刻遵义郑征君遗著本，第226页。
② 同上，第537页。
③ 姚大荣（1860—1939），字丽桓，号芷澧，贵州普定人。光绪九年进士，历官内阁中书，起
　居注主事，刑部主事等。辛亥革命后，住北京，专事著述。著有《墨缘汇撰人考》《惜道味
　斋事集》等。
④ （清）郑珍：《郑珍全集》，黄万机点校，上海：上海古籍出版社，2012年，第24页。
⑤ 贺长龄（1785—1848），清朝贵州巡抚、云贵总督。字耦耕，湖南长沙人。道光十六年
　（1836年）任贵州巡抚。任职九年，整顿吏治，禁种禁吸鸦片，劝民种棉、养蚕、织绸。先
　后在贵阳、铜仁、安顺、石阡等府创办书院，在普定、八寨（丹寨）、邱岱（六枝）、松桃等县
　举办义学。刊印《钦定春秋左传读本》《诗书精义汇钞》《礼记精义钞略》《左传义法举要》
　《日知录》等发诸生学习。增设考棚，增加学额，让学子有更多的入仕机会。设立幼
　堂，收养孤儿，聘教师传知识授技艺。倡修地方志，如《遵义府志》《贵阳府志》《安顺府
　志》等。《遵义府志》被梁启超推为"天下府志第一"。

较大者,郑珍得到了他的赏识,特纳入其门下,并且赏阮元《揅经室集》,由此,郑珍积淀了更加深厚的义理思想。在黎恂、莫与俦、程恩泽、贺长龄等名家的指导和培养下,以及受湘黔理学的理念熏陶,在贺长龄等提出的"以经世之学,济义理之穷"的理念倡导下,郑珍的理学思想学统,远法程朱,近宗张履祥。总之,郑珍服膺程朱、融合汉宋、经世致用,成为晚清贵州传播理学思想的重要代表人物之一。

综上所述,郑珍生逢晚清汉宋交汇、朱王合流以及各种思想文化碰撞的大潮流中,上承孔孟和程朱,并与张履祥、黎恂、莫与俦、程恩泽等名家都有密切的师承渊源关系,因而兼采各家所长为其治学之用,极力倡导汇聚汉宋的学术主张。郑珍"治经宗汉""析理尊宋""经世蹈实"的学术精神和实践工夫,标示着晚清理学研究的新向度。

二、选题研究现状

(一) 国内研究现状

晚清时期,理学思想发展的主要特征是继承程朱、经世致用、汉宋会通。继承程朱表现在晚清理学学术思想延续宋明理学,并恪守程朱之学为主要的思想资源;经世致用主要表现在发扬程朱理学之笃实作风,注重实际运用,解决实际问题;汉宋会通主要表现在理学与汉学的融合。

郑珍将经学与实学结合起来,兼收汉宋,融汇孔孟和程朱之学,成为晚清理学的一股潮流。然而,郑珍却只因其诗文成就闻名于世,其理学方面的思想长时间被学界忽视,实际上,在关于郑珍的理学思想研究方面，民国以来就有学者涉猎，近年来也逐渐被学界关注。20世纪80年代以来，关于郑珍思想的研究受到重视，特别是在湖湘理学和贵州"沙滩文化"的视角下，郑珍的学术思想得到了一定程度的关注，总的来说，郑珍的思想研究已经进入到了一个新的阶段。关于晚清理学思想的研究和郑珍理学思想的研究综述如下。

1. 关于晚清理学思想的研究

考据学的兴起，导致清代中期的理学长期受到冷落，直至晚清道光时期，社会、政治、经济、文化发生了深刻的变化，统治阶层和学术界便寄希望通过程朱笃实之学来对世风日下的时局进行补弊救偏，其呼声也日益高涨，程朱理学笃定踏实的学风获得了学界的认可，于是便有了晚清理学的"衰而复炽"。晚清亦涌现了一批理学名家，如唐鉴、曾国藩、倭仁、吴廷栋、李棠阶、罗泽南等，他们积极主张将程朱理学、孔孟之道与经世致用结合起来，着眼于当时社会亟须解决之现实问题。由此可见，晚清理学的复兴并非偶然，程朱理学笃实的学风，契合了晚清经世致用的迫切需求，成为当时之"正学"。

对于晚清理学思想的研究，在《清史稿》《清史列传》《清代七百名人传》中，对晚清理学家的著作与生平事迹均有所记载。《清儒学案》对晚清理学家的治学思想也有所记录，本书以学案体例的形式进行叙述，涉及面广，是一部研究晚清理学思想的重要著作。

萧一山的《清代通史》一书，其中有许多篇幅介绍晚清的学术思想，在卷下第十四章"中兴时代之人物"中，对晚清理学的总体情况作了概述。萧一山认为晚清理学的学术宗旨是"学术由性理而达于经世"①，并在文中多次强调理学是当时"造就人才之根源"。但是萧一山先生主要是从理学或理学家对救亡图存的政治目的来进行阐述的，强调的是晚清理学对政治和社会的作用，而对晚清理学思想的主要脉络未进行系统梳理。

梁启超的《清代学术概论》②对晚清理学家鲜有提及，只是对晚清理学的思想作了一个简要的概括评述，但其认为晚清理学与今文经学是晚清学术思想的重要内容。

钱穆的《中国近三百年学术史》③一书，在中国学术思想史中有很高的地位，是学术思想史类著作的重要代表。这部著作梳理了清代理学名家代表人物的重要思想，观点明确，内涵深刻。钱穆对清代的学术发展概况总结为"此际也，建州治权已腐败不可收拾，而西力东渐，海氛日恶，学者怵于内忧外患，经籍考据不足安定其心神，而经世致用之志复切，乃相率竞及理学家言，几乎若将为清一代之复兴，而考其所得，则较之明遗与乾嘉皆见逊色"④，同时也对理学复兴的重要原因进行了分析，但未提及倭仁、唐鉴、吴廷栋等重要理学家的思想。

美国学者恒慕义的《清代名人传略》⑤一书，收录中国清代800多个名人传记，包括曾国藩、倭仁、方东树、罗泽南等晚清重要

① 萧一山：《清代通史》，北京：中华印书局，1934年，第732页。

② 梁启超：《清代学术概论》，上海：上海古籍出版社，1998年。

③ 钱穆：《中国近三百年学术史》，北京：九州出版社，2011年。

④ 钱穆：《中国学术思想史论丛》，北京：九州出版社，2013年，第365—366页。

⑤ ［美］A.W.恒慕义编著：《清代名人传略》，中国人民大学清史研究所译，西宁：青海人民出版社，1990年。

代表人物,为晚清理学研究拓宽了思路,但传记体对当时晚清理学学术思想的研究依然不足,可作为研究晚清理学的辅助性材料。

新中国成立以后的一段时期,对晚清理学思想的研究主要集中于曾国藩、倭仁等理学名臣的政绩事功,对理学家的学术思想研究甚少。改革开放之后,随着近代史研究的繁荣和学术思想的开放,晚清理学的研究开始受到关注。

20世纪90年代以后,关于晚清理学思想的研究持续深入,这一时期的研究将思想史与政治史紧密结合起来,对晚清理学的研究转向理学名家代表作、主要思想、重要事功等方面,并分类记述,逐渐由政治史、社会史到思想史等领域进行拓展。

龚书铎在《清代理学史》①一书中,阐述了明末清初的学术格局与顺治时期的文化政策,以及康雍两朝的文化政策和康熙的理学思想。本书是一部具有原创性的清代理学史专著,它在收集、挖掘和分析各种文献资料的基础上,对清代理学进行系统性、总结性的研究,对理学史中的一些重要问题如程朱理学、阳明心学及两个派别的离合关系作了详细辨析。但本书对晚清学术思想的论述也不多,其部分内容可作参考之用。

王茂在《清代哲学》②一书中,对明末清初到鸦片战争(大致为1640—1840年)两百年间的哲学思想进行了阐述,认为清代理学是在批判的基础上继承和发展了宋明理学。

张昭军的《晚清民初的理学与经学》③一书,梳理了晚清儒学

① 龚书铎:《清代理学史》,广州:广东教育出版社,2007年。
② 王茂:《清代哲学》,合肥:安徽人民出版社,1992年。
③ 张昭军:《晚清民初的理学与经学》,北京:商务印书馆,2007年。

的发展格局与学术流派，涉及晚清汉学与宋学之调和、晚清理学的分层与流动、曾国藩的理学思想、倭仁的理学思想、康有为与今文经学、章太炎对汉宋之学的阐释、民间社会的宗教信仰等方面的内容。

史革新《晚清理学研究》①一书，考察了晚清理学的发展脉络，介绍了各阶段的代表人物及其著述，对晚清理学与汉学、实学及西学的关系也作了深入研究，总结了晚清理学的学术特点。

汪学群在《清代学问的门径》②中，收录了近代著名学者章太炎、梁启超、罗振玉、王国维、刘师培、傅斯年、钱穆、胡适、邓实、顾颉刚等人评述清代学术的文章有 30 余篇。主要从清代学术与宋明理学的关系、清代的学术精神与治学方法、清代学术的分期与流派、清儒代表人物等四个角度选目，反映了清代学术发展的外在环境、内在理路以及学术思想的独特性，同时汪学群撰写长篇导言，逐一评点所选文章，列举要点，条理观念极有参考价值。汪学群在《清代思想史论》③中，以"清代思想"为主题，阐述了晚清学术思想的基本特色，即理学和史地学的兴起，今文经学则与改良变法相结合，但对晚清理学思想研究甚少。

陈祖武的《清代学术源流》④一书，将清代的学术演进分为清初学术、乾嘉学术、晚清学术三个阶段，并对这三个阶段作了整体性的研究，既有宏观的把握与判断，也有微观的考辨与探析，是目前研究清代学术的佳作。本著作运用学术史与社会史相结合的

---

① 史革新：《晚清理学研究》，北京：商务印书馆，2007 年。
② 汪学群：《清代学问的门径》，北京：中华书局，2009 年。
③ 汪学群：《清代思想史论》，北京：中国社会科学出版社，2007 年。
④ 陈祖武：《清代学术源流》，北京：北京师范大学出版社，2012 年。

研究方法,不仅全面、系统、深刻地阐释了清代学术发展的源流嬗变,而且梳理了清代的学术演进与世运变迁、政治文化与政治导向之间的联系。总之,这是一部功底扎实、内容丰厚、史论结合、视野开阔的著作。

车冬梅的《清代道咸同时期理学学术与思想研究》①一书,通过对清代道咸同时期的理学思想进行了深入的分析和归纳,有助于了解道咸同时期的理学发展状况。

吕妙芬的《明清思想与文化》②为台湾"中央研究院近代史研究所"成立 60 周年的纪念论文集,共收录学者 11 篇学术论文,出版时间跨度 30 余年(1972—2006)。该书分为两部:第一部包含 4 篇论文,主要与生命实践、历史书写、历史建构等主题相关;第二部包含 7 篇论文,主题包含了从清初到晚清各时期的重要学术发展情况与文化现象,以及针对几位代表性理学家思想的研究。

在学术思想的研究中,史革新的《晚清理学研究》是较为系统和深入的研究性著作,史革新将晚清理学的起点设定在嘉庆、道光时期,终止时间为宣统时期。第一章概述晚清理学在嘉道时期"衰而复炽",咸同中兴、光宣衰落。第二章论述程朱陆王的论辩与调和。第三章总结了晚清理学的学术特点,表现为汉宋从"鼎峙"到"合流"的学术趋势,探讨并分析其深层的社会历史原因。第四章阐述了"义理经济"观形成的原因是程朱理学与经世致用相互作用的结果,程朱理学弥补了陆王心学坐入空疏流弊的缺

---

① 车冬梅:《清代道咸同时期理学学术与思想研究》,西安:西北大学出版社,2013 年。
② 吕妙芬:《明清思想与文化》,世界图书出版公司北京公司,2016 年。

陷。最后一章是讲外来思潮冲击下的晚清理学，辨析理学与西学的异同，并指出了理学在与西学的冲突之中逐渐走向衰落的原因。通过论述，史革新先生将晚清理学的特点概括为学者和统治阶级把"务实""求实"的精神融入程朱理学，以避免堕入"文字流弊""束书不观"的空疏境况。史革新的这本书对晚清理学的总体研究较为翔实，对晚清理学家的著作进行整理和提炼，做了许多前人未尽的工作，提出了一些有价值的观点，值得借鉴。

近 20 年来，对于中国近代思想史的研究更是从晚清理学热门专题、主流学者向以往未重视的领域转移，与晚清理学相关的内容也被学界所关注，有不少研究成果，如：喻大华的《晚清文化保守思潮研究》（北京：人民出版社，2001 年），王俊义的《清代学术探研录》（北京：中国社会科学出版社，2002 年），刘仲华的《清代诸子学研究》（北京：中国人民大学出版社，2004 年），郑大华的《晚清思想史》（长沙：湖南师范大学出版社，2005 年），王继平论文集《晚清湖南学术与思想》（长沙：湖南师范大学出版社，2006年），吴通福的《清代新义理观之研究》（南昌：江西人民出版社，2007 年），艾尔曼著、赵刚翻译的《从理学到朴学：中华帝国晚期思想与社会变化面面观》（南京：江苏人民出版社，2018 年），陈谷嘉的《清代理学伦理思想研究》（长沙：湖南大学出版社，2019 年）等等。

近年来，不少学者的学术论文涉及晚清理学的学术复兴、思想特征、经世意蕴、发展路向、理学家个例研究等，如史革新的《理学与晚清社会》（《北京师范大学学报（社会科学版）》1998 年第 4期），李细珠的《理学与"同治中兴"——倭仁与曾国藩比较观察》（《学术月刊》1999 年第 3 期），史革新的《程朱理学与晚清"同治中兴"》(《近代史研究》2003 年第 6 期),程志华的《晚清理学狭小范域的丰富和拓展——曾国藩哲学思想四题》(《哲学研究》2005年第 8 期),张晨怡的《罗泽南与晚清理学复兴》(《清史研究》2006 年第 1 期),史革新的《晚清理学"义理经济"思想探析》(《福建论坛(人文社会科学版)》2007 年第 10 期),刘兰肖的《多维视野中的清代理学》(《中国图书评论》2007 年第 11 期),李陵的《论唐鉴的义理经世思想》(《求索》2008 年第 6 期),李陵的《唐鉴讲学京师与晚清理学群体的形成》(《兰州学刊》2008 年第 7 期),张强、王雪燕的《"内圣"与"外王":晚清理学发展路向与同治中兴》(《求索》2009 年第 2 期),车冬梅的《析晚清理学学术特征》(《西北大学学报(哲学社会科学版)》2009 年第 4 期),车冬梅、刘欣的《析晚清理学之程朱陆王之辨》(《西北大学学报(哲学社会科学版)》2010 年第 1 期),张强的《晚清理学特征刍议》(《社会科学家》2010年第 4 期),武道房的《论曾国藩学术思想的历史地位》(《人文杂志》2014 年第 10 期),朱耀斌的《湘军与晚清理学嬗变》(《学习与实践》2017 年第 10 期),阎昱昊的《论祁寯藻与晚清理学:以同治朝修国史〈循吏传〉为中心》(《社会科学研究》2019 年第 1 期)。

以上材料是对晚清理学思想的研究概况及重要成果进行梳理,对于晚清理学思想研究的时间跨度,主要集中于 20 世纪中后期以及 21 世纪初,体现出由粗略到精细、由感性到理性研究的发展特征。

2. 研究郑珍理学思想的学术著作

郑珍治学的根基是孔孟程朱之学,其理学思想受黎恂、贺长龄的熏陶,后又师从莫与俦、程恩泽等,受到了当时盛行的汉学学风影响，与四人既有知识的磨合，走出了汇通汉宋的治学路径，[①]郑珍治学融摄考据、义理于一身，代表了当时贵州学界的最高水准。深入研究郑珍的理学思想，以及他的这些思想对地方文化的贡献和作用，都有着重要的意义。

晚清时期的学者对郑珍的学术成就有所评述，评述者大多是郑珍亲友或知名学者。如黎庶昌的《郑征君墓表》《拣发江苏知县郑子尹先生行状》等文，叙述了郑珍早年求学历程、人格风范、为人为学，并评价郑珍为"西南巨儒"。莫友芝在《巢经巢诗钞序》[②]中评价郑珍一生，经训成就第一、文笔成就第二、诗歌成就第三。郑知同《敕授文林郎征君显考子尹君行述》一文，从郑氏家族定居遵义的缘起，郑珍生平、为人秉性、学问学术等方面，对郑珍作了较为全面客观的评述。郑知同《〈郑学录〉跋》《〈轮舆图〉序》《〈汗简笺正〉后序》《〈仪礼私笺〉后序》《〈亲属记〉后序》等文，对郑珍经学、文字学著述缘起，郑珍为学情怀、成长过程等情况进行了介绍。除了以上文献资料，这一时期出现了首部研究郑珍《说文逸字》的专著，即李祯的《说文逸字辨证》，但李氏的评价并不是肯定的，他认为郑珍所补辑多违背了许慎原意。这一时期对郑珍理学思想的研究主要集中于其个人事功、人格风范、治学情操等，大多对郑珍的治学成就表示肯定。

民国时期，对郑珍研究的主要成果在于年谱编撰及著述的搜集整理。重要年谱有钱大成的《郑子尹先生年谱》（1935 年）、贺代后的《郑子尹年谱》（1935 年）、吴道安的《郑子尹先生年谱》

---

① 邹芳望：《会通汉宋——郑珍、莫友芝学术渊源考》，《社科纵横》2018 年第 5 期。
② （清）莫友芝：《莫友芝全集》，上海：上海古籍出版社，2019 年。

（1928 年）、赵恺的《郑子尹先生年谱》（1940 年）、凌惕安的《郑子尹年谱》（1941 年）。年谱是我们研究学者思想发展脉络的重要线索，各版本的年谱中，以凌惕安版本最为翔实。在郑珍著作整理方面，有 1920 年广东番禺徐绍棨广雅书局重印的《汗简笺正》《仪礼私笺》《轮舆私笺》《亲属记》、中华书局有民国 4 部备要本《巢经巢集》、1940 年贵州省政府整理出版《巢经巢全集》等，收录了郑珍经学、诗文、史学思想等方面的内容，是民国时期最完善的版本，这些材料对研究郑珍的理学思想有着重要的参考价值。

　　新中国成立后的 30 年间，研究领域主要集中于郑珍的诗歌，而其他方面的研究基本是停滞的。北京大学中文系 1963 年出版的《近代诗选》认为，郑珍"深受程恩泽提倡'朴学'或正统'汉学'的影响，研究文字训诂、经学考据，钻进了空疏无用的故纸堆""基本上走着正统诗坛的一种拟古主义和形式主义的道路"①。而缪钺的《读郑珍〈巢经巢诗〉》及李独清的《巢经巢诗说》，对郑珍诗歌所反映的思想成就持较高评价。李独清从郑珍生平事迹、著述刊行、学术思想、治学门径、时代局限等方面作了较为客观的评价。

　　从 20 世纪 80 年代至今，学术研究得到恢复和发展，诗歌虽仍是郑珍研究的主要领域，但亦有学者开始挖掘其经学、哲学、经学、宋学思想，基本形成了一个相对成熟的研究体系。在郑珍文学及经学方面，发表了 20 余篇学术论文，这些论文或评价郑珍的经学成就，或探讨郑珍的经学渊源、治经路径与学术旨归，或解读

---

① 北京大学中文系文学专业一九五五级（近代诗选）小组选注：《近代诗选》，北京：人民文学出版社，1963 年，第 206 页。

郑珍的经学研究价值。

在郑珍经学思想方面，黄万机的《评郑珍的经学成就》①一文，对郑珍的经学成就作了简要的评述，认为郑珍经学主要以戴震"皖派"的文字学为基础，又兼取各家之长，目的在于探寻孔孟哲理，有质疑精神，精于判断。

在郑珍哲学思想方面，黄万机的《郑珍世界观初探》②一书阐发了这样的观点：郑珍毕生研读儒家经典，其哲学观、人生观、政治思想与教育理念，都留下了儒家深刻的思想烙印。同时，黄万机认为郑珍在性理方面的专著《危语》虽然未成书，无法窥探其理学思想之全貌，但仍可以从其诗文中进行挖掘探索、究其原委。目前学界对郑珍理学思想还未进行细致深入的研究，因此，郑珍理学思想的研究无疑是机遇与挑战并存。文章分别对郑珍的"宇宙观"（即理在气先）"天命论""认识论""人生观"等理念进行了叙述，建构起了郑珍理学思想的基本框架。韦启光的《郑珍的哲学思想》③一文，提炼了郑珍诗文中的理学思想，辨析了郑珍关于"理气"关系的看法，在世界观、天命论、认识论、知行观等方面也有所涉及，为研究郑珍理学思想提供了参考。

在郑珍宋学思想方面，徐钰的《论郑珍对王学之评价》④一文，阐述了郑珍对王阳明心学的态度，即郑珍虽对王阳明的德操和事功深表推崇，但因为地方文化传统、家学渊源、师承关系及个人性情等，对阳明开创的心学持中立态度，这在某种程度上有益

① 黄万机：《评郑珍的经学成就》，《贵州文史丛刊》1986 年第 5 期。
② 黄万机：《郑珍世界观初探》，《贵州文史丛刊》1987 年第 1 期。
③ 韦启光：《郑珍的哲学思想》，《贵州社会科学》1992 年第 12 期。
④ 徐钰：《论郑珍对王学之评价》，《贵州师范大学学报》（社会科学版）2014 年第 6 期。

于黔中王学发展嬗变的研究,也更加有助于全面准确把握郑珍理学思想,同时,为研究郑珍理学思想提供了一种新的比较方法。基于地方文化、家学渊源、师承关系等因素的分析,认为郑珍理学继承了"程朱"和戴震、张履祥,而非阳明心学。徐钰的《论清代"西南巨儒"郑珍的宋学取向》①一文,梳理了郑珍精研宋学的师法渊源,远承程朱、戴震,近源大儒"杨园先生"张履祥,说明郑珍治学宗旨是融会考据和义理于一身。

曾秀芳的《郑珍研究》②一书,以郑珍诗文为研究对象,采用历时性与共时性研究相结合等方法,探究郑珍为学、为诗、为人的个性风貌。

《莫友芝日记》③一书,将莫友芝手书日记整理成册,展示其日常生活状态,包括其亲友交游、工作等内容,其中涉及许多重要人物,包括与郑珍交游和书信往来,对研究郑珍思想具有重要的价值。

可见,郑珍治学"汇聚汉宋"为一数,兼收并蓄,郑珍虽然是以其诗文闻名于世,但其理学方面的成就仍不可忽视,蕴涵在郑珍诗文中的理学思想仍有待挖掘。

3.研究郑珍理学思想的学术论文

这一部分是关于郑珍理学思想的学术论文研究综述,郑珍主张复明圣学、经世致用的理念,在学术上采取"汉宋兼采"的治学路径;在实践上效法程朱古训,恪守儒行。

---

① 徐钰:《论清代"西南巨儒"郑珍的宋学取向》,《教育文化论坛》2016年第4期。
② 曾秀芳:《郑珍研究》,北京:中国社会科学出版社,2016年。
③ (清)莫友芝:《莫友芝日记》,张剑编,南京:凤凰出版社,2018年。

如唐燕飞在《才力与学问——郑珍〈巢经巢诗钞〉研究》①一文中认为,郑珍诗作内容丰富,艺术性强,提出了"学赡养气"的主张,反对诗分唐宋,提倡学古但不摹古。郑珍诗歌的内容包括社会生活、亲情人伦、怀古题咏、金石考订、文艺理论等等。文章重点评析郑珍关于反映民生疾苦的叙事诗、描写贵州风光的山水诗、表达亲情人伦的亲情诗等,将学人之诗与诗人之诗结合,对其诗歌成就和历史地位作了肯定的评价。

张明在《贵州阳明学派思想流变初探》②一文中概括了郑珍深受清初程朱派理学家张履祥的影响,"薄俗世不足为,潜心宋五子之学,尤专一程朱,精研性理,德业大进"③,即郑珍拥有深厚的理学渊源。

吕姝焱在《晚清诗话中的"性情"说》④一文中,首先对"性情"说在诗学系统中的发展进行了一番梳理;其次对郑珍为代表的同光体诗派中的"性情"说进行了系统的分析;最后将晚清诗话中的"性情"说与现代新文化运动相联系,比较分析其关系。分析了"诗言志""诗缘情"与"诗道性情"这三个并立关系的产生过程,辨析"情""性灵""性情"这三个容易混淆的词在诗学中的意蕴,对晚清时期同光体诗派(郑珍为代表)的"性情"说的特点进行了归纳。郑珍"性情说"有个性特征,因为诗本身就是一种特殊文体,在内容上应该和个性相结合,在形式上应该有特殊的表现。

---

① 唐燕飞:《才力与学问——郑珍〈巢经巢诗钞〉研究》,赣南师范学院硕士论文,2012年。
② 张明:《贵州阳明学派思想流变初探》,贵州师范大学硕士论文,2003年。
③ 黄万机:《郑珍全集》(第一册),上海:上海古籍出版社,2012年,第13页。
④ 吕姝焱:《晚清诗话中的"性情"说》,河南大学硕士论文,2014年。

"真性情""不俗""立诚""我""本色""因时"等与"性情"说联系紧密的元素时常出现在郑珍的诗文中。

陈蕾的《郑珍诗学研究》[①]将郑珍的一生总结为四个时期，即奋发图强的少年求学期、蹭蹬失意的青年求仕期、穷困潦倒的中年出仕期、颠沛流离的晚年跌宕期。在论述郑珍事迹的同时，特别注意从诗歌中挖掘其各个时期的思想心态，有助于了解郑珍思想的发展脉络及诗学表现。第二章题为"思想发微"，拟从诗歌解读入手，发现了郑珍丰富隐秘的精神生活和风华不俗的人格世界，其个性中又有许多鲜为人知的侧面，如孝子、情种、酒徒等。

（二）国外研究现状

加拿大学者施吉瑞（Jerry D. Schmidt）的《诗人郑珍与中国现代性的崛起》[②]一书，将郑珍与陶渊明、李白、杜甫、苏轼等诗人齐名，通过对郑珍诗歌的深入剖析，探讨了以郑珍为代表的宋诗派对晚清文学、政治、思想等领域所产生的影响。

美国阿勒格尼学院郭吾（Guowu）的《郑珍与晚清黔北考据学的兴起》[③]一书，考察了"沙滩文化"的形成原因及郑珍学术对"沙滩文化"的贡献，郑珍受益于一个充满活力的跨地区文化交流的环境，同时受黎恂、莫与俦、程恩泽、贺长龄等的影响。郑珍对《周易》的研究保持热情的态度，积极钻研先秦的历史文献与训诂、古

---

① 陈蕾：《郑珍诗学研究》，华东师范大学博士论文，2011 年。
② Lin，TC："The Poet Zheng Zhen（1806 - 1864）and the Rise of Chinese Modernity"，*Journal of Asian studies*，2015.
③ Guowu："Zheng Zhen and the Rise of Evidential Research in Late Qing Northern Guizhou"，*Journal of Chinese History*，2018.

代的制度和技术等。郑珍对"沙滩文化"的贡献,体现了郑珍对事功的追求,对社会的关注,在汉宋合流的学术背景下,引发了我们继续思考贵州能否作为晚清文化活跃的重要地位。从总体研究情况来看,国外学者不太关注郑珍及其哲学思想,且研究成果不多,但也关注到了郑珍的经世理念,同时也关注到郑珍文学思想与社会政治的关系,总结了郑珍思想体系形成的原因。

目前学界对郑珍学术作品中所蕴含的理学思想依然有许多可挖掘之处。其一,在汉宋融合、经世致用的学术背景下,郑珍理学思想如何在继承传统文化思想的基础上契合晚清的学术潮流;其二,关于郑珍理学思想的学术研究仍处于零散、粗浅、无序的状态,郑珍理学思想需要更加系统深入的研究;其三,如何提炼郑珍诗歌、随笔、文集、书画、书信、传记中所蕴涵的理学思想,如何准确把握郑珍的思想意蕴,这些都是非常重要的一手材料;其四,郑珍的这些理学思想如何对贵州政治、经济、文化等方面产生影响;最后,郑珍理学思想对塑造地方传统文化形象、打造地方特色文化、构建贵州文化自信,都有哪些重要的学术和现实意义,这些问题都值得研究。

总之,在前人对郑珍理想思想研究的基础上,成就与不足之处如下:

在研究成绩方面:首先,前人已经在材料和结论上打下了良好的研究基础,对当前的郑珍理学思想的研究提供了很好的助力,关于郑珍,还有许多领域值得挖掘研究,如郑珍理学所涉及的主要命题及内容,郑珍学统传承及其对理学思想的形成与影响等;其次,关于晚清理学思想的研究成果亦颇为丰富,体现出由粗略到细致,由感性向理性研究的态势,研究郑珍思想的相关论文也日益增多,部分学者也提出了有价值的观点和研究思路;最后,20 世纪 80 年代以来的研究成果中,表明了郑珍具有宋学思想倾向,湖湘理学、"沙滩文化"视域下的郑珍学术思想也被关注,总体上进入了一个比较全面的思想研究状态。

在需要拓展和深化方面:首先,学界对郑珍思想的研究处于支离散乱、流于表层的状态。近年来,关于郑珍哲学思想的研究有限,对于郑珍理学思想的研究更是极少,系统的郑珍理学思想研究也基本未见。其次,学界目前对隐藏在郑珍诗文中的理学思想提炼不足,深度不够。如郑珍的专集、文集、诗歌,以及郑珍和亲友之间的往来信札,后人所撰的传记,都是研究郑珍理学思想的重要材料,只是目前学界还未引起足够的重视,致力于郑珍思想研究的学者较少。最后,郑珍理学思想有待进行更为广泛、深入的研究,尤其在汉宋合流,东西方文化碰撞的历史背景中,郑珍理学思想对晚清贵州经济、社会、文化发展的重要意义,值得深入研究和探讨。

三、选题意义及研究方法

(一) 学术意义

迄今为止,学界对理学的研究已经取得丰硕的成果,不少领域的研究成果已经达到很高的水平,在学界占有重要地位,但大多成果是关于宋明理学的研究探讨,对于清代尤其是鸦片战争以后的晚清理学研究,往往不够深入和细致,虽然理学在晚清的衰落使理学的生命力消退,但不代表清代理学没有其独到之处。清代理学,特别是晚清时期,在遭受外来冲击的大变局中,在各种矛盾的碰撞冲突下,理学顽强地维护着自己的传统和特性,这既有成功的一面,又有失败的一面,这种复杂的状态给传统理学提出了一系列新问题,因此,了解和研究晚清理学,有助于更加完整地把握整个理学的思想特征和实质,更好地厘清和总结优秀的儒家学术思想,吸取前人学术研究的经验。

很多研究者把王学在贵州的传播当成是理学在贵州发展的主体特征,从而形成了把黔中阳明后学作为主要研究对象,即所谓"黔中王门"[①],然而,继"黔中王门"衰落之后,崛起于贵州本土的程朱派理学家陈法,他提倡程朱理学,以经世致用。诚如前述,晚清程朱理学的崛起标志着阳明心学在贵州流传百年之后的余波犹韵在清代的完结。对于程朱理学在贵州的传播和影响,尤其在"汉宋合流""理学经世""外来思潮"的影响下,理学在贵州的发展状况研究甚少,因此,对于贵州晚清理学的研究,尤其是对具有代表性的郑珍理学思想进行研究,能更加全面和深入的厘清和总结贵州晚清时期儒家文化发展的状况。

在前人研究的基础之上,探讨晚清理学思想与郑珍理学思想之间的相互影响,以及在晚清理学和贵州学术环境中的地位和作

[①]（明末清初）黄宗羲:《明儒学案》缺载"黔中王门"。但从时间上说,"黔中王门"是阳明龙场悟道后而形成的一个学派,在王门后学系统中最早学习和传播阳明心学的就是"黔中王门"。故黄宗羲云:"姚江（阳明）之教,自近而远,其初学者,不过郡邑之土耳。龙场而后,四方弟子始益进焉。"（黄宗羲:《浙中王门学案一》,《明儒学案》,北京:中华书局,1985年,第220页）,实际上,王阳明在贵州悟道、讲学的过程中,亦传授了一批后学弟子,使得良知学的传播版图扩展到了贵州,形成"黔中王门"。关于"黔中王门",参见陆永胜:《心学政——明代黔中王学思想研究》,北京:中华书局,2016年;王路平:《黔中王门——贵州阳明文化学派的形成》,《阳明学刊》2012年第11期。

用,以期更加客观、全面、深入地揭示郑珍理学思想的重要内容,对了解黔文化尤其是晚清时期理学在贵州发展的情况,具有重要的学术价值。

(二)现实意义

作为理学思想研究的重要组成部分,陆王学派与程朱学派一道,共同推动了晚清理学的学术发展,并留下了许多有价值的理论成果,研究理学思想尤其是程朱理学思想在贵州的发展,有着重要的文化意义,郑珍理学融合孔孟、程朱、杨园之学,在晚清贵州理学的发展历史中应占有一席之地。

郑珍一生著述颇丰,除了考据、诗文著作外,还有丰富的理学成果,郑珍的理学思想根植于程朱理学。其理学思想的启蒙与黎恂、贺长龄推崇程朱理学有很大关系,又师从莫与俦、程恩泽等人,接触到了当时盛行于贵州的杨园之学。受此二者的影响,其学术融摄考据与义理于一体,走出了富有特色的汉宋融合之路,郑珍的学术成就代表了当时贵州文化的最高水平。

对郑珍相关古籍文献所涉及的论题、人物、思想进行更加深入的研究,郑珍理学思想对贵州文化的贡献和作用,具有重要的学术意义。在借助史料的基础上,郑珍理学思想的研究对于呈现贵州地域文化,宣传和推广贵州特色文化,让更多学者了解贵州,关注贵州,对贵州地方文化资源的挖掘无疑有一定的现实意义。

(三)研究思路

首先,围绕研究对象,对具有参考价值的史料、文献进行梳理、分析，并从三个方向进行把握。其一，晚清的社会政治、学术思想与郑珍理学思想的关系；其二，晚清理学思想、汉宋融合的文化背景与郑珍思想的关系；其三，理学自身在晚清所面临的局势与郑珍学思历程的关系。同时注重原始文本《郑珍全集》《巢经巢经说》《巢经巢诗文集》《仪礼私笺》《考工轮舆私笺》《凫氏为钟图说》《亲属记》等的解读，对郑珍重要著述进行逐章解读、分析和归纳，注意与前代学者或同时代学者同类思想的比较，概括郑珍理学思想的独特性。

其次，借助史料、文献对研究对象的学思历程进行归纳、总结。以郑珍年谱为线索，对郑珍生平事迹、著述等进行梳理分析，考察郑珍家学渊源，早期与黎恂、程恩泽、莫与俦等的关系，与莫友芝、平翰、周作楫、贺长龄的关系，与明清之际的大儒张履祥的师法渊源等等。同时，从纵向的历史层面梳理郑珍思想与孔孟、程朱、戴震、张履祥的渊源，注意郑珍思想与程朱理学的比较；从横向的社会背景层面对郑珍理学思想出现的原因进行分析，注意郑珍与同时代文人、思想家莫友芝等的比较。根据对前人理学思想的分析，了解郑珍理学思想与他们之间的承继关系，同时结合理学思想发展的历史嬗变，总结出郑珍理学思想在新的历史条件和社会思潮下的发展变化。

再次，将郑珍所处的晚清学术、思潮与前后时代进行宏观比较。探索郑珍理学思想在新的社会和历史条件下产生了怎样的变化和影响，注意分析政治、经济因素对郑珍理学思想产生的影响，探析郑珍理学思想对社会政治、经济的促进作用。在比较过程中，还要注意借鉴各学科的研究方法进行多角度、多层面的研究。

（四）研究方法

1. 文献法。对第一手文本材料进行精细的研读、判断、分析、甄别、筛选。在充分把握其思想脉络的情况下，分别对郑珍的理气论、工夫论、认知论、伦理观、经世思想等方面进行分类整理，找出这些思想的内在逻辑，获得更加全面深刻、客观的思想内涵。注重从文本中挖掘郑珍的原创性思想，并进行学术性的阐发，更加深入挖掘郑珍的哲学、理学思想，并进行清晰的梳理与呈现。

2. 归纳法。归纳郑珍对前人理学思想的继承和发展的重要内容，并分析郑珍理学思想在晚清贵州文化发展中所起的促进作用，进一步探索其学术思想在贵州传播的影响和意义。

3. 比较法。首先，通过纵向比较，探讨郑珍理学思想与其他理学思想的异同；其次，通过横向比较，研究郑珍思想与同时代其他儒家学者的思想异同，揭示郑珍与同时代学者之间的关联，以及如何反映出晚清贵州社会的主流思想倾向；最后，经过比较分析，郑珍理学思想是对先贤理学家思想的继承，尤其是对程朱、张履祥之学的继承和发展。

4. 思想史与社会史结合法。运用思想史与社会史相结合的研究方法，全面、系统、深刻地揭示了清代理学学术发展的源流嬗变，对郑珍学术思想与政治文化之间的关系给予充分关注，并进行深入阐述，使研究郑珍思想的内容呈现更加客观清晰、视野更加开阔。

5. 义理和考据结合法。以《郑珍全集》《郑珍评传》《巢经巢全集》等专著为主要参考资料，旨在梳理郑珍学术思想的发展脉络，从学术的层面，考察郑珍学术的成就及其特点。重点在于揭示郑珍学术思想的内容,从义理、考据两个方面,采用史与论、宏观与微观、点与面相结合的考察方式。

四、创新之处与难点

(一)创新之处

其一,选题上的创新。"非主流精英""地方典型文人"的研究尝试,学术思想的研究取向,决定了它所关注的对象是少数精英人物,而在晚清必然以曾国藩、倭仁、李棠阶、罗泽南等为时代的最强主旋律。但考察郑珍,可以让我们看见那个时代的辅助音律,并调和主次音律,演奏谐美乐章。

其二,方法上的创新。郑珍以经文考据和诗文成就著称,因此,对郑珍思想的研究需结合考据、辞章、义理三者合一的方法,相互补充。首先,在考据方面,通过现代人文学术研究中的实证性研究方法,对郑珍的著作进行考证、分析、比较等,挖掘出郑珍的理学思想的深刻内涵;再次,在辞章方面,将郑珍理学思想进行适度修辞处理,建构逻辑框架、探索论证路径、斟酌表达方式、定位学术价值;最后,在义理方面,即在学术层面上对文本内涵进行解读及评判,分析其义理。三者之中,考据贡献材料、辞章设定方法、义理整合内容,三位一体,相辅相成,有助于更好地呈现郑珍的理学思想。

其三,内容上的创新。郑珍理学思想是一个新的研究课题,是对晚清贵州文化的一个重要补充。随着对晚清理学思想研究的深入,晚清理学家如曾国藩、唐鉴、罗泽南、倭仁等,学界对其理学思想的研究成果较多,而对郑珍理学思想的研究成果较少。因此,在现代开放的学术背景下,对郑珍理学思想进行深入研究,对晚清思想史及贵州学术史的研究能起到一定的补白之功。

其四,视角上的创新。即在整个晚清理学思想史的体系中考察个体思想,同时通过个体反映整体。郑珍是一个地方性文化的典型代表,考察郑珍的独特人生经历,除了可以探索郑珍思想来源的现实依据,还能体现时代脉搏发生在个体身上的律动。如郑珍频繁颠沛的晚景反映了咸丰同治时期太平天国运动及地方起义军的暴动场景,郑珍短暂的执教生涯反映了晚清教育界贪腐不化的现象,郑珍的交游活动反映了晚清学者的学术活动与交流方式。

(二) 难点

首先,郑珍理学思想研究是一个新的课题,研究者甚少,对郑珍理学思想的概念并没有得到明确的诠释或界定。这为理解郑珍理学思想的概念增加了难度,需要结合更广泛的史料进行整合分析。

其次,如何对郑珍理学思想内容进行客观把握,需要进行大量的对比、论证。对郑珍理学思想进行合理的价值定位,需要增加阅读量,如有误读,很可能带来不准确性。

最后,晚清贵州地方学者的资料收集难度较大,郑珍没有专门的理学著作问世,需要从他的一些诗文中进行考据、辞章和义理。在文献搜集、词章解读,以及郑珍学思想特征的把握和定位方面有一定难度。

第一章　郑珍的学统传承

郑珍的理学思想学统，在家族文化氛围和湖湘学术思潮的影响下，形成了治经宗汉、析理尊宋、融合汉宋、经世致用的学术旨趣。具体而言，郑珍理学思想的学统，传承自孔孟程朱与杨园学说，主要表现为学孔孟之仁、道杨园之学、治经宗郑玄、百行法程朱、博综"三礼"、探索"五经"。在家族文化和儒家文化的传承和发扬过程中，郑珍为学为人，始终遵循着儒家伦理纲常的道德规范，对晚清理学的发展起到了重要的促进作用。

第一节　学孔孟而道杨园

郑珍"学孔孟而道杨园"，表现为弘扬孔孟之仁、传承杨园之道，即郑珍以孔孟、程朱、张履祥等儒家先贤的学说作为治学根基，秉承"仁""道"精神，在"礼"的规范下，坚持"耕读传家"，这是对儒家道德理念的推崇与实践。

（一）学孔孟之仁

"仁"是儒家思想的重要内容之一，郑珍在家族浓厚的文化氛围中接受仁学，内容多在四书五经、孔孟思想、程朱理学等。凌惕安《郑子尹（珍）先生年谱》记载："珍幼不慧，而先人责望尤切，亲授诸经，课法尽善，能使所倍，久尤不忘记。"①郑珍早年就被教授孔孟诸经，刻骨铭心，久不忘怀。在其少年时期，父亲郑文清督课甚严，母亲也经常教他惜时奋进，这使得郑珍早年就打下了坚实的儒学基础，八岁便读完《毛诗》，"九岁知有子，《山海》访图赞。十二学庾鲍，十三闻史汉"②，后又拜舅父黎恂为师，而黎恂在治学过程中，"经则以宋五子为准，参以汉魏诸儒；史则一折衷于《纲目》"③，在黎恂折衷汉宋的治学精神指导下，郑珍"翠然想望孔、孟之所为教，程、朱之所为学，以及屈、宋、李、杜、欧、苏之所以发为文章，必有相遇于心目闲者，则斯行也诚快"④，对孔孟程朱之学进行了深入的学习和持续的研究。

郑珍曾被视为坐而论道、学非所用的埋头训诂考据者，而实际上，郑珍并非"空疏之弊""规规物事"的书院派学者，在家族传承和孔孟文化的濡染中，在晚清朴学文化的土壤中，其走上了汇聚汉宋、经世致用的学术路径。清代将孔孟之道当作正人心、明学术之正学，如李棠阶说："孔孟之道，坦若大路，能近取譬随处立达，始于孝弟终及民物，功先克己，道归无我，圣贤所以体仁，即帝王所以治世，今欲提醒人心，只在明学术。"⑤乃至有学者认为，在

---

① 凌惕安：《郑子尹（珍）先生年谱》，香港：崇文书店，1975年，第25页。

② （清）郑珍：《巢经巢集》，光绪二十年刊本，第329页。

③ （清）郑珍：《巢经巢诗文集》，民国三年花近楼刻遵义郑征君遗著本，第227页。

④ 同上，第158页。

⑤ （清）李棠阶：《李文清公遗书》卷五，光绪八年刊本，第7页。

各种学术中，只有孔孟、程朱之学才是圣贤之学的精要所在，可谓"正学"，具有正人心、兴教化、厉风俗的社会效果。面对晚清人心衰微的局面，郑珍提倡用孔孟之正学（仁学）提振人心，他说："学术正，天下乱，犹得持正者以治之，至学术亦乱，而治具且失矣。"①认为"学术正，天下乱"，则"持正者"可将学术之正（儒家正学）治天下之乱；若"天下乱，则学术亦乱"，天下亦就失去了治理的根本，即倡导捍卫孔孟仁学的正统地位。②因此，郑珍以汇聚汉宋、经世致用为旨归，将孔孟之仁运用于实践中，他说："吾尝谓人号君子，考其言行而已矣。天资学力各不同，揆以孔孟惟其是。"③惟有孔孟之道是考察君子言行、修身、治世的标准。郑珍将"仁"运用于民生实践中，他说："学而才，仁而沈毅，斤斧盘错，力求所以衽席士民。"④因此，郑珍以孔孟为尊，将"仁"视为调整家庭和社会关系的基础，把"仁爱"精神贯穿于社会现实生活的实践中，将"仁"施于民生的各个方面，具有很强的实用性和灵活性。

其实践方面的事功包括仁孝、恭敬、宽惠等，而仁孝、恭敬、宽惠无不与日常道德实践相关，因此，"郑珍的学问不是单纯书斋式的研究，他的研究也有为现实服务的目的，也就是说他力图把自己的研究与当时社会需要和人们的日常生活联系在一起"⑤，如

---

① （清）郑珍：《巢经巢诗文集》，民国三年花近楼刻遵义郑征君遗著本，第140页。
② 郑珍为甘家斌《黜邪集》作序，从唐宋以来辟佛者韩愈、程朱言起，认为佛教之蛊惑力足以使命世贤豪甘心纳身为夷狄，佛教之祸足以惑乱学术，然而，"学术正，天下乱"，则"持正者"可以学术之正治天下之乱；至若"学术亦乱"，则失去了治理天下的根本。这里，郑珍以经世致用为旨归，视"学术"为治理天下的根本。参见曾秀芳：《郑珍的治学路径与学术旨归》，《牡丹江大学学报》2013年第7期。
③ （清）郑珍：《巢经巢集》，光绪二十年刊本，第276页。
④ （清）郑珍：《巢经巢诗文集》，民国三年花近楼刻遵义郑征君遗著本，第132页。
⑤ 魏立帅：《晚清汉学派礼学研究》，山东师范大学硕士论文，2007年，第60页。

何实践仁,如何去爱人,郑珍在"仁"的精神内核和"礼"的道德规范下,弘扬着恭敬、孝悌、宽惠、忠信等基本信念。在传承孔孟之道的过程中,在家族家风的影响下,郑珍以孝治家,勤勉自律,"居恒教小子珍曰:诚我子,必勤必正。苟酗于酒,言博不力,本不孝弟长厚。此非吾养,毋上我坟也。呜呼!以小子珍之不肯,而犹粗晓人理,为儒流齿叙,不致先德遂坠于地者,太孺人再造我郑氏之力也。后之上斯坟者,其敬承仁孝艰瘁之贻,慎无忘所教"①,施行"仁孝",郑珍首先推崇其胞姐,"姊来两月欢,姊去终夜语。相守待晨发,鸡鸣泪如雨。姊氏信仁贤,事事肖先母。生居穷儿长,归为独子妇。见喜三后姑,能肥八男女。比年连三丧,赖汝只力举。问产尚如旧,益知心独苦。怜我忧患存,不见几寒暑。十月远来归,俄及听腊鼓。两手何曾闲,女事辄相助。盐贵朝淡食,火弱夜团聚。随说得颜凶,凡动见规矩。谓当开岁还,家政莫余侮。归宁已不易,过节尤难遇"②,郑珍基于对母亲的尊敬和对胞姐的亲密关系,形成了平等对待女性的理念;外祖父黎静圃"仁孝"有加,"古云经大义,母乃不若是。惟昔外王父,孝友发屯否"③,黎静圃尽孝赡养继母至九十余岁善终,"呼母来从居,日已归故梓"④,在这样的家庭环境中,郑、黎家族的从政者大多廉洁清正、爱民如子,而郑珍也养成了温文尔雅、敦厚仁义的品格。

郑珍之"仁"不仅体现在对传承家族文化的理论层面上,而且还体现在对社会现实问题之深切关注上,即郑珍将"仁爱"理念付

①　(清)郑珍:《巢经巢诗文集》,民国三年花近楼刻遵义郑征君遗著本,第224-225页。
②　同上,第470-471页。
③　同上,第281页。
④　同上。

诸社会实践。面对国家满目疮痍、民穷官腐的现状，表现出对清廷当局的不满和人心颓惰的无奈。郑珍说："要为世衣被，不尔安得治。所求补生民，可悯不在斯。我观古仁人，用心如见其。今日机杼地，旧时空破屋。织师有手诀，可授不可读。岁织千万端，远散侯甸服。劝君毋作伪，作伪天不谷。"①同时，郑珍本着儒家"万物一体""推己及人"的情怀，对广大受苦民众充满了怜悯之心，其试图以"孔孟之仁"正夫人心，挽救民众于危难之中。面对地方政府，郑珍试图用笔墨进行剖析，客观真实地揭露道咸时期清政府的腐败统治，描写民众处于水深火热的悲惨境遇。郑珍也深感"书生手无斩马剑，高冠櫺具徒吟呻"②的无奈，虽凭借一己之力，功劳甚微，却也深刻体现了一个儒者的爱国忧民情怀。其爱民之心天地可鉴，为民申冤之勇气可嘉，郑珍能于乱世之中不改为民请命的凛然决心，是儒家"仁爱""大义""民本"的精神体现。

（二）道杨园之学

晚清，湖湘学界涌现出唐鉴、罗泽南、曾国藩、贺长龄、程恩泽等名人大家，其中与贵州往来甚密的便是贺长龄和程恩泽，贺长龄、程恩泽学宗孔孟、程朱，治经宗汉、析理尊宋，注重考据，崇尚经世致用之学，在贺长龄、程恩泽等提出的"以经世之学，济义理之穷"的主张下，郑珍继承和发扬了杨园之学中的经世致用理念。

受莫与俦、黎恂、贺长龄、程恩泽等名家的影响和熏陶，郑珍逐渐接受张履祥的思想。黎恂治经，以宋五子为宗，并辅之以汉

---

① （清）郑珍：《巢经巢诗文集》，民国三年花近楼刻遵义郑征君遗著本，第 309 页。
② 同上，第 278 页。

魏诸儒,而言行皆以朱子、杨园先生为近,黎恂"综本末,言与行,朱张亲"①,可见,黎恂是以宋学为治学基础,郑珍在这方面得到了黎恂的倾囊相授,清末姚大荣说:"该故儒从(黎)恂得见《杨园全书》,读而爱之,逐写成帙,诵其书即师其人,因以为进学阶梯。后复与其友莫友芝竭资重刊《杨园全书》,以惠黔士。今论者但知该故儒小学、诗歌、古文超绝一代,不知其积基树本,近师杨园;身体力行,远绍程朱。"②郑珍十四岁时,在黎恂的引导下,接触了张履祥的《杨园先生全集》,每日研读数万字,惟日孜孜,无敢逸豫。他在《重刻〈杨园先生全书〉序》中回忆道:"余成童之年,舅氏雪楼黎公令桐乡归,从受业,乃始见《杨园先生全集》,读而受之,后时举《见闻》《近古》二录中言行语,同辈率以不见是书为恨,余亦恨仅有手钞节本。"③郑珍被杨园先生的思想所吸引,读而受之,并与黎恂交流心得。黎恂意识到晚清学子空谈高明、不务笃实的弊病,希望乡邦邑士和郑珍一样也能受到杨园先生思想的改造,于是"举杨园《愿学》、《备忘》诸篇谓邑士"④,表达了对杨园先生之学的推崇,对革除空谈弊病、追求真体实践的迫切愿望。杨园之学对郑珍来说是一次难得的学术深造和思想洗礼,道光元年(1821年),黎恂从浙江桐乡知县卸任归乡守孝。黎恂"引疾家居,尽发所藏书数十箧,环列仅通人,口吟手批,朱墨并下"⑤,其感佩父母双亡,退隐故里,用多年的积蓄购置了几十箱珍本典籍,

① 周恭寿修,赵恺纂:《民国续遵义府志》,民国二十五年刊本,第 673 页。
② (清)郑珍:《郑珍全集》,黄万机点校,上海:上海古籍出版社,2012 年,第 24 页。
③ (清)郑珍:《巢经巢诗文集》,民国三年花近楼刻遵义郑征君遗著本,第 137 页。
④ 同上,第 226 页。
⑤ 同上,第 227 页。

"乃以廉俸万金,购置书籍"①,在遵义沙滩建藏书楼"锄经堂",供黎氏家族及其子弟研读。晚年黎恂执教于禹门寺私塾"振宗堂",从游者数百人,其中就包括郑珍、黎兆勋、莫友芝、黎庶昌等名士,郑珍就是在这个时候正式接受了黎恂的悉心教导。"锄经堂"和"振宗堂"的开设,在当时环境闭塞、书籍稀少的贵州来说实属不易,郑珍抓住了这一宝贵的读书时机,广泛涉猎,博闻强识,为其后来的理学成就奠定了坚实的基础。

郑珍的另一个重要恩师莫与俦②在遵义教授 19 年,亦推崇杨园先生,兼及南宋理学,培养出莫友芝、郑珍等著名弟子。据莫友芝《校刊张杨园先生集叙》载:

> 昔者先君子尝训友芝曰:国朝两儒宗,曰潜庵、稼书。潜庵之学,承之新吾、苏门;稼书之学,开之蕺山、杨园。北方践履笃实,流弊绝少;东南曼衍空肆,极而为尽。三十三章见西来大意世界,得蕺山反之以实,杨园继之而更实,孔孟道乃复明。三鱼堂学术诸辨说,杨园尽已三致意焉,稼书特极力为善后策耳。顾诸先生绪论流传,天下翕宗,而杨园书极罕觏,知者亦鲜。然他日两庑俎豆,必不能少此一席也。③

---

① 周恭寿修,赵恺纂:《民国续遵义府志》,民国二十五年刊本,第 1365 页。
② 莫与俦,字犹人,号杰夫,寿民,独山兔场人,布依族,莫友芝之父。嘉庆二年(1797),与俦考中举人,次年中进士。嘉庆六年(1801),由庶吉士出任四川盐源县知县。道光二年(1822),被选为遵义府学教授。次年,全家迁往遵义。与俦在遵义教授 19 年,以许慎、郑玄为宗、兼及南宋理学,出莫友芝、郑珍等著名弟子。对黔中汉学的传授,为引渡津梁第一人,是"影山文化"的奠基者。
③ (清)莫友芝:《邵亭遗文》,清末刻本,第 14 - 15 页。

言及杨园先生以笃实之学风,复明孔孟之道,反对空疏流弊,对理学转为践履笃实的学风起着至关重要的作用,莫与俦认为《杨园先生全集》旨意深远,可细细读之,莫友芝说:"全书中陈事理近而指远,辨大道疑似严而气和,其切于人,如布帛菽粟之于饥寒也,如针石药物之于疾病也。"①其认为杨园之学如布帛菽粟能抵御饥寒,如药石能治病,是一部能"正学术、扶人心"的佳作。于是,莫与俦要求郑珍、莫友芝精细研读,"留意求其本,自得师矣"②,即从这本书中体悟出"人唯有所不为,然后可以有为"③之道。莫氏对杨园先生的尊崇,增强了郑珍研究杨园学说的信心,在道光十八年至二十一年间,郑珍、莫友芝二人受托纂修《遵义府志》,同时在遵义刊印《杨园先生全集》,莫与俦为此感到欣慰,他说:"吾向欲雕《人谱》《呻吟语》等书,以其本易得,辄止。所拳拳杨园数十年矣!好雠之,亦以毕吾志。"④在以后的诗文创作过程中,郑珍常引杨园之语录入其文集,被冠以"道杨园而学孔孟"⑤之称,在黎恂、莫与俦等人的指导下,郑珍对杨园学说有了更深刻的见解。

中年郑珍受程恩泽的引导钻研考据之学,后对理学的研究有所偏废,他每每"自效于许氏",甚至"不肯以宋后歧出泛滥纷其趋"⑥,受此影响,郑珍对理学的研究稍有懈怠。但是在编纂《遵义府志》之时,再次细心研读《杨园先生全集》,其学术又归于笃

---

① (清)莫友芝:《郘亭遗文》,清末刻本,第15页。
② 同上。
③ 同上。
④ 同上。
⑤ 同上,第91页。
⑥ (清)郑珍:《巢经巢诗文集》,民国三年花近楼刻遵义郑征君遗著本,第92页。

实之风,郑珍说:"敬维先生学之醇,行之笃,可为法于天下,传于后世"①。郑珍深刻地意识到程朱、杨园之学乃时下补弊救偏之重要法宝,以至晚年"渐知汉宋大儒收拾人身心性命者,正极宽旷"②。郑珍学术的巅峰时期,当以程朱杨园和许慎、郑玄考据并重,汇聚汉宋为一薮,杨园学说对郑珍的学术影响甚是达到了"正极宽旷"之境,杨园学说及程朱理学占其学术思想中的重要地位。其在研读《四书集注》和《近思录》时深感"二书道理,历历在目前滚过"③,且对此二书"慎重道学,精益求精"④,可见,晚年郑珍确立了寻求义理的治学取向,思想归于程朱、杨园学说。

郑珍之所以推崇杨园程朱,也与当时反对陆王心学之学风关系甚大,张履祥的学术思想正好符合当时学风转变之际贵州士人对经世致用的价值诉求,因而备受郑珍关注。杨园先生在倾向程朱一派的学者中颇具影响力,他坚持严谨笃实的风格,反对陆王心学。⑤张履祥在《答沈德孚》篇中说:"姚江以异端害正道,正有朱紫、苗莠之别。其弊至于荡灭礼教。"⑥这是杨园先生批判阳明心学的言辞,其言:"姚江大罪,是逞一己之私心,涂生民之耳目,排毁儒先,阐扬异教。而世道人心之害,至深且烈也"⑦。尊程朱而贬陆王,这种批判可谓不留余地。但是需要特别指出的是,在尊程朱而贬心学的学术环境中,郑珍对阳明之学却相对温和,他

① (清)郑珍:《巢经巢诗文集》,民国三年花近楼刻遵义郑征君遗著本,第1138页。
② 同上,第96页。
③ 同上,第534页。
④ 同上,第544页。
⑤ 何俊、尹晓宁:《刘宗周与蕺山学派》,北京:中国人民大学出版社,2009年,第222页。
⑥ (清)张履祥:《杨园先生全集》,北京:中华书局,2002年,第85页。
⑦ 同上,第1138页。

说："文成公之讲学,陈清澜、张武承、陆稼书诸先生详辨矣。此严别学术则尔,至其操持践履之高,勋业文章之盛,即不谪龙场,吾侪犹将师之,矧肇我西南文教也。"①郑珍虽坚守程朱杨园的学术立场,却又不同于其他心学批判者,他认为王阳明的学术思想与操持践履应区别对待,不可全盘否定。郑珍对王阳明的学术风格持保留意见,表明"严别"陆王心学的坚定立场,却对王阳明"操持践履""勋业文章"等表示由衷的赞许,对王阳明在西南地区开创的文治教化功绩给予肯定,表现出包容豁达的学术情怀。对程朱、杨园先生的推崇,对阳明心学的客观态度,确立了郑珍远法程朱、近道杨园的治学倾向。

郑珍长期从学于黎恂、莫与俦、程恩泽,其治学倾向于笃实的杨园学说及程朱理学,郑珍所谓"学孔孟而道杨园",即尊奉杨园、程朱学说脉络中笃实之学风。这在当时的学术背景下,唯有以杨园之道作为出发点,方可契合"孔孟之道",并行不悖,才能拯救当时学风中的空疏之弊。

（三）传耕读之风

"耕读传家"作为中国传统社会的治家理念,历来被古代知识分子奉为圭臬,"耕读硕田"也被传统知识分子所推崇。这种半耕半读、耕读结合的治学理念,与小农经济社会紧密联系在一起,成为了中国古代读书人修身齐家的一项重要内容。

郑珍秉承"耕读硕田"的治家理念,发扬"沙滩文化"精神,在

---

① （清）郑珍:《巢经巢诗文集》,民国三年花近楼刻遵义郑征君遗著本,第126页。

内修身齐家,在外讲学传道,泽被黔园。他虚心学习,求各家之精髓,从孔孟、程朱、杨园等先贤的身上习得高贵的精神品质,融会贯通,另辟蹊径,自成一脉。在动乱黑暗之际,不求富贵显达,但求独善其身,与民休戚与共。对家国的担忧,借以笔墨抒发他"民胞物与""融己于众"的济世情怀,付之于悲天悯人的朴实情感,并践行着儒家的"仁爱"理念。

"少志横四海,夜梦负天飞"①,与其他学者一样,青年郑珍亦有壮志凌云的梦想,他曾发出"男儿生世间,当以勋业显"②的豪言壮语,在清代,知识分子要成就"勋业"、实现"壮志",须参加科举考试以博取功名,郑氏族人曾期望郑珍通过科举考试成就功名,但在当时的条件下,这条路对普通农民家庭来说是行不通的。郑氏家族恪守修身之道,不贪慕虚名,郑珍祖父郑仲桥虽以行医为生,却对郑珍读书修身寄予厚望,闲暇之余便教授幼年郑珍读书习字。父亲郑文清教读,见解颇深,他要求郑珍读书勿受外界环境的干扰,潜心治学。在一次山东探亲的途中,适逢农民起义,四处动乱,民众生命和财产安全均无保障。虽然如此,郑父每日仍然敦促郑珍读书,"及山左大震,镇逼迩贼巢,浸无居者,先人犹严束,日读如课店。叟曰:生死未可知,何苦尔? 先人曰:如当死,不读不死耶? 如不死,徒澜浪奚为也"③,郑珍在父亲的监督下形成了良好的读书习惯。郑母则希望儿子读书提升德性修养,恭敬侍奉父母,从未要求从政为官,如能从教糊口,在当时也不失为一

---

① (清)郑珍:《巢经巢诗文集》,民国三年花近楼刻遵义郑征君遗著本,第342页。
② 同上,第306页。
③ 周恭寿修、赵恺纂:《民国续遵义府志》,民国二十五年刊本,第1559页。

种体面的生存方式。郑母说:"所望汝得名者,冀不堕先声,为科目儿侍裙褕耳。宦路险,一行即作我生死不见知。春秋榜可命并取,可勿图仕。"[①]作为孝子的郑珍理解母亲的殷切期望,于是要求自己享受读书,增长见识、不慕虚名,虽应科举屡试不中,却泰然自若,深知"宦路之险"。在退而安居乡村的日子里,半耕半读为郑珍治学提供了基本的生活保障,"披单衣,执钱铺,躬致力于堨埆之上"[②],郑珍白天在田间劳作,夜晚便伏案读书写作,他说:"何补饥寒计,椠铅宵更忙。穷来通世味。长去恋时光。霜重夜深白,月斜林际黄。待明堪一卷,清漏未渠央"[③]。虽过着耕读硕田、日夜劳作的生活,动乱局面亦时有发生,家中也经常食不果腹,但他依然保持着乐观豁达的心态。郑珍在《闲眺》中描绘道:"雨过桑麻长,晴光满绿田。人行蚕豆外,蝶度菜花前。台笠家家饷,比邻处处烟。欢声同好语,针水晒秧天。"[④]反映了郑珍安居乡野的怡然心态,表达了对农家生活的悠然自得,对世外桃源生活的向往。

郑珍隐居乡野,的确是迫于现实的无奈和官场政治的弊病,同时也体现了郑珍向往陶渊明似的田园生活,寄情山水的怡然自乐,亦是儒家"隐居以求其志,行义以达其道"的精神感召。郑珍自嘲道:"渊明何代人,松菊仍在兹。真襟苟会合,自信真不疑。清梦未易求,此语独谨持。"[⑤]郑珍所要"谨持"的,应该就是陶渊明那种怡然自得、超凡脱俗的淡世胸襟,以及对松菊冷峻高昂品

① 周恭寿修,赵恺纂:《民国续遵义府志》,民国二十五年刊本,第 677 页。
② (清)郑珍:《巢经巢集》,光绪二十年刊本,第 56 页。
③ (清)郑珍:《巢经巢诗文集》,民国三年花近楼刻遵义郑征君遗著本,第 269 页。
④ 同上,第 263 页。
⑤ 同上,第 342 页。

质的不懈追求。在郑珍看来,松、菊是崇高人格的象征,关于松之贞洁,陶渊明说:"芳菊开林耀,青松冠岩列。怀此贞秀姿,卓为霜下杰。"①关于菊之冷艳,陶渊明道:"秋菊有佳色,裛露掇其英。泛此忘忧物,远我遗世情"②。想必郑珍亦是在追求松、菊的冷峻淡泊,且不与群芳争艳、只在寒冬绽放的隐逸品格。

面对官场的明争暗斗,郑珍誓不入仕途,耕读之余,不仅积极投入私塾或书院讲学传道,同时也注重对家庭、家教、家风的培养。在书院讲学方面,郑珍秉承孔子"有教无类"的教育思想,并且充满热情地投入教育事业中,对待学徒不分亲疏贵贱,一视同仁,他在教育方面不仅能通达权变,而且还能对学生因材施教。例如他在任古州厅(隶属黎平府)儒学训导兼掌榕城书院时,一刘姓学生穷得连束脩都不能按时缴纳,然郑珍并没有因此而怠慢。一生名曰刘之珧,酷爱写诗,时常请求郑珍指点迷津,郑珍也不厌其烦,倾囊相授。另有一生曰胡长新,是郑珍最得意的学生之一,胡长新勤苦好学,才思敏捷,学问扎实。郑珍认为"此子如不废学,必作黔东冠鸡"③。果然,胡长新小有成就,于1845年考中进士,先后担任贵阳府学教授、思南府学教授、黎阳书院山长等职,并著有《籀经堂诗钞》《籀经堂文钞》《闻升京官》等诗文传世。然而,职场如官场,郑珍执教传道的好景不长,由于自身体弱多病,加之不善于疏通打点人情世故,更不屑干谒权贵,其职位很快就被取代,只能再次走上"耕读硕田"的乡野生活。离别之际,他鼓

---

① (东晋)陶潜:《陶渊明诗》,曾集辑,宋绍熙三年刻本,第16页。
② (东晋)陶潜:《陶渊明集》卷三,四库全书本,第53页。
③ (清)郑珍:《巢经巢诗文集》,民国三年花近楼刻遵义郑征君遗著本,第342页。

励学生说："人才古难得，自惜勿中弃。我衰复多病，肝脏不宜世。归去异山川，何时见君辈。念至思我言，有得宜常寄。"[1]郑珍的执教生涯短暂，未见得对自身的家庭生活有所改善，无奈之下，只能"耕稼倘足恃，时还读我书"[2]，回归家庭，对自己的子女进行言传身教。郑珍对其子郑知同的学业十分重视，即便在外奔波，也时常挂怀，他说："阿酉出门时，《论语》读数纸；至今知所诵，曾否到《孟子》。悠悠我之思，肠中转轮似如何"[3]。在郑珍的悉心关怀下，郑知同逐渐成长为当时有名的文字学家，其古诗文颇有造诣，尤其喜欢文字训诂。郑珍秉承"耕读传家"的治学理念，淡泊名利、固穷守节，以耕读为本，在贫忧和残酷的现实处境中，逐渐摒弃官场名利的欲望，寻求心灵与自然的融洽，实现个人性情的释然，同时又不断追求人生的真谛，保持着独立的人格尊严。

郑珍"学孔孟而道杨园"，即弘扬孔孟之仁、传承杨园之道，以孔孟、程朱、张履祥等儒家先贤的学说作为治学根基，发展和实践儒家的道德理念，其以经世致用、汇聚汉宋的学术旨趣，赓续着孔孟、杨园的仁爱济世情怀，不断化解近代学人对儒学的消极态度，为弘扬儒学作出了积极的贡献。

第二节 "治经宗郑玄"与"百行法程朱"

郑珍拟"汉、宋为一数"[4]，力求通许郑之学以明程朱之理，在

---

[1] （清）郑珍：《巢经巢诗文集》，民国三年花近楼刻遵义郑征君遗著本，第 376 页。
[2] （清）郑珍：《巢经巢诗钞注释·外集》一卷《别子何》，龙先绪注，西安：三秦出版社，2002年，第 688 页。
[3] （清）郑珍：《巢经巢诗文集》，民国三年花近楼刻遵义郑征君遗著本，第 300 页。
[4] 同上，第 547 页。

治学门径方面,极力维护和弘扬郑学,为寻求经学义理,以郑玄为宗,即"治经宗郑玄";在道德实践方面,立志扫俗、立身行己、学以致用,以程朱为尊,即"百行法程朱"。同时,郑珍不立门户,"不以门户相强",而又"折衷持平",其学术旨归:一在汇聚汉宋;二在经世致用。

(一) 治经宗郑玄

郑珍的治学门径,以字通经、坚守康成、穷源道燧,通过治经寻求义理,即"治经宗郑玄"。郑珍称郑玄为"家康成公",把郑学称为"家康成公之学"。其子郑知同多次提到郑珍研究郑玄之学,他说:"先君子自壮岁即通家康成公之学,于古今聚讼之地,必研究康成立说之所以然"①。《〈郑学录〉跋》载:"先君子服膺家康成公之学数十年,自壮岁即喜搜掇康成杂事。"②郑珍极力维护郑学,"兼以救世儒之失者,爰着于编"③,除维护正学的立场之外,还为寻求程朱杨园义理奠定良好的治学基础。郑知同在《〈仪礼私笺〉后序》中记述了郑珍研究郑玄之学的缘起,他说:

> 康成经训,范《传》言当时学者颇讥其繁,至今读之,犹若太简。唯其简奥,故虽以孔、贾专门,尚不能尽通其义,无惑乎近人以轻心从事,初不得解,即妄意有所抵牾,遂牵私见,必求案证,异论纷纭,恒由此作。余之墨守康成,往往为一言一事,

---

① (清)郑珍:《仪礼私笺》,清同治五年唐鄂生刻本,第163页。
② (清)郑珍:《郑学录》,清同治刻本,第103页。
③ (清)郑珍:《仪礼私笺》,清同治五年唐鄂生刻本,第164页。

或思之数日，不识所谓者，始亦讶其不合，迨熟玩得之，觉涣然冰释，切合经旨，都无瑕蒯。然后知世之据以诋斥康成者，皆偏驳曲见，惜未登高密之堂，令我公以数语箴其膏肓也。①

郑珍认为当时学者"诋斥康成者，皆偏驳曲见"，为补弊救偏，郑珍极力维护郑学。同时，郑珍担忧"近人"对郑注"轻心从事""初不得解"，便可"妄意抵牾"，而实际上郑珍为郑玄注疏精微者之一，其为郑玄作注，实事求是，可谓"一言一事，思之数日"，而有学人"诋斥康成者，皆偏驳曲见"。因此，他试图通过注解郑玄，劝诫"未登高密之堂"而"妄意抵牾"的学者，以达到补弊救偏之效。

郑珍注经申述己见，抨击异端，为明辨注疏，辩难了许多名家学者，如在《巢经巢经说》和《轮舆私笺》中，郑珍辩难的著名学者就有司马迁、孔颖达、贾公彦、司马贞、邵雍、朱熹、包咸、方苞、姚鼐、阮元、惠士奇、段玉裁、江永、戴震、郝懿行、邵晋涵、阎若璩、程瑶田等，这些辩难往往是为了申明郑注、排击异端而发，大都言之成理而持之有故，郑珍为维护和弘扬郑学作出了执着而艰辛的付出，可谓责之愈深、辩难愈切。

郑珍钻研郑玄"三礼"，殚精竭虑，用功至深。在甄别郑注原意的同时，仔细甄别自己与前人相左的注解，深究各种不同立意的言说，细心考证，以至达到了驾轻就熟、触类旁通的地步，郑珍注意到前人注疏中存在"其道舛驳"和"说愈繁而事愈芜"②的问题，恐误导众学子，于是著录《仪礼私笺》《轮舆私笺》《凫氏为钟

① （清）郑珍：《仪礼私笺》，清同治五年唐鄂生刻本，第164页。
② （清）郑珍：《巢经巢诗文集》，民国三年花近楼刻义遵义郑征君遗著本，第538页。

图说》和《巢经巢经说》等篇，这也为弘扬郑学、纠正异端作出了积极的贡献，其注解"穷源道窾，见为凿不可易而后已焉"，终使"千古礼宗不淹晦于饰伪乱真之手"①。郑珍钻研郑注已登入《三礼注》之堂，文献学家张舜徽说："往读郑珍《郑学录》及胡元仪《北海三考》，服其证说周详，有阐幽表微之功。推尊郑学，可云备也。"②其《仪礼私笺》《轮舆私笺》《凫氏为钟图说》等著述，也都"证说周详"，均为郑珍"阐幽表微之功"而发。同时，郑珍经学精研"三礼"，也是出于自身寻求程朱杨园义理的迫切需求，而其在反复推考的基础上，尽量求取经典文本原意，体现了郑珍笃定求实的治学原则，为弘扬郑学，纠正异端作出了积极的贡献。

从晚清的学术环境来看，由于汉学的繁琐考据受到抨击而逐渐衰落，同时，经院式的学术研究范式已不能有效解决当时的社会危机和挽救涣散的人心，于是，经学各派纷纷寻求变革，以图发展。桐城派力求"义理、考证、辞章不可偏废"，吸收汉学之长，引考据之法弥补自身不足，汉学家陈夔龙提出"贯穿考据、义理、词章而一之"的主张，以吸收义理的积极元素。顾炎武、黄宗羲等，基于对考据的朴实学风与义理思辨的融合，提出了"经世致用""力求变革"的主张，龚自珍、魏源等显赫的名家，他们亦要求"以经言政、大倡改革"。

社会的动荡、学术的变革，对郑珍的学术研究产生了一定的影响，虽然郑珍没有像以上名家那样提出改良变革的有效主张，但他不立门户、兼采各家之长，亦颇具风格，造诣极深，陈田评价

---

① （清）郑珍：《仪礼私笺》，清同治五年唐鄂生刻本，第163页。
② 张舜徽：《郑学丛著》，济南：齐鲁书社，1984年，第161页。

说："极各家解义，罔不究心，不立门户，一一为折衷持平。"①郑珍对汉宋之长进行了有效的吸收。针对汉学的繁琐考据、宋学的高谈性理，郑珍曾批判道："元明以来程朱末流高谈性理，坐入空疏之弊；明于形下之器，而不明于形上之道，此近世学者矜名考据，规规物事，陷溺滞重之弊；其失一也。"②意在驳斥宋学重义理，轻考证，尤以明末宋学表现为"不读书""不识字"，空谈性理，荒诞虚无；汉学则重考据，轻义理，追求繁琐，考据细枝末节。汉宋学术之不足都是郑珍治学所希望规避的，所以他要求将义理和考据"折衷持平"，不可偏废其一。郑珍在论及汉宋不足时写道："奈何歧视为殊途，偏执之害，后学当深戒。"③即认为重义理而不拘泥于文章词句，则有可能沦为束书不观，陷于空谈，不切实际；如果重视考据而不关注内涵义理，则有可能陷入繁琐的遣词摘句，郑珍则希望两者不可偏废，并鼓励后人深戒。

总之，郑珍"治经宗郑玄"，发大师之未发、补大师之未补，驳斥近人对郑玄之注"轻心从事""妄加抵牾"，为此细心考证、申明郑注、排击异端。其治经之目的为寻求儒家经本原意，针对汉宋之不足，郑珍不立门户，兼采各家之长，以敏锐的眼光省察汉学之缺失、宋学之弊端，标志着晚清经世致用的学术特征。

（二）百行法程朱

鉴于晚清学术空疏之弊，郑珍立志扫俗、学以致用、立身行

---

① 陈田：《黔诗纪略后编》，白敦仁校，成都：巴蜀书社，1996 年，第 1485 页。
② （清）郑珍：《巢经巢诗文集》，民国三年花近楼刻遵义郑征君遗著本，第 533 页。
③ 同上。

己,即"百行法程朱",郑珍说:"程朱未尝不精许郑之学,许郑亦未始不明程朱之理。"①在实践方面,郑珍传承程朱,实践躬行,主张经世致用。实际上,清代汉学兴起之时,就有学者主张汉、宋并行不悖,即治经宗汉,修身宗宋,如王昶便倡导"《六经》师服、郑,百行法程、朱"②,江潘强调"六经尊服郑,百行法程朱,不以为非且以为法,为汉学者背其师承何哉"③,他们皆为清代主张汇聚汉宋的重要代表人物。郑珍所处的贵州,自明朝中期以后,学术风气开始转向经世致用的程朱理学。郑珍亦追求实学,他说:

> 读书当求实用,非徒诵章句为词章已也。夫子教伯鱼学诗、学礼,为周南、召南。夫曰学与为事,事验之以身,而期之以行也。故诵诗三百,即可以授之政而使四方。程明道曰:学须就事上学。邵康节曰:学以人事为大。④

可见,郑珍并不单纯主张汉学考据之能事,其认为"读书当求实用",主张效法程朱、邵雍等于"事上学""学以人事为大""非徒诵章句为词章已也",继而倡导用理学笃实的作风弥补汉学繁琐之缺失与不足,这种融汇汉宋的治学方法,使郑珍在后来的治学理念中表现为"不拘拘焉以门户相强",而在实践中表现为"百行法程朱"。

莫与俦便是"百行法程朱"的重要学者,其在理论上提倡汉、

---

① (清)郑珍:《巢经巢诗文集》,民国三年花近楼刻遵义郑征君遗著本,第533页。
② (清)王昶:《春融堂集》,清嘉庆十二年塾南书舍刻本,第481页。
③ (清)江潘:《国朝宋学渊源记》,清粤雅堂丛书本,第2页。
④ (清)郑珍:《道光遵义府志》,清道光刻本,第2038页。

宋互补,在实践中"效法程朱之行",他说:"论学必极穷神知化,
令学者何处着手? 吾辈只就日常行扩去,上半截境地,听其自然,
高谈圣神何益"①。在莫与俦看来,学者获得真体实践的手段须
"就日常行扩去",即着眼日常求实笃行。同时,莫与俦认为高谈
无益,其汇聚汉宋的目的是批判明朝后期兴起的陆王心学空疏之
弊,即通过效法程朱、切实践履来纠正学术上的邪波之风。莫与
俦说:"三代教人不出六艺,本朝专门经生,书、数、礼、乐得圣人
意者多,虽颇繁碎,而无过高之病、无证之谈,犹存圣人述信遗
轨。"②莫氏认为"书、数、礼、乐得圣人意者多",虽繁琐,但无"过
高之论、无证之谈"。但莫与俦并不盲目认为汉学无病,他深知汉
学"繁碎"的弊病,所以在教授郑珍读书时说:"读书当求实用,程
子谓学须就事上学,朱子谓须就自己分上体验"③。继而强调读
书当"求实用""事上学""分上体验",如果仅仅如考据那样寻章
摘句,亦是徒然,于是他主张效法程朱的笃实来弥补汉学考据之
不足。由此可见,莫氏治学即试图以字句考据补陆王心学之缺,
以程朱之笃实补考据之繁弊。程朱理学与考据汉学二者优势互
补,形成莫氏治学的特色。因此,莫与俦传授郑珍等门人弟子,
"必举阎征君'六经宗伏郑,百行法程朱'之牓以树依归"④,又说:
"学者立身行己,当法程、朱,辅以新吾、苏门、潜庵、稼书之笃近。
若言著述,我朝大师相承超轶前代矣"⑤。这种汉宋互补的治学

---

① (清)莫友芝:《莫友芝诗文集》,张剑编,北京:人民文学出版社,2009 年,第 768 页。
② 同上,第 768 页。
③ 同上,第 767 页。
④ 同上,第 619 页。
⑤ 同上,第 769 页。

风格,对其弟子产生了潜移默化的影响,使其子莫友芝论学无不"门户在胸,虽大路椎轮,浸鲜有过而问焉者"①,郑珍则"论读书必归到经术行义上"②,即主张读书必归于"治经术"与"行义理"。

晚清学者对救国图存的呼声日益高涨,各学术团体及学派积极探索学术救国之路。这一时期,汉宋势力的互相消长,汉宋调和成为学术发展的主要趋势,徐世昌说:"诗话:绵庄深于经学,兼综汉、宋,一名一物,剖析贯串,求其精义"③。由于汉学的持续衰落,作为官方主流意识形态的宋学"衰而复帜",主汉学者对宋学的态度开始转向调和。郑珍"由训诂以明义理"和"实事求是"的治学原则,与主汉学者汇聚汉宋的主张不谋而合。郑珍主张"不立门户,一一为折衷持平"④,正如胡培翚⑤说:"人之言曰:'汉学详于训诂名物,宋学详于义理',以是歧汉、宋而二之,非也。汉之儒者,未尝不讲义理;宋之儒者,未尝不讲训诂名物,义理即从训诂名物而出者也"⑥。可见,郑珍与当时主流学者胡培翚的观点类似。

在清朝学文字狱酷烈之际,学者大多避谈政事而专注经术,在这样的背景下,宋学衰退,汉学兴盛,乾嘉学派趁势崛起。乾嘉学者由清初提倡"经世致用"发展到乾嘉时期的"穷经证史""崇古

---

① (清)莫友芝:《莫友芝诗文集》,张剑编,北京:人民文学出版社,2009 年,第 559 页。
② (清)郑珍:《巢经巢集》,光绪二十年刊本,第 108 页。
③ (清)徐世昌:《晚晴簃诗汇》,民国十八年退耕堂刻本,第 2446 页。
④ (清)郑珍:《巢经巢诗文集》,民国三年花近楼刻遵义郑征君遗著本,第 537 页。
⑤ 胡培翚(1782—1849),字载屏,一字竹村、紫蒙,清代安徽绩溪人。胡匡衷之孙,胡秉钦之子。清代礼学三胡之一。就其为学宗尚而言,胡培翚承其祖父不苟与先儒同异、实事求是、以经证经之旨,立学意在贯通,不标门户。
⑥ (清)胡培翚:《研六室文钞》,清道光十七年泾川书院刻本,第 135 页。

求是",名声大振,学派涌现,其中以戴震为首的"皖派"和以惠栋为首的"吴派"影响最大,实力亦最为雄厚。"皖派"尤其擅长文字学,探寻孔孟哲理,富于质疑,精于判断;"吴派"则善于穷经解说,触类旁通,富于详见,博于广泛。郑珍与"皖派"最为接近,以字通经,精求义理,同时又融汇各派之优长,其效法戴震的纯博学风,在治学过程中注重考据、吸收义理,要求将考据和义理"折衷持平",并主张"博学于文"。赵尔巽对郑珍治经作了最为贴切的评价,"方是时,海内之士,崇尚考据。珍师承其说,实事求是,不立异,不苟同,即已洞知诸儒者之得失。复从莫与俦游,益得与闻国朝六、七巨儒宗旨"①,郑珍坚持"实事求是,不立异,不苟同"的原则,发愤寻思,大胆质疑,小心求证,从而多有创见。郑珍历来反对繁琐的考证,其为郑玄作注,筛选以往各家的争议之处进行比对,或给予驳斥,或表达个人见解。这样的方法,既有针对性,又突出重点;既审慎精细,又不过于繁冗。

郑珍通过考据、训诂的方法治经,以此法求得义理,"盖先生之为学,其孤诣有可得而言者矣。其初实致力于许郑二家之书,以为不明传注,则经不能通;不明故训,则传注不可得,而读其于康成叔,重信之惟恐不笃,尊宠之附恐不及"②,因此,在郑珍看来,治经是求义理的基础。正如清朝经学家江藩说:"六经乃载道之文,未有不读六经而能明圣贤之道理者。"③圣贤之道存于六经、名物训诂,这就是治经的必要和治学的途径,这一理念成为当

---

① 赵尔巽:《清史稿》,民国十七年清史馆铅印本,第 7005 页。
② (清)郑珍:《巢经巢诗文集》,民国三年花近楼刻遵义郑征君遗著本,第 527－528 页。
③ (清)江藩:《炳烛室杂文》,上海:商务印书馆,1936 年,第 19－20 页。

时学者普遍认同的治学根本。而实际上，郑珍治经，融合各家之长为己用，目的也是明圣贤之理，"郑老之拔起边陲兮，百家无所不窥。汇汉宋为一数兮，早奉手于国朝之大师"①，可见，郑珍治经为求明理，兼收并蓄各家之所长。他说："举于乡连试春官皆罢，遂决意求通会汉宋两学。"②而其"治经宗汉，析理尊宋"③，郑珍"既治三反，如有不合，则发愤以思；又不合，则旁综诸儒之说，钩稽互证，必求得当于程、朱氏之义理而后已"④，可见，郑珍在汉宋合流的学术环境中，深得"程朱"之精髓，并奉为圭臬。

在治经方面，尊崇许慎、郑玄，以考据探索经典，把握其精深义理，摒弃汉宋门户偏见，融汇考据和义理之长，体现出"汇聚汉宋为一数"的治学特色；在实践方面，郑珍效法程朱，"每与道乾嘉之际亲炙经师学问宗旨、高节轶事，以相劝勉"⑤，以治经的方法来探索儒家经典义理，立志于读书扫俗、学以致用。总之，郑珍守先贤之说，竭力维护儒家之正统，同时又有所创见，将各家之长"折衷持平"，不立门户，不标新立异，实事求是，注重实用，为促进晚清汉宋合流作出了积极的贡献。

第三节 "博综'三礼'"与"探索'五经'"

居于对郑玄的维护和弘扬，郑珍治经"博综群籍，尤精《三礼》"，其注疏成就，贯串古今、旁征博引、折衷数家、自成一脉；其

---

① (清)郑珍：《巢经巢诗文集》，民国三年花近楼刻遵义郑征君遗著本，第547页。
② 同上，第145页。
③ 同上，第530页。
④ 同上，第528页。
⑤ (清)莫友芝：《莫友芝诗文集》，张剑编，北京：人民文学出版社，2009年，第768页。

诗文善于化用孔孟等儒家经典,意在将儒家忠孝节义的文化精神赓续传承。郑珍"治经"和"诗文"成就体现在"博综'三礼'"与"探索'五经'"等面向,此二者相得益彰,凝聚着郑珍对儒家文化的思考与智慧,彰显其"学以致用"的学术旨趣。

(一)博综"三礼"

"三礼"(即《仪礼》《周礼》《礼记》)一词由马融[①]首次提出,但其名称的确定是在郑玄为"三礼"作注之后,清代经学家王鸣盛说:"康成注经,三礼居首,阅十四年乃成,用力最深也。"[②]据《后汉书》载,"中兴,郑众传《周官经》,后马融作《周官传》,授郑玄,玄作《周官注》。本习《小戴礼》,后以古经校之,取其义长者,故为郑氏学。玄又注小戴所传《礼记》四十九篇,通为《三礼》焉"(《后汉书·儒林传下·董钧》),郑玄所传《礼记》49篇选辑本,独立成书,其在考订谬误、证释经文的同时,引用了大量的材料作为补充。因此,郑玄针对礼仪而阐发的《三礼注》,成为后人解读"三礼"的重要参考文献,也是后人研究古代音韵学、文字学和训诂学的珍贵参本。

"子尹博综群籍,专精三礼"[③],这是对郑珍注述"三礼"所取得成绩的客观评价,他为继承与发扬郑注作出了重要贡献。郑珍

---

① 马融,字季长。扶风郡茂陵县(今陕西兴平东北)人。东汉时期著名经学家,马融学识渊博,尤长于古文经学。他综合各家学说,遍注群经,使古文经学开始达到成熟的境地,预示着汉代经学发展将步入新的时期。他设帐授徒,不拘儒者礼节,门人常有千人之多,卢植、郑玄等都是其门徒。另有赋、颂等作品,其文集已佚,明人辑有《马季长集》。
② (清)王鸣盛:《蛾术编》卷五十八,北京:商务印书馆,1958年,第880页。
③ (清)郑珍:《郑学录》,清同治刻本,第106页。

钻研"三礼",殚精竭虑,用功至深。郑玄的经学成就主要在"三礼",治经亦主要在"三礼"。郑知同说:"先君子学礼数十年,嗜郑弥笃,老益深醇,五十以还,始操笔发擿,所以极思礼注。"①郑珍深研郑玄《三礼注》数十年如一日,嗜笃益醇,50 岁后开始操笔发擿。并注有《仪礼私笺》《考工记》《亲属记》等经学著作,其考证重点突出,用词精炼,言简意赅。晚年结撰,其经学著述颇多,已刊行《巢经巢经说》《仪礼私笺》《轮舆私笺》《凫氏为钟图说》《亲属记》和《郑学录》等。其中,《巢经巢经说》19 篇中有 9 篇是关于"三礼"的注疏,《仪礼私笺》是关于《仪礼注》的注解,《亲属记》是原《礼记》百三十一篇之一,其他的都是郑珍关于郑玄的一些注述。概言之,郑珍注疏郑玄"三礼",广集各家解义,折衷数家,自成风格。

郑珍《仪礼私笺》八卷,是郑珍研究"三礼"的重要成果。《仪礼》文理艰深,辞简旨奥,且脱伪者多,是最难治的经文之一,曾有唐朝贾公彦为郑玄《仪礼注》注疏,唐宋数百年间被奉为经典。明代敖继公作《仪礼集说》始批郑玄,清初逐渐涌现了万斯大及乾嘉派的一些批郑学者。虽然有惠士奇、张尔岐、江永等维护郑注,也难抵悠悠之口的强辞夺辩。郑珍担忧"千古礼宗"会"淹晦于饰伪乱真之手"②,居于以上原委,郑珍立志为郑玄注疏,欲借此挽狂澜于既倒。在《仪礼》17 篇中,郑珍注《士昏礼》《公食大夫礼》《丧服》《士丧礼》等 4 篇,考释 104 条,其中《丧服》64 条,考释最为详尽。其余篇章,郑珍也有所注疏,但因晚年留寓,大半未脱稿,或

---

① (清)郑珍:《仪礼私笺》,清同治五年唐鄂生刻本,第 164 页。
② 同上,第 163 页。

散佚，未成"完璧"，引为憾事。郑珍对郑玄《仪礼》注疏，"穷源道
窾，见为凿不可易而后已焉"①，经过反复玩味、精雕细琢、深得精
微、重点突出、考证精确、言简意赅、辩论纷呈，除此之外，还呈现
以下特点：纵览全经、精密连贯，既能以点到面，又能引经补正；揆
情度理，经文意旨清晰，全文精微简洁；实事求是，不标新立异，不
苟同谰言，不牵强臆断。

　　针对《考工记》中的车制和钟制，郑珍便注有《轮舆私笺》和
《凫氏为钟图说》。《轮舆私笺》二卷，是针对《轮人》《舆人》《辀
人》②所作的笺注，由于当时经文和注文都相当简略，解释也诸多
歧义，郑珍对车制总部件中的各分部件的形制、尺寸工艺都作了
极为精细的考证。《凫氏为钟图说》一卷，详细考证了钟体的形
体、厚度、张度、大小、长短、音准、音色之间的关系，郑珍从美学
的角度评价古人的钟制和车轮，他说："古人凡创一物，必合于物
之情理，当于人之心目，绝无勉强牵就。故其制易知易从，美善而
不可易也"③。表达了对《考工记》工艺价值和美学价值的肯定。

　　《亲属记》原是《礼记》中的一篇，戴德、戴圣删落后散佚。现
存的《尔雅·释名》和《广雅·释亲》仅涉及相关的内容，别的经籍
亦不多见。朱熹将部分内容编入《家礼》。郑珍的《亲属记》二卷，
经其子知同和陈渠校补，臻于完善，郑珍此书，专门考证内外亲族
的名称，是清代研究纲常伦纪的唯一论著，郑珍虽继承朱熹余绪，
但又有所发挥，朱熹重在补经，范围仅限《尔雅》，郑珍重在考据

---

① （清）郑珍：《仪礼私笺》，清同治五年唐鄂生刻本，第163页。
② 古车的三大部件，即轮、舆（车身）和辀（车辀）。
③ （清）郑珍：《轮舆私笺》，清同治七年莫氏金陵刻本，第11页。

《礼》之征俗,举古今亲属名称,搜罗甚广,并加以罗列,"上自古经,旁及子史稗说、诗文别集,横行斜上,无不贯串。使读者一见而知名称所由来,洵宏览博物之数也"①。郑珍之注疏工作,贯串古今,传承许郑,旁征博引,方便后人查证博览,有"阐幽表微"之功。

(二)探索"五经"

郑珍"诗文"和"治经"成就相辅相成,相得益彰,正是这些诗文(探索"五经")和经学(博综"三礼")成就,凝聚了郑珍诠释儒家文化的思想结晶。郑珍的诗歌和文章,构思巧妙、另辟蹊径,善于运用譬喻的手法,将儒家思想融入诗文创作中,把忠孝节义的精神展现得淋漓尽致,体现了郑珍对儒家文化的熟练掌握和深切认同,也是对儒家经典文化的一种接续传承。

郑珍探索"五经",主要体现在郑珍将"五经"章句嵌入其诗歌创作当中。郑珍认为诗歌创作应有经文功底,其诗文嵌入典故的案例不胜枚举,前人的经学典籍成为郑珍诗文创作的灵感,借用"四书五经"的内容、思想、意象、指事、假借等,成为他诗文创作的重要技巧。在郑珍诗歌和文集中,多化用《诗经》《论语》《孟子》《左传》等。如《赠陵坡谒蔡忠烈公道宪墓》曰:"谁似先生少,成仁鼎沸时。磔身无李苩,裹葬有句卑。"此处"句卑"典故,出自《左传》,即"左司马戌及息而还,败吴师于雍澨,伤。初司马臣阖庐,故耻为禽焉。谓其臣曰:'谁能免吾首?'吴句卑曰:'臣贱,可

---

① (清)郑珍:《亲属记》,清光绪十二年贵阳陈氏刻本,第1页。

乎？'司马曰：'我实失子，可哉！'三战皆伤，曰：'吾不可用也已。'句卑布裳，刭而裹之，藏其身，而以其首免"（《左传·定公四年》），春秋楚吴交战，楚国左司马沈尹戌战败，为了不受吴国羞辱，命令部下句卑割其首，郑珍引用《左传》记载沈尹戌的典故和事迹，来暗喻明末进士蔡道宪之忠烈。

　　"惟我禄命薄，能养愧马犬"①，是引用《论语·为政》："今之孝者，是谓能养。至于犬马，皆能有养。不敬，何以别乎"。这首诗是郑珍为了强调遵行儒家奉养父母的恭敬之心。"所幸越七日，先生尔如达"②，化用《诗经·大雅·生民》："诞弥厥月，先生如达。不坼不副，无菑无害，以赫厥灵。上帝不宁，不康禋祀，居然生子"。此处表达了自己对妻子怀胎十月顺产生子、母子平安的喜悦心情，"先生如达"是郑珍借此来表达长女郑淑昭（小名阿芝）顺产后的激动心情。"伊威登础避昏垫，湿鼠出窟摩须髯"③，其中"伊威"出自《诗经·豳风·东山》："伊威在室，蟏蛸在户。町畽鹿场，熠耀宵行。不可畏也，伊可怀也"，表达了家园荒凉不可怕，越是如此越想家的思乡之情，此时的郑珍应是厌倦了四处奔波求仕的生活，并借此抒发对亲人故土的怀念之情。又如"圣王除狸物，赤发有专职"。"更以蜃灰水，洒彼屋与隙"④，化自《周礼·秋官·赤发氏》："掌除墙屋，以蜃炭攻之，以灰洒毒之。凡隙屋，除其狸虫。"郑珍意在警示旁人，早在远古的周朝，先人就有了防范病毒，消毒免疫的意识。在《才儿生去年四月十六少四十日

---

① （清）郑珍：《巢经巢集》，光绪二十年刊本，第159页。
② 同上，第143页。
③ 同上，第155页。
④ 同上，第145页。

一岁而殇,埋之柜冈麓》一文中,描写郑珍丧子的悲痛心情,《礼记·檀弓下》曰:"木皮五片付山根,左袒三号怆暮云"。其中"左袒"化自"即封,左袒,右还其封,且号者三,曰:'骨肉归复于土,命也。若魂气则无不之也,无不之也。'而遂行",延陵季子在祭奠儿子时褪下左袖,大哭三声,郑珍效仿古代先贤的祭子之法,以此寄托失去儿子的悲痛之情。郑珍说:"及今想其在时,夜眠共被,朝游相携,仰不愧,俯不怍,与天地各物相浑合,于谈笑寝饭之际,其为怡怡者更何如也。"①这里借用《孟子·尽心上》:"君子有三乐,而王天下不与存焉。父母俱存,兄弟无故,一乐也;仰不愧于天,俯不怍于人,二乐也;得天下英才而教育之,三乐也。"借此赞叹好友仰不愧于天、俯不怍于地的高尚气节。于舅父黎恂,郑珍说:"望其色,听其言,观其行动,粹然君子儒也"②。这句话引自《论语·公冶长》:"始吾于人也,听其言而信其行;今吾于人也,听其言而观其行。于予与改是。"赞扬黎恂"知行合一"的儒者风范。郑珍立志扫俗、学致用,类似的经典被郑珍化用在诗文中的案例不胜枚举,体现了郑珍深厚的文学功底和儒学积淀。

莫友芝在《巢经巢诗钞序》中评价郑珍的经学成就,他说:"其(郑珍)于诸经疑义抉摘畅通,及小学家书经发明者,已成若干编。而才力赡裕,溢而为诗,对客挥毫,俊伟宏肆"③。可见,郑珍作为诗人的成就和他在儒家经典的学术造诣息息相通。在郑珍考鉴的《郑学录·书目》中,涉及经典的主要有:《周易注》《易赞》《尚

---

① (清)郑珍:《巢经巢集》,光绪二十年刊本,第 74 页。
② 同上,第 130 页。
③ (清)莫友芝:《巢经巢诗钞》,成都:巴蜀书社,1996 年,第 1506 页。

书注》《礼仪》《春秋左氏传注》《孝经注》《论语注》《论语释义》《论语孔子弟子目录》《孟子注》《干象历注》《易纬注》《尚书纬注》《礼记默房注》《尚书音》《三礼音》等。这是郑珍穷毕生之精力，笃实而严谨地探索考据"四书五经"的重要成果。钱仲联评价说："同光体诗人，张学人之诗与诗人之诗合一之帜，力尊《巢经巢诗钞》为宗祖。"①赞扬郑珍是一个学人与诗人相结合，能化典为诗的典型学者。

　　对经典的一系列熟练化用，是郑珍"探索'五经'"的精彩演绎，"先生起自南荒，推阐小学以通经之绪，自立棉柔，不袭案臼"②，"酉已诵五经，而年整七载"③，"安知从九何功名，治畔延师授五经"④，充分肯定了郑珍探索"经典"的杰出成就，虽化用而不造作，顺其自然，成其一派。同时，对儒家经典的探索和思考，使郑珍饱含着对治世、救偏的极大热情，成为后学的典范，对后世产生了积极的影响。

　　综上所述，郑珍在深厚家学传统旨趣的影响下，秉承"耕读传家"的治学理念，不断吸收儒家尤其是程朱理学思想的积极因素，融合汉宋，在晚清社会动荡、价值失范之际，在区域范围内撑起了一面复兴理学、维护正统的旗帜，形成了会通汉宋、经世致用的学术旨趣。郑珍的学术传承自理学正统，契合了学风转变之际学人对"正学术、振人心"的现实诉求，呈现出创新、开放、包容的姿态。郑珍学孔孟之仁、道杨园之学，继承和发扬孔孟、程朱、杨园

---

① 钱仲联：《论近代诗四十家》，合肥：安徽教育出版社，1999年，第407页。
② （清）郑珍：《巢经巢集》，光绪二十年刊本，第310页。
③ （清）郑珍：《巢经巢诗文集》，民国三年花近楼刻遵义郑征君遗著本，第323页。
④ 同上，第449页。

等儒家的"仁道"主义精神,并在实践中有所发展和创新。郑珍通过寻求儒家义理、继承程朱学统,以此纠正当时学术上的空疏之弊,甚至激发了晚清学人对传统文化的积极态度,对调整社会关系有着重要的促进作用,起到了良好的社会效果。总之,郑珍的学统以郑玄之学作为入门法则,一方面以孔孟、程朱、张履祥为根基,不断继承和吸收儒家传统经典的成分;另一方面又通过不断地吸收和探索,化各家之精髓为己用。郑珍学统,学孔孟而道杨园,宗郑玄、尊程朱,博综"三礼",探索"五经",兼收并蓄,开放包容,体现了晚清学术汉宋融合、经世致用的时代特征,是晚清学术范式的重要标志。

第二章 郑珍的理气论

郑珍继承和发展了程朱的理气论,在"理气"先后的问题上,接受朱熹的"理在气先"说,主张"理先气后",在理气关系问题上,发扬朱熹的"理气合一"说,提出"理气合成";基于"理本论"和"理气合成"的理论立场,郑珍认为"气则有终,理则无止",即郑珍认为"理"乃宇宙本体,不以人的意志为转移,因此得出"天道无定""天命无常"的结论,继而主张将"天道"和"天命"结合在一起。

第一节 理气合成

"理""气"关系是宋明理学探讨的重要内容之一,且以朱熹为集大成者。在朱熹理学中,"理本体"是其宇宙论的基本思想体系,认为"理"与"气"构成了世界万物的基本要素。在此基础上,郑珍继承了朱熹"理在气先"说,提出"理先气后"的观点,又在朱熹"理气合一"的启示下提出"理气合成"的理念,即认为"理气"不杂不离而合成其中,由此,"理气合成"构成了郑珍理气论的核心基础。在"理本论"和"理气合成"的理论基础上，郑珍认为形而上的"理"是永恒的、无止境的存在，而作为形而下的"气"则是有始有终、暂时性的存在，即"气则有终，理则无止"[①]。

（一）"理先气后"与"理气合成"

"理先气后"亦是郑珍"理气"关系中的重要问题，这是郑珍在朱熹"理在气先"说的基础上提出来的。朱熹认为形而上者为之"理"，形而下者为之"气"，"理"即事物存在和发展的根本，是构成宇宙万物之性；"气"即事物存在和发展的形式，是构成宇宙万物之形。进言之，某物之所以成为某物是因为禀受"理气"的某种共同属性，正如冯友兰所说："形而上之理世界中只有理。至于此形而下之具体的世界之构成，则赖于'气'。'理'即如希腊哲学中所说之形式（Form），'气'即如希腊哲学所说之质料（Matter）。"[②] 朱熹则是在《太极图说》的基础上发展了理气论，以"理"释"太极"，即以"太极"为"理"，"阴阳"为"气"。而阴阳的运动变化和存在的根据是"理"，"理"的具体表现和发展过程是"气"。"气"之所以为"气"是因为"气"以"理"为根据，"理"之所以为"理"是因为"气"是"理"的具体表现形式，而"理"与"气"是不即不离的关系，因此，朱熹认为"理"能生"气"，这一学说则是来源于《周易》与《太极图说》，如《周易·系辞》曰："易有太极，是生两仪"，《太极图说》曰："太极动而生阳"，这里的"生"即"生生""产生"之意，旨在说明"理能生气"，朱熹继承并发展了这一理论，他说：

---

① （清）郑珍：《巢经巢诗文集》，民国三年花近楼刻遵义郑征君遗著本，第 234 页。
② 冯友兰：《中国哲学史》，上海：华东师范大学出版社，2003 年，第 259 页。

"动而生阳,静而生阴,动即太极之动,静即太极之静,动而后生阳,静而后生阴,生此阴阳之气"①。即阴阳之"气"在太极的动静之理中相生相无,"动而生阳静而生阴,说一生字便是见其自太极来。今曰而则只是一理无,无极而太极,言无能生有也"②,即阴阳动静之道,朱熹说:"气虽是理之所生,然既生出,则理管他不得"③。这就是朱熹所主张的"理能生气"说。

既然"理"能生"气",那么"理""气"孰先孰后、孰本孰末的问题便一目了然。朱熹说:

> 天地之间有理有气。理也者,形而上之道也,生物之本也;气也者,形而下之器也,生物之具也。是以人物之生,必禀此理,然后有性,必禀此气,然后有形。④

朱熹认为天地之间的万事万物皆是由"理""气"组合而成的,"理"是一物存在的根据和本原,即"生物之本";"气"则是一物存在的形式和质料,即"生物之具"。然而,这个"理"是看不见的本体,朱熹把它叫作"形而上之道";"气"则是构成事物的具体物质,它是有迹可循的,所以朱熹把它叫做"形而下之器"。在此基础上,朱熹说:

---

① (宋)黎靖德:《朱子语类》卷九四,朱杰人、严佐之、刘永杰主编,上海:上海古籍出版社,2002 年,第 3118 页。
② 同上,第 3119 页。
③ 同上。
④ (清)李光地:《朱子全书》卷六十六,清康熙五十二年武英殿刻本,第 2085 页。

疑此气是依傍这理行,及此气之聚,则理亦在焉。盖气
则能凝结造作,理却无情意、无计度、无造作。只此气凝聚
处,理便在其中。且如天地间人物草木鸟兽,其生也莫不有
种,定不会无种子白地生出一个物事,这个都是气,若理则只
是个净洁的世界,无形迹,他却不会造作。气则能酝酿凝聚
生物也。但有此气,则理便在其中。①

认为"理"是万物之性,"气"是万物之形,"理""气"对物质的功能构
成属性是不尽相同的。例如天地万物是由种子生发出来的,没有
种子,不会平白无故地生出一个物事,"理"是万物的本源,"气"能
够凝聚阴阳并化生万物,"理"便在其中,无形迹,无情意、无计度、
不造作,而"理"其实就存在于气的凝聚处。不同形式的"气"有不
同性质的"理",即天有天之"理",云有云之"理",土有土之"理",木
有木之"理"。但朱熹认为"理"与"气"不相分离,同时又不相混杂,
"理"是第一性的,"气"是第二性的,即"理在气先"或"理在物先"。
朱熹说:"天下未有无理之气,亦未有无气之理。"②又说:"理未尝离
乎气"③,其认为"理气"不即不离,不可分说,即"有是理,必有是气,
不可分说。都是理,都是气"④,因此,朱熹认为"理气合一"。

郑珍继承了朱熹的"理在气先"说,提出"理先气后"说,其
认为"气"是在"理"的基础上产生的,即"理"主宰"气",无"理"

---

① (宋)黎靖德:《朱子语类》卷一,朱杰人、严佐之等主编,上海:上海古籍出版社,2002年,
　第116页。
② (宋)黎靖德:《朱子语类》卷一,北京:中华书局,1994年,第2页。
③ 同上。
④ (宋)黎靖德:《朱子语类》卷三,北京:中华书局,1994年,第46页。

便无"气","气"是"理"存在的形式,若无"气","理"便无挂搭处。在此基础上,郑珍认为"理""气"是"天而云,云而天"的辩证关系,他说:"天而云,云而天,土而木,木而土,人何独非是也？老氏谓此为名,佛氏谓此为缘,吾儒曰:此我也"①。郑珍这里的"此我"即是"此理"(我即理),因此,郑珍认为"云、天、土、木"等"气"的具象元素与"理"是"二而一""一而二"的辩证统一关系,"理""气"的这种既"天而云"(一而二)又"云而天"(二而一)的关系,郑珍概括为"理先气后",这是对朱熹"理在气先"说的继承和发展。

那么,在郑珍看来,关于"理""气"到底是一物还是二物？郑珍说:"虽则云然,是气非理。"②即"理气不杂",又说:"释氏论人,四大合成,当其散时,无影无因。"③即"理气不离"。郑珍把"理""气"看成是不杂又不离的一物,即认为"理气合成"。关于这一点,郑珍继承了朱熹的"理气合一"说,朱熹认为,从宇宙论的角度来说,"理气"是不可分开各在一处的,同时又不害二物各为一物;从本体论的角度来说,先有物之"理",才有物之"气","理"是"气"的主导。"所谓理与气,此绝是二物。但在物上看,则二物浑沦,不可分开各在一处,然不害二物之各为一物也"④,朱熹认为"理"未尝离开"气",二物虽浑沦,却不可分开各一处,亦不害二物各为一物,然有"理"必有"气",不可分说。郑珍赞同朱熹的这一理

① (清)郑珍:《郑珍集·文集》,王瑛点校,贵阳:贵州人民出版社,1994年,第68页。

② 同上,第156页。

③ 同上。

④ (宋)黎靖德:《晦庵先生朱文公集》卷四十六,朱杰人、严佐之、刘永翔主编,上海:上海古籍出版社,2002年,第2146页。

念,他提出"是气非理","理""气"不杂不离的观点,认为"理"是"气"的先导,"物"是在"物之理"的基础上产生的,没有"理","物(气)"就无法产生;同样,没有"物(气)","理"就无处"附着"。

郑珍所谓"天而云,云而天,土而木,木而土"①,即此处"天而云""云而天"是指"理""气"的特性和功能性,讲的是"理""气"的"合"和"同";"土而木""木而土"是指"理""气"的圆融性和内在性,讲的是"理""气"的"分"和"异"。所以,在郑珍看来,"理""气"是二物,又不害二物为一物,这是秉承了朱熹的"理""气"不离又不杂的辩证思想,他以"理气"的"四大合成"作为出发点,论证"理""气"不害二物各为一物,又从"虽则云然,是气非理"中推断出理气非一物的说法。因此,"理"与"气"的关系既是"理在气中",又是"天而云,云而天"的辩证统一关系。

郑珍所说的"理气合成",其妙之处在于"理气"不离不杂,且无因无影。在这种妙合的过程中,郑珍认为"理"是"气"的主导,"气"为"理"之所乘,而"气"在运行过程中又表现出很强的能动性,所以,万事万物才表现出"云、天、土、木"等不同特性。同时,他认为"气"之所以不受外力的作用,则是因为"气"自身的本能,是阴阳自然运动的结果。郑珍关于动静阴阳的言论,即"进退,动静也,不越礼法,则可则也"②。或是对朱熹"动静者所乘之机"的一种诠释。在郑珍看来,"理气"进退动静,"理"主宰"气","气"所为"理",各遵其则,不越礼法,才有天道流行,万物化生。

---

① (清)郑珍:《郑珍集·文集》,王瑛点校,贵阳:贵州人民出版社,1994年,第68页。
② (清)郑珍:《巢经巢诗文集》,民国三年花近楼刻遵义郑征君遗著本,第18页。

（二）"理则无止"与"气则有终"

郑珍认为"气则有终，理则无止"①，这是对"理气"关系问题的接续探讨。郑珍认为形而上的"理"是万古永恒、绝无止境的，而作为形而下的"气"则是有始有终、暂时存在的，他把"理"当作永恒不灭的世界本原，这是对程朱"理"（天理）本体论的继承和发展。二程说：

> 天理云者，这一个道理，更有甚穷已。不为尧存，不为桀亡。人得之者，故大行不加，穷居不损。这上头来，更怎生说得存亡加减？是它元无少欠，百理俱备。②

二程认为，"理"（或"天理"）的存在不以人的意志为转移，是永恒的绝对存在。"天理"永恒，"不为尧存，不为桀亡"，不会因为谁的生死存亡便会增加或是减少分毫，即"大行不加，穷居不损"。因此，"理"并无"存亡加减"之说，它不施不惠，却又支配万物。这表明"理"（或"天理"）超越于宇宙万物，"理"是一切万物存在的根本依据，从"理本论"的角度来说，万物（包括人）皆为"理"的产物，即"理则无止"，宇宙万物同属于永无止境的"理"。程颢说："天地万物之理，无独必有对，皆自然而然，非有安排也。每中夜以思，不知手之舞之，足之蹈之也。"③此处的"无独必有对"，即天地万物有阴必有阳，有否必有泰，有善必有恶，而且循环流转，

---

① （清）郑珍：《巢经巢诗文集》，民国三年花近楼刻遵义郑征君遗著本，第234页。
② （宋）程颢、程颐：《二程遗书》，四库全书本，第59页。
③ 同上，第187页。

生生不息。"理"则至高无上,而又自然而然,无增无减。由于程颢领悟到"理"乃天地万物之本,故而不自觉地手舞足蹈。

"天理"是从理本体的意义上进行的界说,"理"本体论标志着儒家形而上学思想系统的确立。程颢在阐发《周易》形而上的理论时明确指出:

> 天地之大德曰生。天地絪缊,万物化醇。生之谓性。万物之生意最可观,此元者善之长也,斯所谓仁也。仁与天地一体,而人特自小之,何哉!①

这段话表明,程颢以"仁"来解释阴阳和合、万物化生,程颢此所谓"生之谓性",即是"仁",性即仁,"仁与天地一体",继而人也与天地万物为一体,而"人特自小之",则强调了作为主体的"人"在天地间存在的地位和价值。关于"理"与"气"的关系,程颐说:

> 离了阴阳更无道,所以阴阳者是道也;阴阳,气也。气是形而下者,道是形而上者;形而上者则是密也。②

"二程"根据阴阳来阐释"道"(理)与"气"之间的关系,"阴阳者是道也","道"不能离开阴阳而存在,"阴阳为气,气是形下者",表明了"道"(理)就是高于"阴阳"的本原,即形而上之"道"才是根本的存在,二程的这段言论阐明了形而上之"道"和形而下之"气"

---

① (宋)程颢、程颐:《二程遗书》,四库全书本,第186-187页。
② (宋)朱熹:《二程语录》,清正谊堂全书本,第131页。

的区别。所谓"形而上者则是密",是指"道"的至微至密。二程又说:"至微者理也,至著者象也。体用一源,显微无间。"①"理"和"象"乃一物之两体,即体即用,体用一源,显微无间。二程说:"今是须是自家言下照得理分明,则不走作。形而上而下者,亦须更分明说得。"②强调了分明形而上之"道"和形而下之"气"的重要性。

二程说:"凡物之散,其气遂尽,无复归本元之理。天地如洪炉,虽生物而销铄亦尽,况既散之气,岂有复在? 天地造化,又焉用此既散之气? 其造化者,自是生气。"③他认为"气"为形而下者,"理"为形而上者,"气"化生万物,当其散去,便无复归本元之"理",物散则"气"尽,"气"生则物生,故"理"在"气"先。

朱熹在二程的基础上进一步发展了"理在气先"的理念,他说:"太极只是天地万物之理。在天地言,则天地中有太极。未有天地之先,毕竟是先有此理。动而生阳,亦只是理;静而生阴,亦只是理。"④朱熹将"太极"和"理"视为同一概念,即"太极只是一个理字",也就是说,太极(理)是天地万物存在和运动变化的规律,万物有其太极之"理",顺太极之"理"而生,依太极之"理"而灭,太极成为"理"的核心要义。朱熹在阐述宇宙生成论时说:"毕竟也只是理。有此理,便有此天地;若无此理,便亦无天地,无人无物,都无该载了。有理,便有气流行,发育万物。"⑤"理"在天地

---

① (宋)程颢、程颐:《二程外书》,朱熹辑,四库全书本,第120页。
② (宋)程颢、程颐:《二程遗书》,四库全书本,第69页。
③ 同上,第250页。
④ (清)李光地:《朱子全书》卷六十六,清康熙五十二年武英殿刻本,第2088页。
⑤ 同上,第2083页。

之先,天地万物皆由"理"而生发,依"理"而存在,因此,"理"是超越时空的绝对存在,是万事万物存在的根本,是故有"理"才有"气","气"之流行,方化生万物。朱熹又说:

> 要之,也先有理。只不可说是今日有是理,明日却有是气,也须有先后。且如万一山河大地都陷了,毕竟理却只在这里。①

朱熹强调"理"是根本的,第一性的存在,同时"理气"又是不即不离的,即便必须要有个先后,那也如山河大地都塌陷了,"理"也依然存在。朱熹之所以要反复强调"理气"不分离且"理"为"气"先,是因为坚持"理本论"的立场。朱熹并不认为山河大地会有塌陷之时,因为"气"化流行,天地之"理"便永恒存在,他说:

> 天以气而依地之形,地以形而附天之气。天包乎地,地特天中之一物尔。天以气而运乎外,故地榷在中间,隤然不动。使天之运有一息停,则地须陷下。季通云:地上便是天。②

朱熹之"地特天中之一物",即认为世界的结构是以地为中心的宇宙论,天包乎地,如果天的运行会停止,则山河大地才会下陷。

郑珍在程朱"理本气末"的理论基础上,将形而上之"理"当作

---

① (宋)黎靖德编,王星贤点校:《朱子语类》,中华书局,2020年,第4页。
② (清)李光地:《朱子全书》卷六十六,清康熙五十二年武英殿刻本,第2105页。

永恒的存在,是无止境的,不以人的意志为转移,即"理则无止";将形而下之"气"当作暂时存在的,是第二性的,有始有终的,即"气则有终",因此,"理则无止,气则有终"是郑珍对世界宇宙的基本看法,郑珍的这一理气论,蕴涵着朴素的辩证思维,亦是对程朱"理气"理念的继承和发展。

第二节　天道无定

郑珍将"理"看作是构成世界万物的本原,其"理乃物之本"是对朱熹"理为形而上之道,生物之本也"的延续;"气乃物之具"则是对朱熹"气为形而下之器,生物之具"的继承。因为"天道者,天理自然之本体",故而"天理"不以人的意志为转移,即郑珍阐发为"天道无定",与之对应的"人道"也表现为"无定"。因此,郑珍主张将"天道"结合"人道",通过穷理尽性,知天而知命,形成了以"天道"统摄"人心"、"天道"结合"人道"的天命观。

（一）"理乃物之本"与"气乃物之具"

郑珍"理乃物之本"是对"理本体"论的阐发,以朱熹的"理""道"等形而上之道作为理论基础。程朱把宇宙万物的本原归结为超越物质世界之上的精神性的"理",在这个根本的哲学问题上,郑珍亦把"理"视为世界的本原。他在《祭舅氏黎雪楼先生文》中说:"孔、曾、颜、孟、周、程、邵、张,惟其理存,至今不亡。"即郑珍认为精神性的"理"是没有止境、永恒存在的,它构成了世界万物的本原。

郑珍的这种见解源于程朱"理本论"。朱熹说:"天地之间,有理有气。理也者,形而上之道也,生物之本也;气也者,形而下之器也,生物之具也。是以人物之生,必禀此理,然后有性;必禀此气,然后有形。"①"理"是构成世界万物的根本,"气"则是构成宇宙物质的基本要素。朱熹把精神性的"理"说成是"生物之本",即世界的本原,把"气"看作是"理"的表现形式。

朱熹又说:"无极而太极,不是说有个物事光辉辉地在那里,只是说这里当初皆无一物,只有此理而已。既有此理,便有此气;既有此气,便分阴阳,以此生许多物事。惟其理有许多,故物亦有许多。"②不管从时间、空间,抑或从逻辑因果上看,朱熹都认为是以"理"为先的,"理"才是万物之本,"气"只是万物之具。他说:"作出那事,便是这里有那理;凡天地生出那物,便都是那里有那理。"③即宇宙万物,无论是自然的或是人为的,都是其"理"。"天地未判时,下面许多都已有否? 曰:只是都有此理。天地生物千万年,古今只不离许多物"④,这就是说,凡一切存在之物,必须依"理"而存在。朱熹认为"太极"和"理"是同等程度意义上的概念,"太极"是总括天地万物之"理"。他说:"事事物物皆有个极,是道理之极至。蒋元进曰:如君之仁,臣之敬,便是极。先生曰:此是一事一物之极。总天地万物之理,便是太极。太极本无此名,只是个表德。"⑤显然,"理"是形而上的,先天地而有,天地产

---

① (宋)黎靖德:《朱文公文集》,朱杰人、严佐之、刘永杰编,上海:上海古籍出版社,2002年,第2755页。

② (宋)黎靖德:《朱子语类》,明成化九年陈炜刻本,第1927-1928页。

③ 同上,第2084页。

④ 同上,第35页。

⑤ 同上,第1918页。

生之后，"理""太极"仍运行、安顿于天地之间。

郑珍"气乃物之具"是以"太极""阴阳"作为理论来源，郑珍所定义的"气"，就是"物质"，如朱熹说："气也者，形而下之器也，生物之具也。是以人物之生，必禀此理然后有性，必禀此气然后有形"①。"气"有"阴阳"，郑珍说："阴阳燮理，风雨调和矣"②。阴阳动静（和合），才能化生万物，即"气乃物之具"。郑珍认为"理"是万古永存的，而且是没有止境的，即"理则无止"，而作为形而下之"气"则有散亡之时，是暂时存在的物质，即"气则有终"。他把精神性的"理"当作永恒不灭的世界本原，这与朱熹"理本气具"的思想理念相似，可见，郑珍是继承了朱熹的"理本论"，把"理"当成万物本原，把"气"看成是形而下的生物具象，朱熹的观点被郑珍吸收，以建立"理在气先"的宇宙观，并且郑珍认为"气"为"道"（理）所支配。

基于"理"是世界本原的理念，郑珍在"天而云，云而天"的天地变化中看到了客体的实在性，也看到了事物对立统一的矛盾规律，具有朴素的辩证法思维。郑珍在"道"与"天道"的关系问题上，认为只有通过自身的不断修养，才能禀受"天地之性"，与"天地合其德"，谋事的成功与否，完全取决于一个人对天意的理解能力，故而人可以通达天命以至善。但郑珍也会陷入对"天命"的质疑，如"男儿生世间，穷达有命不自由"③"人生千岁要有死，百年况是风中镫"④。郑珍的这种认识，既受孔子"生死有命，富贵在

---

① （宋）朱熹：《朱子文集》，清正谊堂全书本，第 320 页。
② （清）郑珍：《巢经巢诗文集》，民国三年花近楼刻遵义郑征君遗著本，第 197 页。
③ （清）郑珍：《巢经巢集》，光绪二十年刊本，第 165 页。
④ （清）郑珍：《巢经巢诗文集》，民国三年花近楼刻遵义郑征君遗著本，第 265 页。

天"的影响，又是对朱熹的"天命之理"的继承。

(二)"天道无定"与"天命之理"

郑珍的宇宙论体系中，最基本的依据是"天道"，最核心的理念是"天理"。郑珍在"理乃物之本"的基础上对"天道"进行探索，既然"天道"不以人的意志为转移，故"天道"的规律便是"无定"。郑珍将"天道"和"天命"结合在一起，认为"天道"与"人心"合一，以"天道"统摄"人心"，构建了一座贯通"天道"与"人道"的桥梁。

1. 天道无定

郑珍受程朱天道观的影响，将"天道"的规律阐释为"无定"，古人把天地日月、云雨星辰等宇宙天体运行的过程诠释为"天运"，通过总结天体运行的规律来推测世间的吉凶祸福，蕴藏着"天道无定"的现实意蕴。"无定"指宇宙变化的永恒性，而"定"是宇宙的相对静止状态，宇宙万物无时不刻都在运动变化之中，在绝对变化的"无定"中，又有相对的"定"，有"定"才有宇宙万物，也才有"名"，万物才有可能被认识。

关于"天道无定"，郑珍说："无定者其即所以为定乎？不事焉事，事焉不事，事无事也，无事事也。"[①]即从天地万物的变化中发现客体的实在性，把万物之"理"看作是无形无定的形而上的存在，"天、云、土、木"等具象是自然存在的属性，属于形而下的，"云而天，天而云，土而木，木而土"是自然万物中蕴含的矛盾转换之规律，即"天理"。"无定"是天道变化的永恒规律，"定"是事物

---

① （清）郑珍：《郑珍集·文集》，王瑛点校，贵阳：贵州人民出版社，1994 年，第 68 页。

静止的相对状态。郑珍在这里所说的"无定"是指事物的绝对运动状态，"定"是指事物的相对静止状态，他认为自然界的事物总是处于不断地运动变化之中，犹如天空时而万里无云，时而云遮满天，土地能生长树木，树木腐朽后又能化为泥土，当万物呈现出某种特定状态时，又会处于相对静止的状态。正是由于宇宙万物处在绝对运动变化之中，才产生了万事万物，人类社会亦然，老子把事物和人的这种状况归结为"名分"，佛教则把它归结为"缘分"，儒家则说这是一种自我状态，即郑珍阐发为"人何独非是也？老氏谓此为名，佛氏谓之为缘，吾儒曰：此我也。无此无我，无我无此，我也此也一也"①，郑珍认识到世界上的事物既处在不断的运动变化之中，同时又处在相对静止状态，郑珍从物我对应和时间推移中得出"无我无此，物我合一""我也此也一也"的结论。郑珍虽未形成较为系统的宇宙论，但他对天地万物一体的宇宙也进行了思考。郑珍强调"理"不定而"气"能定，不定中又包含相对的定，郑珍对儒家的"我"、道家的"名"及佛家的"缘"难免误解等同。但他清晰地认识到人是自然界的一部分，并且不断认识天地万物一体的生存哲学，同时渴望达到"天人合一"的理想境界。

郑珍对空间概念有初步的认知，试图将空间观念转化为道德观念，以此构建道德认知的重要依据，对于宇宙空间的认识，郑珍在《周易属辞》序中，对"乾坤"（天地宇宙）进行描述，他说："又以乾五天道称天，坤二地道称无不利，唯大有上爻兼系天佑无不利。周公以此爻兼乾坤，故孔子曰：易穷则变，变则通，通则久，是以自

---

① （清）郑珍：《巢经巢集》，光绪二十年刊本，第88页。

天佑之,吉无不利。黄帝、尧、舜垂衣裳而天下治,盖取诸乾坤,而天佑一爻"①。在郑珍看来,"天道有盈虚,人厄亦当退"②,天地之"道"就是吉凶利弊,祸福难料,不以人的意志为转移,天道变化,变幻无穷,生生不息。从对《周易》的研究开始,郑珍开始思考宇宙空间的问题,"其论记天事、地道、人物者,别次为桐笙,都若干卷,潒州文献,几无遗者"③。他说:

> 今天下求售文者,必尸祝魁星。横宫之左右,试院之前门,乡城之吉秀所在,比比楼阁而像祠之,士大夫家则图弄焉。问其神,咸曰:魁也。观其像,则魁服狰狞,拳一足立,手操笔,若斗上曳七星,盖肖,"魁"字而为之也。
>
> 要其祀南北斗本以北斗运中央制四方,南斗为玄武经星,复尊并北斗,故重祀之,非若今之以为主文也。今祀之为主人者,其始必因魁榜魁天下之名,谓其中必有主宰也,爰呼为魁。祈祷之后,因即魁字图像之,而不知为古天子为群姓诸侯为国所立之司命耳。④

魁星是科举考试中取得高第、夺得"魁宝"的代表性神灵,因此,兴建魁星楼,祭祀南北斗星,以北斗运中央而制四方,先人以为"可以发甲夺魁"。郑珍对祀文楼阁的修建设计,包含着渴求神灵庇佑的先验成分,这可视为郑珍对宇宙万物一体的初步认知。郑珍

① (清)郑珍:《郑珍集·文集》,王瑛点校,贵阳:贵州人民出版社,1994年,第85页。
② (清)郑珍:《巢经巢诗文集》,民国三年花近楼刻遵义郑征君遗著本,第499页。
③ (清)郑珍:《巢经巢集》,光绪二十年刊本,第84页。
④ 同上,第60-61页。

说：“按《周礼》祀司中，司命司民司禄及风师雨师并以系民生专特祭，斗建昏旦均五行，于授时尤关重，知必不与列星合布。”①在这里，郑珍对“五行”进行了阐述，“五行”是事物的具体组成成分，礼祭、授时都要按照五行规律来进行，天地星合，细微之物，都蕴含“五行”之相生相克的道理，星有“五行”，人亦有“五行”和“五常”（即仁、义、礼、智、信），其中，“五常”是指我们在修行中应该拥有的五种最基本的品格和德行，也和组成世间万事万物的“五行”相对应。以个体之“五行”，对应群体之“五行”，郑珍从“五行”的运行中，寻求人生“五常”的道理和规律。

郑珍认为圣贤能认识“天道”，可将“五行”内化于心，外化于行，使天地之道与人间之道相结合，郑珍说：“大抵古人创物，必顺其自然之理势以为体，而其用因之出焉。”②他对事物的认知的具体方面，如“言期有物，必理为布帛菽粟之理，文为布帛菽粟之文，而后可行远垂久”③，“理”为“天理”，“文”为“人文”，郑珍在格物求知的过程中探寻天人合一、万物一体的“天命之理”。

2. 天命之理

朱熹融合了二程的本体论，依据“天道者，天理自然之本体”④理念，较为系统地阐发了天道流行观，天理“继之者善也，成之者性也”，善意味着人对生生之理的“继”，也就是将天地万物生存的根据化为自身行动的根据，朱熹解释道：“此言天运，所谓‘继

① （清）郑珍：《巢经巢集》，光绪二十年刊本，第61页。
② （清）郑珍：《郑珍全集》（第一册），黄万机译，上海：上海古籍出版社，2012年，第294页。
③ （清）郑珍：《郑珍全集》（第四册），黄万机译，上海：上海古籍出版社，2012年，第778页。
④ （宋）黎靖德：《朱子语类》，明成化九年陈炜刻本，第614页。

之者善也'，即天理之流行者也"①。"天理"流行，由此，世间礼法、道德才有了超越现实的根据，"天理"不能脱离"气"之流行而得到认知，"天理"需要通过"心"的体认，才能达至万物一体，二程说："在天为命，在义为理，在人为性，主于身为心，其实一也"②。进而认为"在天为命，在人为性，论其所主为心，其实只是一个道"③，在论述"天、命、性、理"等概念范畴的整体性时，二程都是用"一"来作概括。

二程说："上天之载，无声无臭之可闻。其体则谓之易，其理则谓之道，其命在人则谓之性，其用无穷则谓之神，一而已矣。"④在这些概念范畴中，其实都是同一个"天理"的不同表现，区别在于它们表现的层次不同。其中，"天、性、理（道）"是最高层次的，二程认为"理便是天道"⑤，表明"天道"与"天理"的意蕴相同，于是，二程把"理"称作"天理"，把"天理"所赋予的"命"称作"天命"，"命"只是仅次于"理"的重要范畴，正所谓"天所赋为命"⑥。"性"是天赋予"命"的自然本性，将"天""命"概念统一起来的前提就是"性"，"性即是理"，二程说："性即理也，所谓理，性是也"⑦。二程把"性"和"理"联系起来，表明了"性即理"是"天命之性"的内在理论根据，"天理"就是"性"，"性"就是"天理"。"性即理"这一命题表明了"性"亦来源于"天理"，是"天理"的挂搭。也

---

① （宋）黎靖德：《朱子语类》，明成化九年陈炜刻本，第 614 页。
② （宋）程颢、程颐：《二程集》，王孝鱼点校，北京：中华书局，1981 年，第 204 页。
③ 同上，第 204 页。
④ 同上，第 1253 页。
⑤ 同上，第 290 页。
⑥ 同上，第 1208 页。
⑦ 同上，第 292 页。

是人对"天理"的自然禀受，"人性"和"天理"密不可分，于是二程将人性提高到了"天理"的位置，用"天理"来解释人性，就达到了将"理、性、命"三者统一起来的目的。如二程说："理也，性也，命也，三者未尝有异。穷理则尽性，尽性则知天命。天命犹天道也，以其用而言之则谓之命，命者造化之谓也。"①在二程看来，"道"（理）、"神"（天）、"性"虽然有各种不同的表现形式，但都统一于"天理"，与"天命""天理"一样，是不可分割且相互联系的有机统一体。

　　"天理"蕴涵于万事万物之中，人之"性"是"天理"在人身上的体现，是人对"天理"的自然禀受，"命"是"天理"的造化，并支配着宇宙万物的发展变化，"理"是"天理"在人类社会生活中体现的道德规范，"性"则是人对"天理"的禀受，表现为"天地"和"气质"之性。二程说："穷理尽性至命，只是一事。才穷理便尽性，才尽性便至命。"②是说"穷理"和"尽性"是一致的，人只有"穷理"才能体悟"天道"，并遵此道德要求去履行义务，才能达到"尽性"的境界；反之，人只有真正理解了"天理"挂搭于人的道德规范，并且遵行道德义务，才能感悟"天命"对人的要求。二程说："穷理尽性以至于命，三事一时并了，元无次序，不可将穷理作知之事，若实穷得理，即性命亦可了。"③所以在二程看来，"穷理""尽性""至命"三者的实质具有同一性，也说明"理"和"性"的同质性，他们把"穷理"和"尽性""至命"紧密结合起来，三者本来就是不分先后次序，同时进行的，也即是说，不能认为要先解决认识问题，才能

①（宋）程颢、程颐：《二程集》，王孝鱼点校，北京：中华书局，1981年，第274页。
② 同上，第193页。
③ 同上。

实践道德义务。二程试图通过这三者的一致性来说明道德认知和实践的系统性和整体性。

关于"心"和"诚",先贤们在论述"天道人性"的时候,不离"诚"而论"心",如荀子的"君子养心莫善于诚",朱熹的"诚以心言",再如王阳明在心性修炼视域中的"静定""立诚""格心",都是讲"心"与"诚"的联系。依天道论,"诚"是五常之本、天道之本;依人道论,"诚"是圣人之本、百行之源。以"天道"规范"人道",即赋人予"天道"的使命,从而实现人的德性转化,圣人之所以能够体悟至善天性,在于他们有一颗"诚心"。

郑珍对这一问题有所认识,他说:"三百六旬为正朔,九州四海各和平。人心倘得长如此,世运何缘有乱萌"①。郑珍认为将人心与天地时序融为一体、宇宙天地存于心中,世界就能正常运作,九州四海就能和平。"三日之游,吾诚有心乎?既游矣,焉无定心也"②,游刃自得的"心"是郑珍向往的"诚心",也是郑珍认为人应当具备的"本心""道心",而平常的人则因为"心生拟议焉,异哉!宜百年皆苦忧也"③,郑珍认为拟议而导致"本心"受到蒙蔽,进而成为充斥私欲的"人心"。从这个角度来说,郑珍承认"道心"和"人心"的根本区别在于是否遵从"本心"的自然状态。人心本一,但由于受到外界干扰而表现出"道心"(诚明之心)和"人心"(私欲之心)的不同状态,因为"道心""人心"的不一,便产生了善恶之心,所以郑珍论述"天道无定""天命之理",都是出于对

① 白敦仁:《巢经巢诗钞笺注》,成都:巴蜀书社,1996年,第827页。
② (清)郑珍:《郑珍集·文集》,王瑛点校,贵阳:贵州人民出版社,1994年,第68页。
③ 同上。

"本心"的体认。

程朱对于"天命"和"天理"的思想对郑珍产生了深刻的影响，"能无感行役，天命良自知"①，郑珍认为，人的一生际遇，其中"固有天命"，不是人本身的主观意愿所能支配，因而要淡然接受"天理、天命"的制约，"人之制于天，权于人者不可必"②，但是对于"天意"和"天理"的制约，若要不完全"听命于天人者"，惟有"格致诚正"，以"终其身"。郑珍认为，"天理"虽有约束，"惟在己者可恃"，唯有依靠自己，不论命运的穷达贵贱，都乐观自觉地格物、致知、诚意、正心，加强自我修养。郑珍主张制天命而用之，虽然命是"天理"对具体事物的规定，是事物发展的内在必然性，也是"天理"的本质在具体事物中的体现，但是在宇宙自然界中，"人"的类存在是秉承天地之性而至善的，是可以"观于天而人文可以悟"③的，须持续不断地修养。郑珍主张修德行义，以积极的态度对待命运，强调主体对"天命"的把握，虽然承认"天道无定"，但并不认为"天命"对人生起决定性作用，"此所谓豪杰之士，不待文王而兴者也"④，即强调要充分发挥主观能动性。郑珍在"天道无定"中探求"天命之理"，认为要"无我无此""格致诚正""穷理尽性"，才能达到天人合一，这种关于"天道"和"人道"、人与自然的客观认识，不乏其积极意义。

郑珍的理气论继承了程朱理学思想中的积极成分，建立了一个以"理气合成"为核心的天道人伦思想理论体系，有其特点。如

---

① （清）郑珍：《巢经巢诗文集》，民国三年花近楼刻遵义郑征君遗著本，第 364 页。
② （清）郑珍：《郑珍集·文集》，王瑛点校，贵阳：贵州人民出版社，1994 年，第 86 页。
③ 同上，第 48 页。
④ 同上，第 86 页。

在"理气"关系问题上,郑珍在朱熹"理气合一"的基础上强调"理气合成""理先气后",继而提出"理则无止,气则有终"的"理气"关系论,认为"理"是构成世界万物的本原,"气"则是构成物质的元素,这也是郑珍认识"天道"的理论基础。郑珍认为"理气"关系不以人的意志为转移,在"天道无定"和"天命无常"的前提下,主张在理论上"格致诚正以终其身",在实践中"事上学""分上体验",强调主体对"天命"的把握,同时穷理尽性,以达天人合一,以积极的心态探求"天命之理",这既是郑珍对"天理"的积极探索,也是对"天道无定"命运的释然。郑珍将空间观念转化为道德观念,将"天道"和"天命"结合在一起,认为"天道"与"人心"合一,并以"天道"统摄"人心",构建了一座贯通"天道"与"人道"的桥梁。总之,郑珍充实和发展了朱熹的理气论和天道观,对晚清理学有一定的理论贡献,值得我们研究和吸取。

第三章　郑珍的工夫论

郑珍基于"理本论"的立场，以及对传统儒家"天命""天理"的认知，构建了一系列关于伦理道德的"天理"观，即无论人生穷达，都应该格致诚正，修齐治平，尽性穷理，以达到天人合一。郑珍通过体认"天理"以构建道德思想体系，即通过"学"来体认"天理"，认识到"学以为己"的重要性，以达到提升修养的目的。在此基础上，郑珍将"静以修身，俭以养德"的儒家修身理念贯彻到处己、处人、处事的日常修养工夫中。

第一节　处己之工夫

修养工夫的根本就是看人们能否从日常的事务中体悟、致知、诚心、正意，并修其身、行其道、立其德。郑珍静心诚意，至诚至善，皆是对儒家修身方法的重要实践，因此，修己是郑珍修养工夫的主要内容之一，其认为人人皆可从当下之事修炼。郑珍的日常修己工夫，主要表现在"修己以静"与"自修可恃"、"慎独思敬"与"戒慎羞愧"等方面。

（一）"修己以静"与"自修可恃"

为了加强自身修养，提升处己之工夫，郑珍主张"静"，强调静心治学、学以养才、才气互养，依靠自身的"修恃"，以达到至诚至善的目的。

第一，修己以静

郑珍主张修己以"静"。"静"既是一种修养，"静"也是修养所要达到的一种境界，处己之道在静心，为了修己，郑珍强调"静悟"。他曾说："吾弟学胜于才，不得之静悟，即得之苦吟，故能刊落浮辞，吐属沉挚。只静悟则易增魔障，苦吟则易伤气格，此一定之势，所难免者，当试审之。此后更学养十年，海内精于论诗者，必有以处之矣。"①郑珍对其弟强调要"学以养才"，不得之则"静悟"，但郑珍认为，只"静悟"容易增加"魔障"，"苦吟"则易伤"气格"，因此，须坚持不懈地进行涵养身心，郑珍修己以求"诚心"，他认为"粗粗之心，昏昏之行"是人的天性，故而须"勤奋学习""静以修身"，要求学人"宁鲁钝而勤，毋高明而懒"。郑珍说：

> 高明者天下事不足难其心，则懒生焉，懒而又欲以一己兼天下之数，粗粗之心，昏昏之行，宜其佛实儒名，终不知道，而亦未尝即佛。朱子之主敬，其勤矣乎？象山之养神，懒焉而已。故学者宁鲁钝而勤，毋高明而懒。②

郑珍指出"粗粗之心""昏昏之行""慵懒"皆是人性"未尝即佛"③

---

① （清）郑珍：《巢经巢集》，光绪二十年刊本，第112页。
② 同上。
③ 天台宗就佛而判立六即佛，称为六即佛。郑珍在这里只提到了"佛实儒名"，是其对修行见性的看法。

的面向,其认为"静以修身"才能达到"即心即佛""明心见性"的
至高境界,才能达到儒家修养本心的目的。郑珍批判所谓的"高
明者",因为"高明者天下事不足难其心",其"心"在已发状态,
"则懒生焉""懒而又欲以一己兼天下之数",便会生出"粗""昏"
"懒"之心,所以静心修养的工夫就显得必要。郑珍在此对朱子主
敬持怀疑态度,而象山之养神,则为"懒焉而已",因此,郑珍提倡
"宁鲁顿而勤,毋高明而懒",继而主张"勤奋求学""静以修身",
反对"懒而养神",即须实实在在地进行修身涵养。

第二,自修可恃

即只有依靠自身不断的涵宇修恃,才能养成至诚至善的特
质,郑珍说:"吾又意士诚志圣人之道听命于天人者,诚无如何矣,
自修其可恃①。郑珍认为"诚志圣人"乃受命于天,正如"诚者,
天之道也。诚之者,人之道也。诚者,不勉而中不思而得:从容中
道,圣人也。诚之者,择善而固执之者也"(《礼记·中庸》),这句
话从天道的角度论述圣人尽性"至诚"的化育之功,即真正的诚,
就是坚贞不渝地追求善。如圣人般通过修炼,禀赋"天命"的至诚
至善,"穷理尽性",达到"天理"与"人性"的合一。但普通人更须
进行修养,才能够通往至诚至善的境界,因此,郑珍认为"诚无如
何矣,自修其可恃",即求"诚"之道无他,只能依靠自身的内在修
养,在"事上学""分上体验"。郑珍说:"而后士有所恃,得专志于
学,而后成其为身。士各成其为身,而后天下治乱乃有所赖。"②
即后起之秀只有通过专心治学,修己立身,才能平治天下。

---

① (清)郑珍:《巢经巢集》,光绪二十年刊本,第89页。
② 同上。

　　为了加强自身修养方面的工夫，郑珍把孟子"养浩然之气"的理念运用于修身的实践中，将内在的"才"和外在的"气"结合起来。郑珍提出"养气"的原则，强调"才气互养"，即"固宜多读书，尤贵养其气。气正斯有我，学赡乃相济"①，关于"才"和"气"的关系，郑珍乃"古近体诗，简穆深厚，时见才气，亦有风致。其在诗派，于苏、黄为近。要之才从学出，情以性镕，盖于侍郎之文为贝体矣"②，即郑珍常怀简穆恭敬之心，把"读书"与"养气"相结合，并注重实践，身体力行。但郑珍的"力行"，并不是一般意义上的实践，他注重丰富的生活阅历和笃实的切身体验，正所谓"理直"才能"气壮"，"恭敬"才能"笃定"。为了"力行"和"养气"，他不惜劳苦，"历练骏骨阅山川"，他认为"学得一分即才长一分，行得一寸即气添一寸"③，郑珍说："元、柳目未经，陶、谢屐不逮。焉能驱夸娥，徙安行窝背。持壶走大暑，壑谷指公在。移山空浩然，发我惜奇嘅。试假生铁笔，为尔破荒昧"④。即在实践中体验先贤的修行之道，培养浩然之气，陶冶情操。

　　(二)"慎独思敬"与"戒惧羞愧"

　　"慎独"到幽微不解处，则需"戒惧羞愧"，即人须在独处时的

---

① (清)郑珍：《巢经巢诗文集》，民国三年花近楼刻遵义郑征君遗著本，第376页。

② 同上，第249页。

③ (清)郑珍：《郑珍集•文集》，王瑛点校，贵阳：贵州人民出版社，1994年，第126页。

④ 元、柳：指唐诗人元结、柳宗元，他们都贬到南方的湖南，有诗文记山水胜景；陶、谢：即东晋诗人陶渊明，南朝诗人谢灵运。陶向往桃花源式的田园生活；谢喜欢穿木屐(jī)游玩山水。逮：达到；夸娥：古代仙人，能背走太行、王屋二山；徙：迁。行窝：宋邵雍自名其居安乐窝，好事者别筑室如雍所居，以候其至，名行窝。见《宋史•邵雍传》；壑谷《左传》襄公三十年："郑伯有嗜酒，为窟室，而夜饮酒，击钟焉，朝至未已。朝者曰：'公焉在？'其人曰：'吾公在壑谷。'"浩然：指浩然之气；惜：哀惜；假：借用；荒昧：未开发的情状。(参见郑珍：《巢经巢诗钞注释•前集》卷一《正月，陪黎雪楼恂舅游碧霄洞》，龙先绪注，西安：三秦出版社，2002年，第33页。)

一言一行中进行"戒惧羞愧",为了"慎独",郑珍"思敬""戒惧羞愧",其由"心"出发,追求"良心即放",从而确保身心修养都归属于"敬",这也是对儒家修身理念的传承。

第一,慎独思敬

"慎独"是处己的一项重要内容,也是学人内省自察的基本标准,是一个人品德修养的崇高境界。"慎独"一词出自"圣人不惭于影,君子慎其独也,舍近期远,塞矣"(《文子·精诚篇》),《辞源》强调"在独处时能谨慎不苟"。对于"慎独",朱熹说:

> 隐,暗处也。微,细事也。独者,人所不知而己所独知之地也。言幽暗之中,细微之事,迹虽未形而几则已动,人虽不知而己独知之,则是天下之事无有着见明显而过于此者。是以君子既常戒惧,而于此尤加谨焉,所以遏人欲于将萌,而不使其滋长于隐微之中,以至离道之远也。[①]

在朱熹看来,"慎独"就是在外人所不知而己独知之处能够克己复礼,依道而行。郑珍"慎独","以至继志述事,无不尽慎,以达乎心之所安"[②],即为了保持独立的个性,如平日读书求诚,反思自省,怡然恬淡,以一种超然脱俗的心态看待世界,"仰看天宇净尘翳,俯念人间多是非。心魂月魄两明妙,宵宵人天俱入机"[③],试图从浩瀚的天宇中寻求心灵的静谧与自然。"入世"与"出世"是

古代学人经常思考的问题之一,儒家主张积极"入世",有"达则兼善天下,穷则独善其身"之说。但郑珍那孤傲耿介的性格,决定其难入官场的命运,郑珍一生大部分时间选择"慎独",有消极避世的成分。同时,正是因其不入污流,独善其身,学思笃定,才能在学术上有所造诣。

《论语·季氏》曰:"事思敬。"《论语·宪问》曰:"修己以敬。"在儒家看来,事思敬,即恭敬地面对自己正在做的事情;修己以敬,即慎重地培养恭敬之心,"修己以敬"是儒家"处己"的一项重要内容,是儒家修己、行己、处己的基本态度,是儒家传统文化中"学以为己"的基本方式。儒家认为无论是待人或者接物,皆要求内心真诚、谨慎、恭敬、专一。①任何处世的原则,如敬天、敬人、敬事等都须建立在自我意识觉醒的基础之上,使人成为"敬的主体存在",这就是儒家"修己以敬"的价值意义。

郑珍由"己"出发,贯通天人,内外兼修,从而确保敬天、敬人、敬事的内在修养工夫归属于"敬",他在纪念朱万年②时说:"今濡须朱氏皆魏出思诚、思敬、思忠后也"③。表达了对先贤忠烈的缅怀和敬仰,这是克尽人道的一种方式。克尽人道就是"近人而忠焉"(《礼记·表记》),郑珍把儒家"思诚、思敬、思忠后"用在克尽人道之中,常借物以寄托对亲人和故人的恭敬和思念,他说:"倚其树抚其枝,念我先人不一见之长味之,徒为儿女所嬉弄而涎视

---

① 陈立胜:《"修己以敬":儒家修身传统的"孔子时刻"》,《学术研究》2020 年第 8 期。
② 朱万年,字鹤南,明朝五开卫城人(今黎平),历任山东定陶县令、京城中城兵马司指挥、户部河南清吏司主事、山东莱州知府等职,崇祯五年(1632)卒,享年 42 岁,清乾隆四十一年(1776),朝廷赐谥号"烈愍",建祀祠于五开卫城内左所坡脚,称"朱烈愍公祠"。
③ (清)郑珍:《巢经巢集》,光绪二十年刊本、卷第三,第 68 页。

也,诗曰:'维桑与梓,必恭敬止。'吾于此则不独恭敬已也"①。倚靠在亲人种下的桑梓树前,恭恭敬敬地怀念,"吾于此则不独恭敬已也",皆表现为始终如一的"敬",郑珍思诚、思敬的处己方法,旨在提升道德境界。

第二,戒惧羞愧

"慎独"到幽微不解处,则需"戒惧羞愧"。"戒惧羞愧"是"慎独"的具化工夫,工夫在最关键处即意念生发之时容易动摇,所以不敢"肆情纵欲",郑珍说:"有莫知其所以然者,可不谓之独得乎哉? 仲翔氏之言《易》也,世推于汉魏最精,而其为学者,如'终日乾乾,夕惕若厉',意以夙夜忧勤云尔"②。警示自己朝夕戒惧,终日乾乾,夙夜忧勤。郑珍致力于修养品德,增进学业,以诚心来涵育德性,以规范言行来建立诚信,这是操持身心的根本。因此,郑珍主张在"惛淫之念"未发之时进行修养工夫,他说:

> 夫人之于少壮也,内有父兄,外有师长,苟非大凶狠傲慢,其一言话一举动,心常有所戒惧羞愧而不敢肆情纵欲,故作匪彝即惛淫者恒少。且是之行虽非,匪唯无面诋也,且善之,于是戒惧羞愧之心衰而肆意情纵欲之罪积。③

郑珍认为,凶狠傲慢,惛淫未发之时虽为"性",却是"邪念"存在的依据,这"邪念"在已发之时成为"肆情","性"就在其中,所以他认

---

① (清)郑珍:《郑珍集·文集》,王瑛点校,贵阳:贵州人民出版社,1994年,第62页。
② 同上,第85-86页。
③ 同上,第81页。

为一旦"戒惧羞愧之心衰"就会导致"肆意情纵欲之罪积",所以郑珍认为要"心常有所戒惧羞愧而不敢肆情纵欲"。郑珍强调在一言一行之中进行"戒惧羞愧",成为其修养工夫的一项重要内容。

第三,求放心

"求放心"一词出自《孟子》,即"仁,人心也;义,人路也。舍其路而弗由,放其心而不知求,哀哉！人有鸡犬放,则知求之;有放心而不知求。学问之道无他,求其放心而已矣"(《孟子·告子上》)。"求放心"是传统儒学修养的内在实质,孟子"求放心",以"仁"为心,以"义"为法,提倡走正道以寻善念,因此,孟子"求放心"就是要寻求丢失的"本心",即通过不断地求知、涵养,以达到"仁善"的本然境界。郑珍所追求的"放心",即是"良心"之本体。郑珍说:

> 洪水汜滥,五谷不登,圣人忧之,乃治水教稼,然后民得饱暖。既饱暖而逸居无教,圣人又忧其近于禽兽,乃劳来匡直,使之目得,然后民知人伦。圣人又忧之,与上尧独忧之,语脉盖相承也。牛山之木既伐,非无萌蘖之生,牛羊又从而牧之,是以成其濯濯。人之良心既放,非无平旦之好恶,旦昼所为又梏亡之,是以成其禽兽。又梏亡之,与上又从而牧之,语意盖相对也。若作有无字解,是忧之乃别有所忧,非爱其近于禽兽也。梏亡亦别有梏亡之者,非梏亡于旦昼所为也。于词理俱失矣。①

---

① (清)郑珍:《巢经巢诗文集》,民国三年花近楼刻遵义郑征君遗著本,第44页。

在郑珍看来,圣人之忧在于普通民众不通人伦,因而须对其施行教化。人如果放纵肆意,则与禽兽无异,所以儒家形象地把管理"人心"比喻成放牧,即"人之良心既放,非无平旦之好恶,旦书所为,又梏亡之,是以成其禽兽"。郑珍认为,"收放心"实际上是要去除人心中的杂念欲望,郑珍提到"忧""惧",他认为忧而费神,惧则心衰,消除这些业障的方法就是要"诚"。因为"诚能肖天",人有善愿,天必佑之,所以郑珍"言必求诚",处己和为学遵循"求诚"的修养工夫,正如"学问之道无他,求其放心而已矣"(《孟子·告子上》),故而"学问之道"亦是郑珍"求放心"的重要修养工夫。

第四,内圣立德

郑珍将日常的修养转化为"德行工夫",即从日用而不自知的日常之中修炼处己工夫,所以郑珍提出学人也要"着眼当下",因为当下之事即是修养工夫的重要内容。郑母曾对郑珍说:"我一时不劳作,即觉得身无安顿处。想真好学人,亦必舍书即觉心无安顿处,同是一个道理。"①即要求郑珍将身心安顿于"读书""好学"之中,郑珍遵循此道,同时克己复礼、身体力行。

郑珍"内圣立德"的修身法门继承孔孟程朱,他将精神性的"天理"观念,阐发为"顺其自然之理势",即认为"天理"存在于自然万物中,存在于百姓的日用之中,因此,要从现实中体验"天理",顺应客观事物存在和发展的规律。这样,郑珍将人们对"天理"的认知回归到现实生活中,"下顺上而法之",随时随地,体认"天理"。

---

① (清)郑珍:《郑珍集·文集》,王瑛点校,贵阳:贵州人民出版社,1994年,第181页。

内圣是指内在的德性修养工夫,而外王一般是指外在建立事功,内圣是外王的道德依据,外王是内圣的价值体现。郑珍说:

> 《孝治章》注"立德行义,不违道正,故可尊也"三句,疏云"此依孔传",且引刘炫《义疏》解之。至"制作事业,动得物宜,故可法也"三句。至"进退,动静也,不越礼法,则可则也"及"下顺上而法之,则德教成也"数句,皆明皇自撰。①

郑珍认为,成就王道事业不仅要依赖道德的修养,而且要求人能依照道德规范以上率下而法之,不越礼法,郑珍遵循此道处己修行。他说:"潜思乎天地鬼神、山川草木、宫室衣服、杂物奇怪、王制礼仪、世间人事之理,莫不碻稽而精研之。"②郑珍所体认的天理,是天地万物之理。因而郑珍认为要顺应理势进行自我规范,体认天理,合于理势,顺应自然。

儒家道德修养的整个过程,即"格物、致知、诚意、正心、修身、齐家、治国、平天下"(《礼记·大学》),郑珍受黎恂的影响,积极践行儒家修己立身之道,"继而思先生德义可尊,作事可法,是日方守程、朱遗训,不乐不燕,追惟网极,而某犹效俗饰人耳目,适以裹道德也,是不可"③,黎恂的处己之道,守孔孟程朱遗训,重视对道德品格的培养,严格要求自己,追惟网极,言行必遵守"礼法"的规范,这些都深深影响到郑珍。黎恂晚年潜心治学传道,其著《千

---

① (清)郑珍:《郑珍全集》(第一册),黄万机译,上海:上海古籍出版社,2012年,第16页。
② 白敦仁:《巢经巢诗钞笺注》,成都:巴蜀书社,1996年,第1534页。
③ (清)郑珍:《郑珍集·文集》,王瑛点校,贵阳:贵州人民出版社,1994年,第81页。

家诗注》旨在启发后学,黎恂说:"不识一古人,晓一古事,知一托兴摅怀之所在,虽成诵如流水,何益?"①激发学人求学立德,即"引其灵悟而鼓舞其幼志",主张治学修身须"立志于道",鼓励弟子"立志",并"引其悟"。正所谓"君子遇穷困,则德益进,逆益进"②,正是在黎恂的悉心指导下,郑珍在人生的逆境中修德精进。

综上,郑珍提出"处己"修身理念,其目的在于匡扶人心和整治风俗,郑珍的"静涵""恭敬""自恃"等处己方式,须先"体认天理""格物致知",内化于心,外化于行,才能达到"修齐治平""至诚至善"。郑珍不仅通过个人修养来实现自我道德完善,而且将此法"推己及人",若每个人都能自觉修炼,言行一致,进而使整个社会"皆有以善其身,而无撼于伦纪"③,此所谓"始于修身,终于济世"④。

第二节　处人之工夫

中国传统儒家文化重视血缘亲情关系,并且把这种关系扩展到人际关系的各个方面,比如"父慈,子孝,兄良,弟悌,夫义,妇听,长惠,幼顺,君仁,臣忠"(《礼记·礼运》),这些人伦思想早已积淀为郑珍内在的自觉意识,成为郑珍修身养性、培植道德情感、构建和谐人际关系的价值基础。郑珍遵循儒家礼制,待人接物遵孝道、行仁义、重亲情、尚质朴。具体方面主要表现为:孝悌慈谅于父母、尊亲仁爱于兄弟、和睦相处于邻里等,郑珍皆有所体悟。

---

① (清)郑珍:《巢经巢诗文集》,民国三年花近楼刻遵义郑征君遗著本,第143页。
② (宋)陆九渊:《象山全集》,徐阶附录,明李氏刊本,第303页。
③ (清)震钧:《天咫偶闻》,清光绪三十三年甘棠转舍刻本,第189页。
④ 同上,第190页。

（一）"孝悌慈谅"与"尊亲仁爱"

亲情文化是中国文化的主要特色之一，中国人自古以来重视亲情，人们通过亲情表达一定的道德价值和伦理观念，传递最基本的情感需求，亲情关系也是家庭生活中最基本的人际关系。《孟子·滕文公章句上》曰："父子有亲，君臣有义，夫妇有别，长幼有序，朋友有信。"由此可见，在儒家看来，亲情在"五伦"中占有重要地位。

郑珍"遭际多艰，困阨忧虞，仍不沬其事亲孝敬之诚。读其诗文者，使人孝悌慈谅之心，尊君亲上之义，油然勃然，不能自已。所谓诗以导性情，礼以饬偷纪，有功于世教者甚大"①，即郑珍处理亲情关系：一是对父母长辈的至情至孝；二是对兄弟朋友的亲和友善；三是对后生晚辈的仁爱慈祥。古代最基本的孝道就是遵循"父母在，不远游"的家训，郑珍常与父母相依为伴，他说："平生我亦玩钝儿，家贫读书仰母慈。看此寒灯照秋卷，却忆当年庭下时。虫声满地月上牖，纺车鸣露经在手。以我三句两句书，累母四更五更守"②。郑珍回忆母亲深夜伴读的温馨画面，表达了对母亲的思念和至亲至孝之情，亦是郑珍对母亲的纯真依恋。

古人孝道的终极目标是外在彰显事功，这是让家族至亲感到宽慰和骄傲的事情。正如"立身行道，扬名于后世，以显父母，孝之终也"③，郑珍说："人言读书成名可以显亲，我未见为有益而徒累人。自腊初之俶驾，倏榆火之已新"④。在世俗的观念中，读书

---

① （清）郑珍：《巢经巢诗文集》，民国三年花近楼刻遵义郑征君遗著本，第1－2页。
② 白敦仁：《巢经巢诗钞笺注》，成都：巴蜀书社，1996年，第385页。
③ （唐）李隆基：《孝经》，古逸丛书本，第6页。
④ 白敦仁：《巢经巢诗钞笺注》，成都：巴蜀书社，1996年，第330页。

谋求功名,可以彰显家族的荣耀。"男儿生世间,当以勋业显",然而,忠孝难两全,成就功业不是轻而易举的事,这不仅是郑珍的个人问题,也是历代大多贫苦读书人面临的共同困境,具有一定的典型性。郑珍每每感叹"生女信为好,比邻不远出"①,这是化用《兵车行》:"信知生男恶,反是生女好。生女犹得嫁比邻,生男埋没随百草"。化用杜诗,意在表达自己作为男儿身,在家不能显勋业,在外不能尽孝道的无奈之情。孙女的出生,或能减少母亲对自己的相思之苦,即"乃令念儿心,渐为抱孙夺"②。在远赴他乡赶考的途中,郑珍"子身向北行,母目望南咽"(《母教录》),而郑母则"泪俯虩盘抹"(《母教录》),独自话凄凉。郑珍游幕京湘,时常思念亲人,他说:"高堂老泪日不知其几落,鲜衣游子尚自得乎京尘。抚暮春兮远道,写思亲之悲操"③。是对命运不公的一种无奈宣泄。郑珍将自己的人生境遇寄托于对亲人的思念,"珍无我母,将无以至今日"④,郑珍在家尊敬父母,在外尊重师友,母亲在世时,虚怀谨慎,聆听母亲的教诲。母亲去世时,郑珍悲恸欲绝,守孝三年,著成《母教录》,"敦纯孝之思"⑤。为感怀母亲的生前教诲,郑珍说:"淑人事亲之孝敬,教子之慈毅,处亲郿厚,孤惸之仁恤,与夫贫苦劳瘁,有百其艰者,大抵与吾母同"⑥。以追思母亲一生对自己的言传身教,共计 68 条,录成一卷。正是在父母长

---

① 白敦仁:《巢经巢诗钞笺注》,成都:巴蜀书社,1996 年,第 8 页。
② 同上,第 8 页。
③ 同上,第 330 页。
④ (清)郑珍:《郑珍集·文集》,王瑛点校,贵阳:贵州人民出版社,1994 年,第 170 页。
⑤ 白敦仁:《巢经巢诗钞笺注》,成都:巴蜀书社,1996 年,第 1529 页。
⑥ (清)郑珍:《巢经巢诗文集》,民国三年花近楼刻遵义郑征君遗著本,第 269 页。

期的悉心引导和熏染下，郑珍为人朴实无华，在与德高望重的长者抑或是同无名小辈的交往中，无不表现出有礼有节、谦逊恭敬的态度，母亲的勤劳、善良和智慧，是激励他治学修身的不竭动力。

郑珍将人生的艰难际遇寄托在对亲朋好友的思念中，如在《追记莫五北上》的一段谈及个人志趣时，郑珍说："念我才具未老坚，论献远媲晁贾班。折腰屈膝又所难，自计岂能事上官"①。郑珍早年三次科考失意，"少年科第世俗便，一日声名即圣贤。子兮织锦古斑斑，媚世复解渲牡丹。又始弱冠谁不妍，金门玉堂无子艰"②，让他看淡了科举入仕的盗名窃誉和厌倦了名利场的勾心斗角，"吾以此乃今闭关，纵有贵命宁弃捐。父母俱存兄弟全，痴儿问字妻纺棉。讵免身劳心以安，但无远别吾终焉"③，最后毅然决意取仕，退隐山林，耕读度日，"清晨坐乱堆，日夕不出门。山花涨香海，开落忘问存"④，潜心治学，殚精竭虑，可谓废寝忘食。他自嘲道："何补饥寒计，椠铅宵更忙。穷来通世味，长去恋时光。霜重夜深白，月斜林际黄。待明堪一卷，清漏未渠央。"⑤闲时与亲友寄情山水，郑珍说："就君洗马池，战鼓方未休。兵氛满川泽，谁欤与同仇。岂知山水心，却增君国忧。子能且束手，矧乃闲遨游"⑥。他庆幸自己能够从名利场中平安归来，"归来喜俱

① 白敦仁：《巢经巢诗钞笺注》，成都：巴蜀书社，1996年，第210页。
② 同上。
③ 同上。
④ （清）郑珍：《巢经巢诗钞注释·后集》卷四《书寄刘仙石书年观察》，龙先绪注，西安：三秦出版社，2002年，第534页。
⑤ （清）郑珍：《巢经巢诗文集》，民国三年花近楼刻遵义郑征君遗著本，第164页。
⑥ （清）郑珍：《巢经巢诗钞注释·后集》卷四《留别鄂生八首》，龙先绪注，西安：三秦出版社，2002年，第561页。

存,兄弟亦怡怡。万里问何得,笑指书几堆。飞鸟幸息翼,但愿粥与鲑"①,如同飞鸟发现一片可以栖身之林。同时郑珍享受着农村朝出夕还的农耕生活,郑珍说:"他家有子兮乐团栾。朝出耕兮夕以还。乃独在余兮哽不可言"②。郑珍对家庭团聚、朝夕耕作的质朴生活充满了向往,这是他深藏心底多年的归隐之情,郑珍在外游学的时候,也不曾忘却恭敬拜访在世学者和虔诚祭奠先贤亡灵,在《郑珍集·文集》中,记载了郑珍写给长者逝者的书信祭文多达 35 篇,寄情山水、缅怀友人,以此表达对他们的恭敬哀思之情。如郑珍在《鄂生老弟大人左右》中感慨道:

> 至今俱贤而才,相依相顾,谓可送老,一朝至此,肝肠碎裂,满目孤嫠,触事泪下。自念老而遭此伤感,不能自禁,殊非永年之法,已拟呼同儿早晚辞归料理一切。珍仍作远游,借山川、朋友纾我哀思。③

山水是学人寄托心性的重要载体,正如山水画大师黄宾虹所说:"山水画乃写自然之性,亦写吾人之心"④。从诗人性情来看,作为诗人的郑珍,其山水诗兼具自然之性和人情之性。即郑珍的山

---

① (清)郑珍:《巢经巢诗钞注释·前集》卷五《愁苦又一岁,赠邵亭》,龙先绪注,西安:三秦出版社,2002 年,第 189 页。

② 白敦仁:《巢经巢诗钞笺注》,成都:巴蜀书社,1996 年,第 330 页。

③ 此信写于咸丰九年(1859)七月十四日,详细记录了郑珍计划此年初四月十三日赴南溪,后因玉孙种痘、芸坡公事拖延,后又其弟珏病亡,须料理后事,并等郑知同归家交代家事等一再延宕。同时在信后嘱咐唐炯应时刻自查,并提醒其"水至清则无鱼,人至察则无徒"。凌谱记录关于玉孙种痘诗二首,其弟珏病亡《哀诗》二十首,吴谱只记郑珍季弟珏于是秋病殁。

④ 黄宾虹:《中国名画家全集·黄宾虹》,石家庄:河北教育出版社,2000 年,第 85 页。

水诗是其托物言志、主观性情投射于外物的重要方式,其诗歌感情真挚,体现了他恭谨缜密、持重肃穆的心性境界。

郑珍为了明人事,知天理,主张读书通古今圣贤之理,在此基础上,养成了尊敬和谦恭的处人态度,郑珍于平常待人接物中陶冶性情,修养品格,即朱熹所倡导的“居敬”“穷理”等修养工夫,郑知同评价郑珍说:“当处人接物,则和蔼之气溢于颜面,人莫不与亲而罔敢媟嬻”①。即郑珍体貌端严,和颜悦色,待人接物和蔼可亲,恭敬有礼,处人处己皆谨慎和谦和。郑珍在同辈中也注重相处之道,与兄弟之间的相处,无不重视仁义礼节。“兄弟”一词,意义广泛,如“男子先生为兄,后生为弟”(《尔雅·释亲》),常德志在《兄弟论》中说:“夫兄弟者,同天共地,均气连形,方手足而犹轻,拟山岳而更重,云蛇可断,兄弟之道无分。”②兄弟之亲不可分。此外,中国还有一种传统观念认为长兄如父,在家庭关系中,长兄具有与父亲相似的身份和地位,也承担着与父亲同等的责任和义务。《孟子·万章上》曰:“仁人之于弟也,不藏怒焉,不宿怨焉,亲爱之而已矣。亲之,欲其贵也;爱之,欲其富也。”在传统社会中,兄长有帮助和教育弟弟的义务,有责任使弟弟富有并助其健康成长。郑珍不仅关心弟弟的生活、学习和情感,而且还提供物质和精神上的支持。郑珍与兄弟相处,兄友弟恭,互相帮助,相处融洽,亦亲亦友,心心相印。他关心他的兄弟们,知道两个弟弟不适合读书入仕,就把自己的土地分给他们,即“东徙成单家,相响恃叔、季。诗书愧拙教,生产乃能

① (清)郑珍:《郑珍全集》(第一册),上海:上海古籍出版社,2012年,第7页。
② (清)严可均:《全隋文先唐文》,北京:商务印书馆,1999年,第113页。

事。半世刷龟毛,倾筐令分治"①,使其弟"经今四年来,喜见勤不匮"②,亲兄弟之间不求志同道合,但肯定他们的优点、发挥他们的长处,也是一种真挚的情感表达。

道光八年,郑珍到遵义学府正式拜莫友芝的父亲莫与俦为师,并寻求汉学方面的学术指导。从那时起,他就与莫友芝开始密切来往。他们学识和性格相似,经过 30 年的互相交往和砥砺,可谓"终身莫逆,情同手足",无话不谈,互相赏识,而且他们两家互为联姻。郑珍在《追寄莫五北上》中谈及与莫友芝的友情,郑珍说:"以吾念子衣枕寒,知子于吾亦悬悬"③。表达了对莫友芝的关心,"虽云《汝坟》迫周磬,密缝之心亦可怜"④,表达了对莫友芝科考归来的欢喜,"南北二万里,得归便可喜。止当看山来,名心淡如洗。君才不一世,君心有窃比"⑤,最朴实的期待就是一切平安,无论科考结果如何,只要顺利归家便是可喜之事。最朴实的情感就是期待一切平安,即"止当看山来,名心淡如洗"⑥,同时,郑珍安慰莫友芝要保持平常心,淡泊世俗,顺应自然。"金待百炼柔,木要九枸美"⑦,枸,乃弯曲之美,是合乎自然成长规律的,意在表达自然才是最美的东西。郑珍这是在劝诫友芝不仅要努力前进,更要尊重自然,尊重规律。郑珍说:"乌帽黄尘正月尾,晓风

---

① (清)郑珍:《巢经巢诗钞注释·前集》卷七《子午山诗七首》,龙先绪注,西安:三秦出版社,2002 年,第 266 页。

② 同上。

③ 白敦仁:《巢经巢诗钞笺注》,成都:巴蜀书社,1996 年,第 210 页。

④ 同上。

⑤ 同上,第 238 页。

⑥ 同上。

⑦ 同上。

晴日吕仙祠。车中一觉还山梦,正及村前饼熟时。"①这是一种思念乡愁的情怀,同时也隐藏着郑珍对名利的泰然自若。同时,他和莫友芝互相鼓励,潜心治学。郑珍对莫友芝的感情亦如亲兄弟般的真诚,这种友情在其一生中是一笔宝贵的财富。

郑珍与师友之间的友谊常常触及他内心的纯真性情,并发而为诗。对待朋友,郑珍说:"所为友者,有子偲先生及其弟芷升先生、黎伯庸、舅氏桐梓赵石知先生、黔西张子佩先生,相与往还,饮酒赋诗"②。其他如蹇臣父子、唐炯父子、肖光远、杨开秀、唐树义、莫与俦、程恩泽等,郑珍都与他们交往甚密,亦师亦友,感情真挚,体现了郑珍广结善缘的交友方式。对待兄弟,郑珍说:"平生兄弟间,尔能不受绐。短小清瘦姿,一忤去若浼。昨别当仲秋,今又斗建亥。如何不思尔,入梦夜每每。闻得贤主人,不以寒士待。人生但如此,作客亦未猥"③。郑珍喜欢和兄弟好友游览名山胜水,"水光青竹间,山影红树外。招提上绝壁,草木纷晚霭"④,在自然环境中悠然自怡,涤荡身心,无拘无束。"会禽石斑鱼,更与斫新鲙"⑤,美味佳肴,是对平凡生活的知足。郑珍骨子里向往"父母俱存兄弟全,痴儿问字妻纺棉"⑥的平凡生活,这是对平淡生活的悠然自得。"明年驰传归白田,阿爷携子笑欲颠。阿娘抚子衣锦鲜,孺人见子屏风边"⑦,这些最简单的生活,往往是最美

① (清)郑珍:《巢经巢诗文集》,民国三年花近楼刻遵义郑征君遗著本,第 316 页。
② (清)郑珍:《巢经巢诗文集》,民国三年花近楼刻遵义郑征君遗著本,第 539 页。
③ 白敦仁:《巢经巢诗钞笺注》,成都:巴蜀书社,1996 年,第 346 页。
④ 同上,第 405 页。
⑤ 同上。
⑥ 同上,第 211 页。
⑦ 同上。

好的,"讵免身劳心以安,但无远别吾终焉"①,生活的真谛不过心安理得。虽说好男儿应立志报国,但经过坎坷的道路和反复的挫折之后,他的内心趋向平和,逐渐成熟,更加渴望平凡的农家生活。正所谓"大隐隐于市",在当时的社会条件下,亦如孔子"危邦不入,乱邦不居,天下有道则见,无道则隐"(《论语·泰伯》)的豁达境界。郑珍并非一味地选择入世,危乱之邦,民无安宁,性命难以苟全,轻易入局,不仅无济于事,还会祸及自身,郑珍的选择不仅是一种智慧,更是作为当时学人追求的豁达情怀。

在传统观念中,父亲的形象基本上是以"严肃"的姿态呈现,然而,在郑珍的家庭环境中,他以仁爱的"慈父"形象示人,虽然他也会对后辈进行严格的教育和适度的奖惩,但他更注重与晚辈的平等交流与沟通。如郑珍说:"答詈非我怀,骏蠢宁汝实。如何好弄心,不移著纸笔。念汝寡兄弟,踽踽形影匹。是业苟不传,于我固无术。慰情一自足,奚待有子七。常恐置膝恩,一变为战栗。"②给予孩子正确的教育和引导。在教育孩子的过程中,郑珍并没有表现出封建家长式的凌驾姿态,而是更加注重与孩子的平等交流与沟通,希望自己的孩子能够体会"父慈子孝"的家教观念,郑珍甚至害怕"置膝之恩"变为"战栗之惊",这在当时是一种较为开明和人道的家庭教育。

郑珍在家庭教育方面表现出含蓄仁慈的方式,"至圣孔尼父,亚圣孟子舆。两家无父儿,自解勤读书。惟其勤读书,道德塞太虚"③,

---

① 白敦仁:《巢经巢诗钞笺注》,成都:巴蜀书社,1996 年,第 211 页。
② 同上,第 450 页。
③ 同上,第 582 页。

郑珍举两位无父亲督导而自觉学习成才的圣人作为素材,目的是让孩子自己能间接领悟,只有努力学习才能成为有用之人。父亲对儿子的谆谆教诲和殷切希望全在诗中,句句肺腑,字字动人。郑珍凭借严谨的家教和渊博的知识,教导儿子打好基础,在父亲的教育熏陶和自觉约束下,其子郑知同以许慎和郑玄为治学根基,小有成就,著有《屈庐诗稿》《六书浅说》《说文本经答部》和《说文正异》等。可见郑珍的家庭教育是成功的,为封建社会的农村家庭树立了实而不华的教育典范。

综上,郑珍人生道路多坎坷,恶劣的社会环境、谋取功名的压力、家人好友的期望,屡试不第时世俗的冷漠和嘲笑,都是郑珍时常面临的困境。郑珍所表达的情感并不是孤立的,而是与当时的社会现状密切相关的。道咸时期的底层人民生活艰苦而忙碌,颠沛而坎坷,他的家庭生活是那个时代千万个底层家庭的缩影。自古忠孝难两全、异地相思愁似海,他对颠沛流离生活的厌倦、对悲凉晚景的惆怅等反映了那个时代底层人民的悲惨现状,具有典型性和普遍性的现实意义。郑珍把他对家庭和国家的思考、个人的苦难和亲友的情感融入其治学理念之中。这些理念与政治、社会现状紧密相连,反映了郑珍的思想历程及其艺术成就。郑珍以真诚、朴实和笃定的治学精神来诠释生活,消解情感上的哀伤,从中感受到一位学者的人文情怀及其持久旺盛的生命力。郑珍表现出深沉凄婉的人伦亲情、至善至诚的朋友之谊,以及忧时伤乱的民生之悲,体现了一位儒家知识分子的民生情怀,亦是郑珍"仁爱"之心的真情流露。

（二）"尚朴之道"与"质朴之气"

中国传统社会历来重视家庭教育,而母教被看作是家庭教育的重要核心,即"家庭母教,乃是贤才蔚起,天下太平之根本"①。"尚朴"是郑氏家族家庭教育的主要内容,郑母教育亦最为崇尚"质朴"理念,为人处世遵奉简单、朴实的原则,郑母"尚质朴"的理念深深植根于农业文明的土壤中,突出了郑氏家族传统的淳朴家风,彰显郑氏家族崇尚质朴之道、注重培养质朴之气的传统美德。

1."尚质朴"的待人之道

"人的本质在其现实性上是一切社会关系的总和"②,即人最根本的特性是人的社会性。因此,在社会生活中,人与人之间必然会建立起各种联系,人际关系的好坏是衡量个人生活质量和幸福感的重要指标。

《汉书·元帝纪》曰:"安土重迁,黎民之性;骨肉相附,人情所愿也。"以农耕为基础的中国传统社会,非常注重人际关系的和谐与发展。郑母深知人际关系的重要性,而质朴又是维持良好人际关系的重要因素之一,作为一个受过良好家庭教育的农村女性,她特别注重传承"质朴"的处人之道,尤其注重与亲族之间"质朴"相处。在传统宗族文化背景下,同宗族姻亲之间往往聚齐而居,彼此之间根脉相接、连理同枝,而自给自足的农村社会更加重视家庭与族群之间的和谐共生关系。

从郑珍的家庭情况来看,其父郑文清"为人诚朴刚直,待人和

---

① 释印光:《印光法师文钞》,北京:宗教文化出版社,2000年,第1660页。
② [德]恩格斯:《马克思恩格斯选集》,北京:人民出版社,1995年,第18页。

气,慈怛之态,溢于言表。若人有过失,则当面数之,不顾人忌,而人却无忌者。文清对子尹望其成才之心甚迫,子尹幼时即亲授诸经,课法尽善,因天旺里一带世风日下,他便于嘉庆二十四年(1819)带领全家,负上家中藏书,迁居百余里之外的夷牢水(今禹门沙滩)上,僦耕黎氏尧湾地"①,郑母"从小就在困苦环境中磨炼,养成勤劳俭朴的品德。又由于出自'书香'人家,受家教颇深,故对儿子教育有方。平日手不辍劳动,与邻里和睦相处,对孤苦贫穷者,大力救助"②,郑珍"尚质朴"的处人之道,受其父母家庭教育的深刻影响,在处理家族关系的过程中最为注重"质朴"之气的培养,郑母说:"处兄弟姒娌,常想若父母舅姑止我一人,我未必不事事要做,即无不和睦之理。又常想若遇兄弟姒娌或病或瘰废,我未必不饮食之,扶持之,今尚能助我一二,更无不和睦之理"③。郑母在处理家族关系时,甘于奉献、不计得失,因而颇受族人尊敬,郑珍深受感染,曾问其母,"叔婶多矣,何以于母都爱敬"④,母曰:"为嫂分既尊,我不善言不善笑,见叔等只肫肫款款与之接,诚诚实实与之言,一切闲是闲非总不理会。爱敬我或因此"⑤。究其缘由,皆因郑母心性至善,宽容有度,且能以诚相待,以礼待人,质朴待人,不添惹是非。郑母处理邻里关系的方法简单朴素,不阿谀奉承。因此,郑母也劝诫郑珍朴实对待亲友,"亲

① (清)郑珍:《巢经巢诗钞注释》附录《郑子尹先生家世及其后嗣考》,龙先绪注,西安:三秦出版社,2002年,第726页。
② 同上,第727页。
③ (清)郑珍:《郑珍集·文集》,王瑛点校,贵阳:贵州人民出版社,1994年,第173页。
④ 同上,第180页。
⑤ 同上。

友间非有大故,当委曲完全,不可便破脸破相。试想生平与居处往来者,能有几家?若因毫毛细事即断绝一家,能够得几年断绝"①,郑母的"委曲求全"朴实处人之道,使郑珍受用一生。

关于处朋友之道,郑母也常教导郑珍遵循简单和质朴的原则。郑珍经常游学外出,母亲担忧其不能处理好朋友亲故的关系,于是谆谆告诫,"汝往,毋得罪了朋友请故"②("请故"当作"亲故"),母亲让郑珍明白"在家靠父母,出门靠朋友"的朴实道理,不要轻易开罪朋友;其次,让郑珍认识到芸芸众生,人来人往,鱼龙混杂,告诫他明辨是非善恶,以免祸端。郑母说:"汝于贤者常亲之,事事尽诚实焉,于不贤者亦常亲之,事事勿沾惹焉。如此则贤者乐教汝,不贤者末从笞骂汝。汝虽远我,不汝虑也。"③与贤者坦诚相待,与小人保持安全距离,朴实的处人之道表达了对游子的真挚关怀。

2."质朴"的为学之道

郑母处于耕读为本的家庭环境。因此,她注重教育子女耕读治学,传承家族文化,除教子努力奋进,同时注重鼓励子女掌握各种生存技能。郑珍说:

> 壬辰春,书贩至,有礼书数种,急欲购读,议价三金矣,计无所措。舍之,以告母。母曰:"彼能欠乎?"对曰:"虽春放夏收,然尔时终无出。"母曰:"但尔时收,我珥金环易一足酬之,

---

① (清)郑珍:《郑珍集·文集》,王瑛点校,贵阳:贵州人民出版社,1994年,第173页。
② 同上,第171页。
③ 同上。

其一仍可化双珥也。"珍于是得读数种。①

为换取儿子束脩，郑母不惜变卖陪嫁耳环，鼓励郑珍奋进，"我一
年每日三炊，每夜两缫。薅插时常在菜林中，收籁时常在糠洞中。
终日零零碎碎，忙得不了，头不暇梳，衣不暇补，方挪得尔去读书。
尔想此一本书，是我多少汗换出来？焉得不发愤"②，郑母劝诫郑
珍：男人为学，当发奋自强。为了给郑珍营造更加良好的学习环
境，郑母身体力行，效仿孟母三迁。莫友芝撰写的《郑母黎孺人墓
志铭》，有郑母搬迁的详细记录。莫友芝言：

> 常念互乡非居子所，时里氛极恶，博道饰骰巧囵，反掌牟
> 人巨产。否则手画眉黄雀语笑，三五间巷头，涎前后家东西
> 家肥鸡老酿醿以食。否则属游墟市纵酒噉，袒博嚣跃寻干
> 戈。少长成风，厉嚣未绝耳。处士翁故长者，常闭关。一黠
> 族饵假数金，多方避偿，使过约而息息。孺人曰："我园庐涎
> 是旧矣，奈何必殉子孙坟馁先人鬼乎？"迁志遂决。嘉庆己卯
> 东徙，依母家居斤竹溪上。③

嘉庆己卯（1819）年，郑珍举家迁到遵义东乡乐安里，在这个风景
如画、民风淳朴、文士聚集、耕读成风的环境里，郑珍勤耕苦读，健
康成长，努力学习。"一寸光阴一寸金，寸金难买寸光阴"，学习不

---

① （清）郑珍：《郑珍集·文集》，王瑛点校，贵阳：贵州人民出版社，1994 年，第 175 页。
② 同上，第 172 页。
③ 同上，第 182 页。

容易,珍惜时间是学习成功的重要法宝,郑母教孩子珍惜晨读时光,道理虽朴实无华,却是郑珍治学成功的关键,郑母说:"晨气清明,读书易记,悟理易入。我起炊,常近火,不寒也,毋若此误汝晨功"①。此外,郑珍母亲还鼓励子女在课余掌握多种生存技能,让子女掌握各种生存技能,以安身立命,郑珍亦曾经替母纺织。郑母说:"读书人于本分事件件能得,急时皆有受用处。先大人穷时课生徒,每有间,即登纺车,膝上置书一册,手目并用。线虽较粗,日所赢可一人食。谚曰:'男无志纺棉花,女无志走娘家。'顽惰子弟每以此借口,于衣食事全不解得。倘一朝落泊,去做那一件?"②为了让郑珍能掌握基本的生存技能,郑母经常以祖辈读书之余勤做家务的案例来激励郑珍,她说:"先大人穷时课生徒,每有间,即登纺车,膝上置书一册,手目并用。线虽较粗,日所赢可一人食"③,作为一个女性,郑母重视孩子教育,支持孩子读书成才,打破了当时桎梏于封建家庭的男权制度牢笼,她主张深入学习生产实践,获取必要的劳动技能,同时又能劳逸结合,事半功倍。郑母的这种教育观立足现实,是教育与生产劳动相结合的典范。这样的教育理念能避免孩子成为"四体不勤,五谷不分"的书虫,这种智慧源于普通的劳动生活,朴实之中足见高明。

3."质朴"的审美之道

在中国的农村,农民与土地是联系最为密切的命运共同体,乡人们在交往、审视世界的过程中,带着简朴的乡土文化气息,

---

① (清)郑珍:《郑珍集·文集》,王瑛点校,贵阳:贵州人民出版社,1994 年,第 172 页。
② 同上,第 171 页。
③ 同上。

"简朴"亦被视为农村人民做人的原则和准线。在这样的土壤和环境背景下,郑珍一生与田园相伴,阅人观世始终带着质朴的乡土气息,流露出自然朴素的美。"简朴"是中华民族的优良传统美德,历来受到百姓重视,这也是郑母倡导的家庭教育理念,同时也是对其后辈进行人格塑造的根本标尺,郑母在生活实践中注重培养郑珍清洁朴气、勤俭节约的生活理念。郑珍从小受到家庭"简朴"习俗的影响,在成长成才的路上,也一直保持着清贫朴实的生活习惯。《母教录》是郑珍对母亲日常言行举止的记述,语言朴实无华、精炼简洁,却能够深刻启示笃实做人的原则,文中记录的也只是日常普通行为,却在待人接物中表现出郑母宽容、博大的淑世情怀。郑母处理各种复杂的人际关系,皆以诚朴为本。

首先,郑母教子以简朴为美。其反对任何形式的奢华浮夸,贪图享乐,"人家不宜有者多,骰子、鸟笼尤可恶之甚"①;其次,郑母要求以"纯朴"为先,以善为美。郑母教育郑珍说:"家人有一慈良者,鸡犬之类必常亲近之,悍暴则呼之反去矣。性不驯善,畜生犹恶,而况人乎。"②郑母淳厚友善,这是受人尊敬和爱戴的根本原因;最后,郑母阅人以"朴气"为美。她说:"我观人,举动说话都举几分朴气,大半不失为好人,反此即不免薄相。"③郑母教子以拙朴,与人相处遵守宽容大度、吃亏是福的传统观念,以"质朴"为美,秉承与人为善、包容大气、不计得失的传统家风。为此培养了郑珍"真、善、美"的独特品格,待人处事真挚朴实,郑珍说:"物

---

① (清)郑珍:《郑珍集·文集》,王瑛点校,贵阳:贵州人民出版社,1994年,第175页。
② 同上,第174页。
③ 同上,第173页。

逸我劳,物华我朴"①。这便是受母亲的影响。郑珍秉承"尚质朴"的理念,这在当今社会仍值得推崇。

在日常生活方面,郑母也给郑珍作了示范性的表率,尤其崇尚勤俭节约,郑母说:"人家凡物事必留余地。如一斛米随盛一小罍置僻处,后十年,有小儿脾弱,即得陈米一斤。姜随藏一两芽,温表时即可应急。笋叶随存云七斤(片),屋漏时即可插瓦缝。当时若不留,亦尽用了,留之毫无所损,取用皆等于黄金"②。这体现了郑母有备无患、勤劳节俭的生活作风,郑母说:"人家无论有无,皆当勤苦节俭,非勤苦人不知"③。对于勤苦节俭,郑母提出了"五最五易"的要求,她说:"家常宜用五土:盘碗土器最朴,衣衾土布最暖,房屋土壁最洁,院落土墙最坚,炊爨土灶最久。土器坏易买,土布破易补,土壁旧易垩,土墙倒易整,土灶湿易干"④。凸显了郑母"勤俭持家"的淳朴作风。在日常饮食清洁方面,"母曰:'菹酱每餐仅一方。'珍曰:'随意食之,何必如是?'母曰:'凡物若狼藉食之,再进已亦必生不洁之厌。'我如此,即已不能尽,亦便与人食"⑤,主张按量取食,反对铺张浪费,体现了郑氏家族注重"简洁"的生活理念。

勤俭持家不仅培养了郑珍朴实无华的精神品质,而且这些节俭行为和当时统治阶层奢靡堕落的不良风气形成了鲜明的对比,在社会经济极端落后的条件下,提倡节俭确属无奈,但时至今日,

---

① (清)郑珍:《巢经巢诗文集》,民国三年花近楼刻遵义郑征君遗著本,第 241 页。
② (清)郑珍:《郑珍集·文集》,王瑛点校,贵阳:贵州人民出版社,1994 年,第 172 页。
③ 同上,第 179 页。
④ 同上,第 175 页。
⑤ 同上,第 177 页。

即便是物质经济相对充裕的条件下，也应当抵御铺张浪费的奢靡之风，郑氏家族勤俭节约、朴实无华的生活理念，对我们今天形成勤俭节约的家庭家教家风有着重要的启示意义。

综上所述，郑母通过"以平常事通理""以理达日常事"的家庭教育方法，达到了"事理兼顾"的效果，当然这种教育方法的前提是因为郑母本就"明事理""晓大义"，正如郑珍说："珍母黎孺人，实具壶德，自幼至老，艰险备尝，磨淬既深，事理斯洞"①。"明理晓义"不仅体现在对孩子的教育问题上，也体现在为人处世的细节上，郑母将日常生活中最质朴的一言一行，升华为做人处世的行为准则，其言蕴涵了对事理的洞察，其行表达了对子女的深情厚爱，母亲对子女的教育可以说是字字珠玑、真情真性。郑母敬老爱幼、睦邻友好、勤俭持家、惜时如金、诚实守信、言行一致等方面的教育理念，使郑珍懂得了安身立命、为人处世的深刻道理。

第三节　处事之工夫

处事，即办事，语出"先君周公制周礼，曰：'则以观德，德以处事'"（《左传·文公十八年》），在儒家看来，"德"乃处事之根本。郑珍以"德义"为核心、以"礼法"为规范的做事原则，将"忠孝""德义"与"恭敬"等理念践履笃行，在处事方面坚持"事必求是，言必求诚"的原则，并将"言必顾信""行必中礼"的理念运用于处事之工夫中。

---

① （清）郑珍：《郑珍集·文集》，王瑛点校，贵阳：贵州人民出版社，1994年，第170页。

（一）"事必求是"与"言必求诚"

郑珍处事，坚持"事必求是，言必求诚"①的基本原则，"是"即表示客观事物具有的客观规律，"诚"即主观对客观事物的正确反映。凡事"求是求诚"是郑珍处事的基本态度，"曷若洞心腹，万事格以诚"②，这也得益于程恩泽的影响，程恩泽为学处人，待人治事，讲究实事求是，朴实无华，他教导郑珍"以字读经，以经读字"的为学方法，并学以致用，时刻提醒郑珍为人处世和治学传道都要追求"诚实"，这种教育方式对郑珍产生了深刻的影响，使郑珍"闲思以所学实践行事，沉沉然人莫测也"③。程恩泽告诫郑珍要脚踏实地、戒骄戒躁，并强调读书要像为人处世一样实事求是，谨戒傲慢和鲁莽。郑珍说："此物事焉能读尽，能一卷中得一句两句，便有益不少，勿悔也。"④郑珍认为知识是无限的，但若能从读书中获得为人处世的道理和体验，有助于"增益其所不能"，他说："宋文宪据谱立传，故能事事实合，可以裁度诸史"⑤。这体现了郑珍务实求真的治学处事精神。郑珍反对治学中的不正之风，郑珍说："州家久罢童子试，乡贡长停鸣鹿声。处处卖官贱如土，阿爷只识求科名。同学去年犹乞相，今日巍巍八扎上"⑥。晚清卖官鬻爵成风，"处处卖官贱如土"，助长了投机者以不正当之法进入仕途的风气，郑珍发出了"俗士不读书，取便谈性命。开卷不识

① （清）郑珍：《郑珍集·文集》，王瑛点校，贵阳：贵州人民出版社，1994年，第51页。
② （清）郑珍：《巢经巢诗钞注释·后集》卷一《移书》，龙先绪注，西安：三秦出版社，2002年，第422页。
③ （清）郑珍：《巢经巢诗文集》，民国三年花近楼刻遵义郑征君遗著本，第219页。
④ （清）郑珍：《郑珍集·文集》，王瑛点校，贵阳：贵州人民出版社，1994年，第177页。
⑤ （清）郑珍：《巢经巢诗文集》，民国三年花近楼刻遵义郑征君遗著本，第65页。
⑥ 白敦仁：《巢经巢诗钞笺注》，成都：巴蜀书社，1996年，第1226页。

字,何缘见孔孟"①的感慨,但其始终坚持脚踏实地的学习态度,无论做任何事都尽其所能去求真求实,郑珍为了"求诚""求是",在治学方面,反对牵强附会,他在笺注《仪礼》时指出,"中如傅合天文、地理、四灵、鸟兽、二十八宿、十二律辰及六书诸说,余颇疑为凿,可割汰,不令芜精善"②,反对前人牵强之说,并揣情度理,以求文本原意。

郑珍治学,静涵修身,莫友芝认为郑珍乃"静涵以天地时物变化之妙"之人。莫友芝说:

> 于前辈述作,爱其补苴昔人罅漏者多,又病其或不免杂博横决,乃复遍综洛闽遗言,精研身考,以求此心之安。静涵以天地时物变化之妙,切证诸世态古今升降之故,久之,涣然于中,乃有确乎不可拔者。③

郑珍潜心治学,静涵修身,以感悟天地万物变化之妙,坚守大师之法治经,补前辈漏缺,精研深考,以求心安,不管遇到复遍综繁之事,都坚持实事求是的治学及处事原则。郑珍认为晚清学者大多空空然无识见,并且傲气者比比皆是,不能自恃者多,郑珍则希望通过更加笃实的治学作风,以达到补弊救偏之目的。郑珍说:

> 乃慨以今视之悬异矣,决科者空空然先无识见,所作率

---

① 白敦仁:《巢经巢诗钞笺注》,成都:巴蜀书社,1996年,第160页。
② (清)郑珍:《郑珍集·文集》,王瑛点校,贵阳:贵州人民出版社,1994年,第86页。
③ (清)郑珍:《郑珍全集》(第六册),黄万机译,上海:上海古籍出版社,2012年,第37页。

言不由衷，剿仿幸一得。幸得之，即所恃尽为弃物，比比如是，而犹提得饰之曰：借知所学也。①

学人若修养工夫不及，便会学而自骄，恃才傲物，因此，郑珍主张学习不能骄傲自满，恃才仍需静心涵养。

在郑珍看来，圣人通过平时不断地"修行"处事，他们追求"格致诚正修齐治平"，从而达到至真至善。即圣贤之所以能够从平凡到非凡，是因为他们不仅通过刻苦的处事锻炼，不断"求诚""求是"，以"达天命"，而且他们是"天道"的践行者，在日常中践行着为人处世的"天理"。对普通人来说，处人处世的工夫可在日常中入手，追求真理、皆顺天理，言行皆以天理为依据，以人情世故为依据。郑珍认为，要真正培养至诚善美的人格，就必须"事必求是，言必求诚"，在宇宙自然中，"人"的存在应该说是秉持了天地最完美的本性，"天命诚莫争，寸心亦何有"②，从而使人能够呈现出诚实与善美的品质。如郑珍说："诚志圣人之道听命于天人者。"③正因为圣人能秉承"天命"，所以才能通过修行达到了天人合一的境界，从而"穷理尽性以至于命"。

郑珍把"事必求是"和"言必求诚"结合起来，通过学习经典，内化于心，进而对外部事物进行格致诚正。朱熹认为格物乃"物理之极处无不到也"（《大学章句集注》），而致知则为"吾心之所知无不尽也。知既尽，则意可得而实矣；意既实，则心可得而正

① （清）郑珍：《郑珍集·文集》，王瑛点校，贵阳：贵州人民出版社，1994年，第134页。
② （清）郑珍：《巢经巢诗钞注释·后集》卷五《以此十字为韵》，龙先绪注，西安：三秦出版社，2002年，第586页。
③ （清）郑珍：《郑珍集·文集》，王瑛点校，贵阳：贵州人民出版社，1994年，第87页。

矣。修身以上，明明德之事也"(《大学章句集注》)，这说明在儒家看来，格物致知的目的是实事求是，诚心正意，即"明明德"。格物致知肯定了"心"与"理"是主体与客体的对立关系，即主体通过主体意识对客体的感知，从而使主体获得对客体的经验认识，主体对客观事物的具体经验被提升为一个全面系统的知识体系，这就是格物致知的过程。郑珍受朱熹的影响，他把"事必求是"和"言必求诚"结合起来，"格致诚正"以"终其身"，郑珍虽然没有明确提出"吾心之良知"，但却把格致当作"求是求诚"的方法，表明了"事必求是"(格物)、"言必求诚"(致知)的处事态度。

（二）"言必顾信"与"行必中礼"

郑珍心性纯朴，诚心静气，内外互养，处人处世，义利分明，这是郑珍为学处事的重要原则，"萧吉堂二兄孟冬朔七为览揆之日，守程、朱教谢客，其明日乃招余饮，礼也，然而其寿自在，书鄙句往酢之"①，即郑珍守程朱之教，如生日当天未行谢客之礼，但次日招余饮，以酒回敬，是为礼。程朱之礼在郑珍的人生践履中影响颇深，以至于"言必顾信，行必中礼"②，此固然与其性格有关，然长期受性理学之浸润，体悟"敬义夹持"之理，亦必大有精进。由修身而济世，郑珍亦能明达义利，"揆道义已非仁粟兮，刿盗攘莫我肯为"③，

① (清)郑珍:《巢经巢诗钞注释·后集》卷六《守程、朱教谢客》，龙先绪注，西安:三秦出版社，2002年，第586页。
② (清)郑珍:《郑珍全集》(第一册)，黄万机译，上海:上海古籍出版社，2012年，第19页。
③ 《礼记·祭义》云:"父母既没，必求仁者之粟以祀之，此之谓礼终。"刿:作"何况"解。(参见郑珍:《巢经巢诗钞注释·前集》卷四《思亲操》，龙先绪注，西安:三秦出版社，2002年，第173页。)

揣量道义并非仁者之粟,何况窃夺非我肯为,意为郑珍明辨是非,通达义利。

咸丰五年,郑珍被选授从七品小官,任荔波县训导,逢苗民动乱,而荔波县令却因病不能理事,郑珍"莅军政,以游击营百余兵,南丹民兵二百,四出迎敌。经数十战,贼以万计,有增无已。九月贼越山险,以数千围城。先子开门挥众死战,毙贼数百,追袭三十里。时蒋君病渐起,先子解兵柄,谓蒋曰:'还若城,吾可洁身去矣。'遂告归"①。郑珍倡明大义,在遵义时,为了维护当地人民的安宁,郑珍建议修筑禹门山寨,以抵御叛军。"然论者谓遵义为黔蜀咽喉,遵义不守,贵阳必危,而禹门若从贼,遵义亦必不保,全黔存亡之机,关系一寨如此。则该故儒倡明大义,激劝乡人之功,诚不忍终没也"②,众所周知,知行观是传统儒家思想的重要理念,儒家知行观"皆以修身为本",在儒家的评价体系中,是否克己复礼、践履笃实,成为衡量一个人学识的重要标准。郑珍将"言必顾信"的理念贯彻于人生践履之中的。可见,郑珍在实践事功方面也是有所成就的,他并非"空谈性理,不重实践"的人,而是"言必顾信"之人,亦是他"学行并进"的重要体现。

朱熹认为,"说穷理,只就自家身上求之,都无别物事"③,张履祥说:"君子之于学也,以修其身,得志则以其道施之天下,不得志则守其道以淑诸人,以传之后世。若夫厚人伦,教子弟,则无治乱,无穷达,一也。若此者,抱经之士皆能知之,而实践其事者少也"④。

① (清)郑珍:《郑珍全集》(第一册),黄万机译,上海:上海古籍出版社,2012 年,第 17 页。
② 同上,第 26 - 27 页。
③ (宋)黎靖德:《朱子语类》,北京:中华书局,2004 年,第 255 页。
④ (清)张履祥:《杨园先生全集》,北京:中华书局,2002 年,第 487 页。

可见,郑珍"激劝乡人之功",就是他得志便以天道施予仁政的重要例证,郑珍也并非抱经守旧之士,他的实践事功是在自身克己复礼、言必顾信的基础上建立起来的。

如郑珍在辟佛方面有其事功,其基于维护儒家学统的立场,将辟佛付诸行动,他在《甘秩斋黜邪集序》中说:

> 唐宋来辟佛者二:傅、韩诸子辟其行者也;程朱诸子辟其言者也。佛之行背伦弃常,广张罪福以资诱胁,祸仅足以乱天下。至其言弥近理,弥大乱理,力足使命世贤豪甘心纳身为夷狄,而犹扬扬曰大儒,而终身不知,则祸且乱学术矣。学术正,天下乱犹得持正者以治之;至学术亦乱,而治具且失矣。程、朱诸子之言佛也,抉摘隐微,剖析近似,使不得丝毫与吾道乱,厥功巨哉。①

傅弈、韩愈、程朱等辟佛之论对郑珍产生了很大的影响,他极力称赞程朱的辟佛之功,认为佛之行悖伦弃常,祸乱天下,佛之言弥大乱理,祸乱学术,程朱的辟佛使得佛教"不得丝毫与吾道乱",郑珍此举意在维护儒家礼义的正统地位,对巩固晚清理学的学统地位,起到了重要的促进作用。

在当时,贵州可以参观的人文圣地不多,正所谓"无多形胜感兴亡",而佛寺则常常占据着贵州风景秀丽的地区,体现了他对寺院领土扩张的不满,郑珍有很多的诗文记录游览寺庙的情景,如

---

① (清)郑珍:《郑珍全集》(第六册),黄万机译,上海:上海古籍出版社,2012 年,第 461 页。

《游至大觉寺记》《寒食游桃源洞至湘山寺醉歌》《重醉湘山寺歌》等，然竟没有一字提及佛礼教义。他在《僧尼哀》一诗中痛批寺院经济的财政弊病，"官之所获能几何，猫翻瓻尔盍狗妖多。曹平日饱欲死，固应香饭供国侪"①。在临终遗言中依然维护程朱之正统，郑珍对其子郑知同说："吾为父母烧纸钱，用邵子法，以吾力能办也。吾死，用程子法，勿烧与我"②。可见，他对封建迷信和佛教的反对，以及坚守儒家礼制的决心。

郑珍"行必中礼"，即注重"礼"在处理人际关系中的实用价值。郑珍在《仪礼私笺》中对农村婚丧嫁娶之礼有所考究，对此，黎庶昌评价说："盖经莫难读于《仪礼》，昏、丧尤人道之至重，则为《仪礼私笺》"③。郑珍中礼，深入细文末节，如对程瑶田"以为高祖元孙本不制服，谓曾高同服齐衰三月，非上杀之义"④的说法并不赞同，他从人伦常理的角度驳斥程瑶田为"止求胜注疏，不知其害名教大矣"⑤，从袁准、魏征、再到《开元礼》，⑥皆妄自甄别舅母、堂姨等的丧服，郑珍视之为"纷纷创制，忘义任情，周公为外家服义，乃皆亡矣"⑦，以上对礼的认知，都与清代汉学诸多文人稍异其趣，郑珍能在"实事求是"的基础之上，具有明道淑世的追求之外，还十分重视"义法"和"名教"等。

---

① （清）郑珍：《郑珍全集》（第六册），黄万机译，上海：上海古籍出版社，2012年，第317页。
② 同上，第610页。
③ （清）郑珍：《郑珍全集》（第一册），黄万机译，上海：上海古籍出版社，2012年，第8页。
④ 注：郑珍《仪礼私笺》卷五"缌麻三月章·曾孙"条下。
⑤ （清）郑珍：《郑珍全集》（第一册），黄万机译，上海：上海古籍出版社，2012年，第144页。
⑥ 左仆射刘昫等曰："令于丧服无正文，而嫂服给大功服，乃假宁附令，而敕无年月，请凡丧服皆以《开元礼》为定，下太常具五服制度，附于令。"令有五服，自缌始也。
⑦ （清）郑珍：《郑珍全集》（第一册），黄万机译，上海：上海古籍出版社，2012年，第172页。

　　赵恺评价郑珍道:"郑先生生于穷乡,不逐众趣,守前贤之说,范围不过尊诸高密而不敢有他睥睨,然后以求合于宋,不敢高视而佻步。"①郑珍守前贤之道,如"周公为民制嘉礼,首曰饮食亲兄弟"②,要求言行皆合于先贤诸儒的礼义节度,"水东之禾水西薖,学古今黔并眉白。敬尔尊慈有义方,业成出自鬻纱力"③,朱熹说:"礼乐者,皆天理之自然。节文也是天理自然有底,和乐也是天理自然有底"④。张履祥说:"礼者,天理之节文。若人之言语行事合于天理,自然有节有文。若无节无文,则直情径行,便已不是天理矣。'礼仪三百,威仪三千',自有节文,不待安排也。"⑤人必合天理,惬人情,制礼仪,知天地之大本,行天下之大道。正是因为郑珍有着深厚的"三礼"治学基础,才使得他的经学、小学等成就非凡,并跻身名家之林。郑珍仅以八卷之《仪礼私笺》,驳斥了江永、程瑶田等人之礼仪学说,重释郑玄注疏《三礼》之疑,被曹元弼评价为"无一条不精,有功圣经,有功世道,《正义》而后,断推此书"⑥,其赞誉之高,"有功圣经,有功世道"之言,道出郑珍治礼亦汇聚汉宋,自成通儒。郑珍"言必顾信"与"行必中礼",言行举止皆有礼有节,"其为人,坦白简易,粹然儒者"⑦,郑珍待人接

---

① (清)郑珍:《郑珍全集》(第一册),黄万机译,上海:上海古籍出版社,2012年,第53页。

② 嘉礼:指饮食、昏冠、宾射、饷燕、赈膰、贺庆等。《周礼·春官》云:"以嘉礼亲万民,以饮食之礼,亲宗族兄弟。"(见(清)郑珍:《巢经巢诗钞注释·后集》卷三《题黔西孝廉史薖洲胜书六弟》,龙先绪注,西安:三秦出版社,2002年,第525页。)

③ 水东:古以贵州黔西鸭池河为界,分水东(今清镇市)、水西(今黔西市)。禾:即戴禾庄,道光举人,与史薖洲并称"黔中二俊"(见郑珍:《巢经巢诗钞注释·前集》卷五《题黔西孝廉史薖洲胜书六弟》,龙先绪注,西安:三秦出版社,2002年,第203页)。

④ (宋)黎靖德:《朱子语类》,北京:中华书局,2004年,第2973页。

⑤ (清)张履祥:《杨园先生全集》,北京:中华书局,2002年,第1180页。

⑥ 曹元弼:《礼经学》,北京:北京大学出版社,2012年,第410页。

⑦ 白敦仁:《巢经巢诗钞笺注》,成都:巴蜀书社,1996年,第1507页。

物,一言一行,可谓粹然儒者。

郑珍基于"理本论"的立场,通过体认"天理"以构建道德的修养价值体系。为达到提升修养的目的,守程朱遗训,将"静以修身,俭以养德"的儒家修身理念,贯彻到处己、处人、处事之日常工夫中。具体表现为:在处己方面,修己以静、自修可恃、慎独思敬、戒慎羞愧,其目的旨在匡扶颓惰之人心;在处人方面,孝悌慈谅、尊亲仁爱、崇尚质朴,是其处理人际关系的重要原则;在处事方面,事必求是、言必求诚、言必顾信、行必中礼,是其处理日常事务的基本态度。在修养工夫上表现为求诚求是、自恃穷理、静涵修身、体认天理,进而将此工夫贯彻到日常事务上。这是郑珍工夫论的重要特点,其路径是学以求理,其目的在于提升个人的道德修养与处己处人处事的能力。

总之,郑珍于日常生活中体认修身之道,构建了富有儒家传统文化特质的道德理论体系。郑珍修养工夫论以个体的道德实践为切入点,从日常生活中提升道德修养,以道德的自我完善作为追求的目标,其修养目的是进行道德实践,属于道德工夫论,是对儒家修养工夫论的继承。郑珍在修身的道路上引导人们走上正统的为人处世之道,是晚清程朱理学派倡导经世致用在理论层面上的客观反映。

第四章 郑珍的知行论

郑珍的知行论继承程朱,从本质上说,郑珍的知行论,是基于寻求道德实践的知行论,是提升道德实践能力的知行论,其"知"的基础是"治经宗汉"与"析理尊宋",即汇聚汉宋,通过治经寻求圣贤义理,以指导道德实践的知行论。郑珍将"汉学"和"宋学"结合起来,作为其求知的重要内容,以字通经,以经求理。郑珍知行论的方法是"人求合于经"与"经求合于人",目的是"读书通古今"与"行身戒不义",知行关系的内容在"经术识理"与"识理行义"、"学行并进"与"文质相宜"。郑珍知行论的主要目的是寻求一条内在的道德修养和外在的道德实践之路,他的认知论以道德修养为主,属于道德认知及实践范畴的知行论。

第一节 "知"的基础和内容

郑珍的知行论是道德认知论,即以"治经宗汉""析理尊宋"为认知基础,识得圣贤义理,为道德实践奠定认知的基础;以"汉学"和"宋学"为认知的主要内容,即通过汉学考据之法对儒家经典文本进行探索，求得圣人之道，又通过圣人之道，理解儒家经典原意，践行儒家道德理念。

（一）"治经宗汉"与"析理尊宋"

黎庶昌在《郑征君墓表》中论及郑珍的治学基础为"治经宗汉，析理尊朱"八字，但以郑珍"汇聚汉宋为一数"的治学宗旨而言，可将郑珍认知论的基础概括为"治经宗汉、析理尊宋"。其为学遵循儒家圣贤修身之道，不务虚名，不沉溺于无用的八股文和考据训诂，潜心研究儒学要旨和经术行义。郑珍治学以"经学"为务，行义则以"尊宋"为本，严格坚持"求是求诚"的态度，在考据、学理、治经、析理等方面皆有所成就。

清代，宋学与汉学渐成融合互补之势，实际上，"治经宗汉、析理尊宋"已成为许多汉学研究者的治学基础。清代汉学家在学术上表现出汉宋兼采的治学倾向，顺治、康熙时期就呈现出汉宋融合的局面，比如方东树认为黄宗羲、顾炎武等名家"尚未专标汉帜"，江藩说："凡御纂群经，皆兼采汉、宋先儒之说，参考异同，务求至当"①。当时纂经学者皆兼采汉宋，纪晓岚说："国家功令，五经传注用宋学，而十三经注疏亦列学官。良以制艺主于明义理，固当以宋学为宗，而以汉学补苴其所遗，纠绳其太过耳。如竟以订正字画，研寻音义，务旁征远引以炫博，而义理不求其尽合"②。即国家政令，《五经》传注也引入宋学，为明义理，"以宋学为宗，而以汉学补苴其所遗"，在乾嘉汉学盛行之时，江藩、纪昀等对汉

---

① （清）江藩：《国朝汉学师承记》，北京：中华书局，1983 年，第 4 页。
② （清）纪昀：《纪文达公遗集》卷八，清嘉庆十七年纪树馨刻本，第 280 页。

学之不足未作具体回应,但对宋学亦未见有排斥倾向。翁方纲说:"综核百家,出入贯串,于汉、宋诸儒之说,未始不以程、朱为职志也。"①意在指出许多宋学者也有汉宋兼采的主张。姚鼐所提倡的义理、考据、词章合一,皆以汉宋融合为基础。亦如方东树认为汉学者虽有"欲以扫灭义理"之弊,但不否定汉学在音韵学和训诂学方面的贡献,他说:"考汉学诸人,于天文、术算、训诂、小学、考证、舆地、名物、制度,诚有足补前贤,裨后学者"②。其认为"训诂名物制度实为学者所不可阙之学",他的《汉学商兑》也是基于汉学的考据方法所著。比较典型的汉宋融合派如姚鼐的弟子刘开提出"尊师程、朱""兼取汉儒,而不欲偏废"③等主张。朱一新说:"许、郑、程、朱之在圣门,诚未知其能相说以解否也。而世之为许、郑、程、朱之学者,支别派分,一若终古不可沟合,则未知许、郑、程、朱之学之果歧欤? 抑未知其为学者自岐之欤。"④表现出汉宋融合的治学倾向。潘德舆认为汉宋皆不可废,他说:"学者诚能以程、朱之义理为宗,而先导以郑、孔,通其训诂,辅导以陆、王,求其放心,庶有以捄程、朱之小失,而道学之真可见,而道学之名目愈可以不立。"⑤其以程朱理学为宗,不仅融合汉学和程朱理学,还兼采陆王心学,将三者合而为一。

诚然,汉宋各有优劣得失,清代的汉学由盛而衰,学风也有所转向,汉宋合流已成为不可逆转的学术发展趋势。汉宋学者在求

---

① (清)翁方纲:《复初斋文集》卷十四,清李彦章校刻本,第282页。
② (清)方东树:《汉学商兑》,清道光十一年刻本,第178页。
③ (清)刘开:《刘孟涂集》,清道光六年姚氏檗山草堂刻本卷二,第320页。
④ (清)朱一新:《佩弦斋文存》卷上,清光绪二十二年龙氏葆真堂刻拙盦丛稿本,第28页。
⑤ (清)潘德舆:《养一斋集》卷十三,道光二十九年刻本,第288-289页。

知方法上有所不同,各有所长,宗宋学者以宋学为根基,以宋学贯通汉学,将汉学作为宋学的补充;而汉学者则以汉学为根柢,其义理源于训诂释义。因此,汉学与宋学不应该相互贬抑,而是相互协调、取长补短。晚清,程朱陆王之学已在学理上无所创见,宋学者大多只是在重申宋明时期之学说,而这种"新壶装老酒"之法已不适应新的学术环境。因此,汉宋调和、经世致用成为当时学者需要寻求的突破口。

因此,在汉宋调和的背景下,郑珍顺应潮流,治经"宗汉",析理"尊宋",这也是其始终坚持汇聚汉宋、经世致用的治学理念。郑珍说:"论读书必归到经术行义上,此学有根本处。"①最得汇聚汉宋的治学宗旨。如何经术行义,郑珍提出了"读经行义理"的理念,他说:"其书曲而尽,韵而易读,成周盛时,盖无不熟诵而习行之,使人心性筋骸在儿时已驯化于礼法之中,德之所以易成也"②。郑珍把"读经书"和"行义理"结合起来,即通过"熟诵而习行之",使"心性驯化于礼法之中",涵养德性,"学而时习之",郑珍阐释为"盖无不熟诵而习行之"。郑珍认为"书"中之理,不仅要诵,而且要"习",也就是要实践"理",因为每个人的"心性筋骸"不同,受环境和生活习惯的影响,养成的气质也不尽相同,所以要驯化于礼法之中。"读书熟诵"是为更好地求理,躬行实践则利于德性修养,求知与求德有其相通之处,但根本仍在于求理,求知以促进理的顺达。在郑珍看来,"行"是目标,且以"治经宗汉"与"析理尊宋"为"知"的基础,但其认为体认"天理"也并非只有一

①(清)郑珍:《郑珍集·文集》,王瑛点校,贵阳:贵州人民出版社,1994年,第120页。
② 同上,第112页。

条路可走，日常习得、道德践履等也可通向"天理"。在宋明理学家尤其是程朱看来，读书是通达"天理"的必由之路，四书五经是重要的经典。郑珍顺应此道，将"天"看作是一种客观的存在，认为"天道"不以人的意志为转移，具有不可逆的权威性。二程说："天者，理也，神者，妙万物而为言者也。"①朱熹说："理者天之体，命者理之用。"②又说："性即理也，天以阴阳五行化生万物，气以成形，而理亦赋焉，犹命令也。于是人物之生，因各得其所赋之理，以为健顺五常之德，所谓性也。"③天性与人性合一，"仁智之性，动静之理"④，理为万物之本体，郑珍通过不断体认，用功于日常，治经识理，获得真知。因此，汇聚汉宋且不断探索修身法门和贯通天人之理，成为郑珍知行论的基础。

（二）"由经知汉"与"由理知宋"

郑珍"由经知汉"可以从他早期精研小学、以字通经的治学法门开始，后来受到朴学的影响，逐渐走上寻求义理的路径，即识字以通经，通经以识义理，继而走上了一条由字通词、由词通经，由文字、训诂以明经书义理的治学之道，这是郑珍认知论的重要内容，他说："凡字有声有形有义，六经联字以成文，字之声形义明，其于治经，如侍先圣贤之侧，朗朗然闻其耳提面命也"⑤。郑珍寻

---

① （宋）程颢、程颐：《二程遗书》，四库全书本，第 203 页。
② （宋）黎靖德：《朱子语类》卷目，明成化九年陈炜刻本，第 99 页。
③ （宋）朱熹：《章句集注·中庸》，吴县吴氏仿宋本，第 4 页。
④ （清）郑珍：《巢经巢诗钞注释·前集》卷八《雨花岩观明张忠简公草书"仁智之性，动静之理。栖此盘谷，饮此泉水"摩崖》，龙先绪注，西安：三秦出版社，2002 年，第 314 页。
⑤ （清）郑珍：《郑珍集·文集》，王瑛点校，贵阳：贵州人民出版社，1994 年，第 52 页。

找到了以识字通古经、由经通圣贤之理的道路,治经内容多在许慎郑玄;钻研孔孟与宋五子之学,宗宋内容多在四书五经与程朱理学。

在治经方面,郑珍尊崇许慎、郑玄,以考据探索经典。在这方面,程恩泽对郑珍期许甚深,竭力引导其学习国朝师儒之法,郑知同说:"使者为程春海恩泽侍郎,侍郎邃于古学,天下称文章宗伯,见先子文,奇其才。旋移视学湖南,先子廷试归,即招以去。期许鸿博,为提倡国朝师儒家法,令服膺许、郑"①。郑珍从此沉溺许郑之学,走上了"由字通经""由经通字"相结合的治学之路,因为通义理以治经为基础,治经又以识字为先。因此,"以字通经"为郑珍识得古先贤的哲理奠定了坚实基础,这也为郑珍探索四书五经之理提供了重要保障。道光七年(1827),"珍初受知于歙县程侍郎,恩泽诏之曰:为学不先识宇,何以读一代秦汉之书。乃益进求诸声音文字之原,与古宫室冠服之制方见。时海内之士,崇尚考据,珍师承其说"②。因此,郑珍治经"以字读经,又即以经读字,觉其路平实直捷,履之甚安,遂斤斤恪守尺寸"③,曾一度"不肯以宋后歧出,泛滥纷其趋。年来积染成习,渐不自量"④,后来因为渐知汉宋大儒收拾人身心性命,正极宽旷,从此走上"汇聚汉宋"的治学之路。

清代汉学家大多尊奉古文经学,而郑珍治经也顺此法则,主要尊服郑玄、郑司农。郑玄对古文经学研究颇深,尤其在"三礼"

---

① (清)郑珍:《巢经巢诗钞注释》附录《敕授文林郎征君显考孚尹府君行述》,龙先绪注,西安:三秦出版社,2002 年,第 704 页。
② (清)郑珍:《巢经巢诗文集》,民国三年花近楼刻遵义郑征君遗著本,第 525 页。
③ 同上,第 92 页。
④ 同上。

最为卓越,郑珍对其敬佩至极,称其为"家康成公",并以"服膺家学"为傲,还以郑玄后人自居,"珍按郑少赣、兴仲、师众父子,史传为河南开封人,而康成谓是同宗。古人于同高祖者称同族,同始祖者称同宗,不同宗族者称同姓。然则康成于二郑盖同始祖者,其分支迁徙,当时谱牒自明。以其于先世为兄弟,故周礼注称官以致敬。贾氏谓二郑皆康成之先,匪诬也"①,并以继承郑玄之学为治经目标。郑珍说:"洪惟高密公,译圣瘉千代。如从圣人手,亲授所以裁。六学文数万,一字不可杀。历宋渐阴雰,迄明乃昏昧。国朝复天明,绝学邈无对。"②郑珍或与郑玄经学理念有共通之处,郑珍治学成就也在"三礼",郑珍说:"古礼之学,以康成为宗,而'三礼'之精微,首在《仪礼》,自贾氏公彦撰疏以来,阅有唐及宋数百年,奉为圭臬,罔或轻肆涉笔,标异著书,以自名家者,盖沈潜好古之儒,唯廑守旧说,确知郑注精微,莫可抵巘,故李氏如圭撰集释"③。然乾嘉以来之汉学,"治礼者渐有标新增怪,名为中郑,实违郑旨,甚则转以驳郑以胜郑为事。见征君所为康成生日释奠诗,然此特致辨今古异同已"④,郑珍认为"尝慨自嘉、道以来,天下之学者不能纯得许、郑之旨,每欲以其学正之"⑤,基于此,郑珍为维护郑玄之注,探求原意,花费大量精力专攻"三礼",

---

① (清)郑珍:《郑学录》,清同治刻本,第3页。
② 译圣:王符《潜夫论·考绩》云:"夫圣人为天口,贤者为译圣。"译,解释经义曰译。瘉:睡醒。裁:裁剪。六学:即六艺(六经)。《汉书·儒林传》云:"古之儒者,博学乎六学之文。六学者,王教之典籍,先圣所以明天道,正人伦,致治之成法也""及至秦始皇兼天下,焚其书,杀术士,六学从此绝矣。"杀:减。雰(méng):蒙暗。(参见郑珍:《巢经巢诗钞注释·后集》卷一《家康成公生日》,龙先绪注,西安:三秦出版社,2002年,第392页。)
③ (清)郑珍:《仪礼私笺》,清同治五年唐鄂生刻本,第163页。
④ (清)郑珍:《巢经巢诗文集》,民国三年花近楼刻遵义郑征君遗著本,第1页。
⑤ 周恭寿修,赵恺纂:《民国续遵义府志》,民国二十五年刊本,第1386页。

对违背和攻击郑玄之学，郑珍博综三礼，探索六书，一一回应，极力维护"家康成公"之学。为发扬郑学，他著有《郑学录》，记述郑玄生平事迹与著述，是郑珍惟一的人物传记，足见其对郑玄的推崇。郑珍推崇的另一位东汉古文经学家为郑司农，"以阐证司农，罔敢出入。其浅尝乎是者，见其辞繁旨奥，求通注说之不暇"①，墨守司农，不敢苟有出入。

郑珍治理经学以识字为本，"国朝经学，能上接汉儒者，壹以识字为本"②，内容主要在辨伪、勘误、笺注，其笺注的经文，并不借题发挥，也谈不上经世致用，俨然汉学家"述而不作"的学风，继承孔子"述而不作，信而好古"之法。③其笺注的儒家经典有《仪礼》《周礼》《礼记》《尚书》《孟子》《孝经》《尔雅》等，涉及十三经中的 7 部经典，其校勘、辨伪所涉及的著作也基本如此，这些篇目的内容说明郑珍治经之法属于考据学的范围，治经方法也都是正统汉学家的考据方法，都是对郑注持有的异议而发。因此，郑珍治经的特点主要是排击异端，申述己见，引经据典，广征博引，言必有据。但郑珍看到了考据学的规规物事，繁琐弊病，因而在著述的过程中尽力避免，从而规避了考据学家"无一字无来历"的做法。

终其一生，郑珍亦对宋学推崇有加，尤其尊奉孔孟、程朱之学，其言"开卷不识字，何缘见孔、孟"④"上称宣泥说，下称程、朱话"⑤为

① （清）郑珍：《仪礼私笺》，清同治五年唐鄂生刻本，第 163 页。
② （清）郑珍：《巢经巢诗文集》，民国三年花近楼刻遵义郑征君遗著本，第 112 页。
③ 陈奇：《郑珍与汉学》，《贵阳师院学报》（社会科学版）1985 年第 1 期。
④ （清）郑珍：《巢经巢诗钞注释·前集》卷二《招张子佩珺》，龙先绪注，西安：三秦出版社，2002 年，第 87 页。
⑤ （清）郑珍：《巢经巢诗钞注释·前集》卷三《适滇》，龙先绪注，西安：三秦出版社，2002 年，第 114 页。

一例证，其二为"人生即不为大儒，岂可案上无程、朱"①，且以孔孟、程朱之行作为立身处世的准则，"翠然想望孔孟之所为教，程朱之所为学，以及屈宋李杜欧苏之所以发为文章，必有相遇于心目间者，则斯行也诚快"②，目前学界已关注到郑珍之治学历程，陈福桐《巢经巢诗钞注释》序言："郑珍先生研究许、郑之学，成为贵州第一个登上经师高坛的大家"。前文所述，郑珍"其初实致力于许郑二家之书，以为不明传注，则经不能通；不明故训，则传注不可得，而读其于康成叔，重信之惟恐不笃，尊宠之附恐不及""必求得当于程、朱氏之义理而后已"③，表弟黎兆祺曾从郑珍研习诗法，专研程朱之学，陈福桐亦言郑珍真正是一位博通今古、兼赅汉宋的学人，也因此真正是一位"六经读罢方拈笔"的绝代诗人。郑珍在屡试不第之际，"举于乡，连试春官皆罢，遂决意求通会汉、宋两学"④。因此，从郑珍的学思历程来看，一味强调他作为汉学家的身份，并不符合其学术实际，郑珍不仅以显性的经学、文字学成就问世，而且将宋学视为修德进业的重要法门。

郑珍从知识体系上汇聚汉宋，从而规避了汉学匮于思辨的缺陷，在精神上又获得孔孟、程朱、杨园之学的支援。郑珍不但从汉学中以"小学明大道"，而且从宋学中构建丰富的内心世界和价值体系。郑珍之认知，是黔北地区科举与地方社会结合的一种表现。到同光年间，汉宋调和成为一种学术趋势，程朱理学收缩了

---

① （清）郑珍：《巢经巢诗钞注释·后集》卷三《残腊》，龙先绪注，西安：三秦出版社，2002年，第508页。
② （清）郑珍：《巢经巢诗文集》，民国三年花近楼刻遵义郑征君遗著本，第158页。
③ 同上。
④ 同上，第145页。

关于概念的探讨和论断,成为汉学圣王制度世界缺乏人情义理和
心灵安顿的一个补充。[①]与陆王之学不同,程朱理学本就重视经
验知识,讲求从圣贤语言中寻求义理的逻辑也与汉学相一致,所
以莫与俦对郑珍说:"《六经》堂构于汉儒,守成于宋程、朱诸子,
而大败坏于明人"[②]。在其看来,程朱、汉学都是在揭示六经之
义,共同表现了自清初以来不断发展壮大的实学精神,这样,郑珍
就与江藩等反宋学、反心性的倾向不尽相同。程朱理学在贵州拥
有较长的发展历程,尤其是到乾隆中期,以陈法为代表,出现过一
个程朱理学的发展高峰,这时的程朱理学传播主要是与科举制度
结合,后来走向了经世致用的道路。

　　郑珍尤其将程朱理学作为其尊信的重要内容,如黄万机称程
朱理学是郑珍"哲学基础或基本的治学原则"[③],施吉瑞则称程朱
之学为其"早期的思想资源"[④]。程朱理学往往成为苦难学人所
追求的一种精神支柱,郑珍常年贫病寡志,其在《和渊明〈饮酒〉二
十首》中自述:"生年三十七,姤下一阴至。渐老渐变剥,不变者惟
醉。世物独酒真,饭食亦其次。好处无可名,日进正尔贵。万想
患不得,待得止无味"[⑤]。杨园之学亦是郑珍认知实践的重要内
容,郑珍之性格气质乃是长期濡染于性理之学的结果。郑珍一生

① 王胜军、蔡丹:《沙滩文化与程朱理学》,《教育文化论坛》2021年第2期。
② (清)郑珍:《巢经巢诗文集》,民国三年花近楼刻遵义郑征君遗著本,第111页。
③ 黄万机:《郑珍世界观初探》,《贵州文史丛刊》1987年第1期。
④ [加]施吉瑞:《诗人郑珍与中国现代性的崛起》,王立译,开封:河南大学出版社,2016年,
　第121页。
⑤ 姤:《易经》卦名,阳之始消;剥:《易经》卦名,阳之将尽;日进:陈暄《与兄子秀才》云:"昔
　吴国张长国,字季舒,亦称耽嗜,吾见张时,伊已六十。自言引满,大胜少年时。今吾所
　进亦多于往日,老而弥笃,惟吾与张季舒耳。"(参见郑珍:《巢经巢诗钞注释·前集》卷
　六·《和渊明〈饮酒〉二十首》,龙先绪注,西安:三秦出版社,2002年,第230页。)

清贫，"寂碧山里，萧条非世情。家贫亲戚畏，官退比邻生。百岁已过半，一分无所成。长吟风雪暮，心事不胜惊"①，然而，正是在这种清贫中，体悟着孔孟、程朱的治学精神。

第二节　"知"的方法和目的

从郑珍对道德实践的体验中，走出了一条独特的认知之路：为学方法立足于"人求合于经"与"经求合于人"。郑珍认知的目的是"读书通古今""行身戒不义"，主要是寻求一条内在的自我修养和外在的道德实践的认知之路，他的知行论体系并不是以知识的构建为主，而是道德行为的实践为主，属于道德认知论，基本上没有脱离传统儒学的认知论范畴。

（一）"人求合于经"与"经求合于人"

郑珍取法于儒学正统，寻求经文义理，求合于许郑程朱之行，同时，又以经文本意，通圣贤之道，即"人求合于经"与"经求合于人"，这是郑珍认知论的重要方法。

1. 以人求合于经

在郑珍看来，宇宙万物，人间之事，须精研之，才能获得"真知"，他说："潜思乎天地鬼神、山川草木、宫室衣服、杂物奇怪、王制礼仪、世间人事之理，莫不碻稽而精研之，以求合于经；由经以求合于人"②。郑珍认为通过主体的主观能动性，能通经解义，即

---

① （清）郑珍：《巢经巢诗钞注释·后集》卷三《寂寂》，龙先绪注，西安：三秦出版社，2002年，第507页。
② 白敦仁：《巢经巢诗钞笺注》，成都：巴蜀书社，1996年，第1534页。

"人求合于经",郑珍于经典文本之中,取法于儒学正统,寻求真理大义。郑珍主要是"求合于"许郑程朱之精义,并在实践中充分认识事物的本质,他说:"若郑先生取法于儒术之正,以求合于许郑程朱之行,新奇险怪之异自以敛嘉道儒者,且欲黜天下邪诐之弊以正夫人心,是亦天下之大勇也。其兴曾氏为仁为礼之论,何大而能同也耶"①。郑珍认为,需要用"儒术之正"和"程朱之行"来"黜天下邪诐之弊""以正夫人心"。当时八股文风是人心颓惰的主要根源,八股取士已经成为整个国家培养、选拔人才的严重桎梏,郑珍说:"世之文章至八股极矣,然作者苟不悖乎六经所言,是亦取出乎天之喉舌者而言之耳,言者心声,诚能肖天,天必福之"②。鉴于当时的学术环境,郑珍认为应当"取法于儒术之正,以求合于许郑程朱之行",这对于恢复儒家"仁""礼"的正统地位和匡正人心起到一定的促进作用。郑珍认为圣人为"天理"代言,"天理"是圣人"求合于经"的认知结果,"斗者天之喉舌,《易》《春秋》六经,圣人代天而言者也"(《文耀钩》)。圣人通过解经为"天理"代言的过程其实就是认知人文的过程,即"观于天文而人文可以悟矣",人文即是圣人感悟"天理"而提炼的认知。若望文生义,不求合于圣人经典,便会离经叛道,误解经典原意,从而落入学问空疏之弊。郑珍积极"求合于经",从儒家经典中寻求文本的原意,正如郑珍在《汉三贤祠记》中所言:

孔子之道,载在六经。自经秦坑焚,历汉高、惠、文、景,

---

① 白敦仁:《巢经巢诗钞笺注》,成都:巴蜀书社,1996 年,第 1535 页。
② (清)郑珍:《郑珍集·文集》,王瑛点校,贵阳:贵州人民出版社,1994 年,第 48 页。

皆武夫功臣用事,徒黄老清净,以与民休息,诗书礼乐之教始
如草昧,二三大师各抱其遗,私教授乡里,久乃稍稍为章句
传。故建元之际,弟子著录者渐多,齐鲁秦晋燕赵吴楚梁越
之间乃始诸儒云烂霞蔚,六经赖以复传。于时西南远徼,文
翁为之倡,相如为之师,经术文章,灿焉与邹鲁同风,而文学
公、盛公即以其时起于犍、柯。东汉以后,儒者始不专一家讲
说,至许、郑集汉学大成,而尹公乃即起于毋敛。仆尝独居深
念,六经堂构于汉儒,守成于宋程朱诸子,而大败坏于明人。
及我太祖、圣祖,崇朴学,教化海内。一时朝野诸老宿,痛惩
前代空疏文巧之佛老吾道而力挽回之。①

此处是"六经"发展状况的一个简史,"六经"在秦代焚书坑儒之后,
经历了漫长的"武夫功臣用事"时期,后"六经堂构于汉儒,守成于
宋程朱诸子",又"大败坏于明人"。但在明朝太祖时期倡导朴学的
推动下,即明朝诸子"痛惩前代空疏文巧之佛老吾道而力挽回之",
经学又迎来了重要的发展期。在郑珍看来,研读经典应该据原经
求原义,求经者须"事必求是,言必求诚,支离惝恍之习扫弃净
尽"②,诚心正意,扫净臆度之说,"于是汉学大明,六经之义,若揭日
月"③,而郑珍"反复参详,止求明注,不遑诘难,厥功不亚孔、贾。乾
嘉以还,积渐生弊,号宗高密,又多出新义,未见有胜。十九,舛驳,说
愈繁而事愈芜,较前古为尤甚。故言三礼墨守司农,不敢苟有出入"④。

① (清)郑珍:《郑珍集·文集》,王瑛点校,贵阳:贵州人民出版社,1994年,第51页。
② 同上,第51-52页。
③ 同上,第52页。
④ (清)郑珍:《巢经巢集》,光绪二十年刊本,第305页。

亦就是通过以经求义理的方法，使之合于原经之意。又说："至今日能者无不名郑学，而郑义转几无一是，即此车制其一端也。慎修先生云：郑注之精微，贾氏犹不能尽通，后人可轻破乎？是真能读郑注者，然吾不得及斯人而持正之矣。"[①]即要为古礼辨诬，为郑玄之注立宗，为后人释疑，使"千古礼宗不淹晦于饰伪乱真之手"[②]。郑珍说：

> 《大学》，《小戴记》之第四十二篇也。汉河间献王后苍所传，郑康成所注，今称为古本，在《礼记正义》中。至宋仁宗时，特取以赐及第进士，《大学》之单行自此始。后明道程子以《诚意章》有错简，遂移《康告》四条、汤《盘》四条、"邦畿"三条次"则近道矣"后，移"瞻彼""于戏""听讼"三条次"节彼南山"后。伊川程子则移"《康诰》曰至止于信"至"知之至也"后，移"诗云瞻彼"至"没世不忘也"下接"《康诰》曰惟命"至"则失之矣"次"为天下谬矣"后，而以"听讼"条次"未之有也"后、"此谓知之至也"之前，谓"此谓知"本为衍。《大学》之有改本自是始。朱子因之，更考经文，别为序次，以作章句，是为今本。世之童子启口即读之，于是汉传古经变为而朱子之《大学》，而六七百年学者之心不能泯然，亦遂争新角异，而《大学》日多矣。[③]

---

① （清）郑珍：《巢经巢诗文集》，民国三年花近楼刻遵义郑征君遗著本，第150页。
② （清）郑珍：《仪礼私笺》，清同治五年唐鄂生刻本，第163页。
③ （清）郑珍：《郑珍集·文集》，王瑛点校，贵阳：贵州人民出版社，1994年，第74页。

这段话是郑珍对比《大学》古本和今本的改动情况概述,程颢以《诚意章》有错简,于是把"《康诰》四条、汤《盘》四条、邦畿"移到"则近道矣"之后,又把"瞻彼""于戏""听讼"等改到"节彼南山"之后,于是《大学》就开始有了今文改本。如朱熹"更考经文,别为序次,以作章句,是为今本"。通过对古本《大学》的更考得知,今本《大学》基本上是按照朱熹的注脚为蓝本,"于是汉传古经变为而朱子之《大学》",使得六七百年来研究《大学》的学者不能泯然,各种版本"争新角异",读其不符合文本原貌,由此激发郑珍立志求合于经的决心,尽量为后人释疑,使千古礼宗不淹晦于饰伪乱真之手,即所谓"或一字未安,必反复推求,至合于古而后已"①。

郑珍求合于不同的儒家注经,郑知同说:"先君子自壮岁即通家康成公之学,于古今聚讼之地,必研究康成立说之所以然,穷源导窾,见为凿不可易而后已焉"②。可见郑珍对经典的考究,必先"穷源导窾",知其所以然,直到"见为凿不可易而后已",郑珍力求通过治经之法以明程朱之义,通圣贤之理。

2. 由经求合于人

郑珍"由经求合于人"中的"人"泛指圣贤之人,郑珍推崇经文,主张以"人文认知"探求圣人之意,而且要根据经文本意来遵循圣贤之理。"经求合于人"即是"慎终追远",即有郑珍守程朱遗训、追惟罔极之意。郑珍通过研读经典著作求合于古人本意,根据经书文本,求合经文原意,并广泛搜集材料进行佐证,从而判断各家注本言论是否符合"圣人"原意。例如,对于"下达"之意,郑

---

① (清)郑珍:《郑珍集·文集》,王瑛点校,贵阳:贵州人民出版社,1994年,第95页。
② 黄万机:《郑珍评传》,成都:巴蜀书社,1989年,第226页。

珍引用《仪礼·士昏礼》,作"下达纳采,用雁"的解释,意为古代定亲时男方送聘礼给女方,郑玄注"达,通达也。将欲与彼合婚姻,必先使媒氏,下通其言"。贾公彦疏云:"言下达者,男为上,女为下,取阳倡阴和之义,故云下达,谓以言辞下达于女氏也",郑玄和贾公彦都认为是男家欲与女家联姻,便会通过媒人下达其言于女家,是一种"男为上,女为下"的不平等传达。而敖继公则认为"自天子达于庶人纳采皆用雁",是平等的通达。郑珍经过多方查证,认为古代"行六礼"乃"仪节大端,尊卑或无异",郑珍说:

> 天子诸侯虽尊,其未即位而昏者,即天子之元子,犹士也。其即位始昏者,合二姓之好,以继先圣之后,以为天地宗庙社稷之主,必不能外六礼而别有所行。而其行六礼也,虽使者异人,车服异等,圭币异制,送逆异宜,至仪节之大端,尊卑无或异。故笔以为经,据上下通制立文,而不专名为士,亦犹亦犹丧服为上下通制,或降或绝,自以人分,不可目为士之专礼也。曰下达者,总冒全篇,言此礼自上通下尔云。①

郑珍认为"下达"总领全篇,意为"用雁"之礼自上通下,天子庶人皆通行,郑珍不同意男女有尊卑之别,赞同婚姻中的男女平等关系,也认为天子与庶人平等,万物一体,皆为平等,无论尊卑,皆可通达。对于"下达"的理解,各家有不同的看法,郑珍只是据经求理,以敖继公的观点为正,即"敖氏云:此谓自天子达于庶人,纳采

---

① （清）郑珍:《仪礼私笺》,清同治五年唐鄂生刻本,第1页。

皆用雁也。余礼用雁，惟纳征或异此"①，郑知同说："赖有国初诸老出，权衡得失，审当莫如康成。爰奉为圭臬，反复参详，止求明注说，不遽诘难、厥功不亚孔、贾。"②前人众说纷纭，郑珍据经观理，由经切合古圣贤之意，取敖氏的说法为本。郑珍主张从诸经中求证先人之理，但他不赞成以舍经求传或舍传求注的做法，部分学者以传注解经，只会使注经之事更加复杂紊乱，使解义与经义相违背，这是郑珍据经求理，获得认知的重要路径之一。

郑珍认为解经求圣人真意，其法贵在致思，他说："贵致思乎其学，致思而得其人之真。"③对于"思"，郑珍说："得书一再番。具见读书细心，处处求是，不肯以微谬贻古人，又能虚心无我，殷然商榷"④。细心思考，处处求是，虚心求证，耐心商榷，这是获得认知的根本。关于认知，李承贵教授从人文主义的维度进行解释，人文主义以"人"为中心或出发点，肯定了人追求真理与创造力的意义与价值，发掘了人文价值的思想、理念和命题，从而确定了中国传统思想中人文认知的哲学内容。⑤郑珍对认知的追求是为了从儒家思想的土壤中获取养分，进而更好地修身养性，因而他的认知本质上是道德认知论。

对于"天理"的认知方法，郑珍说："惟求天下之至正，鲜有不正乎礼，而为学者祛泛览，之骛专，以求义理、考据之所在"⑥。郑

---

① （清）郑珍：《仪礼私笺》，清同治五年唐鄂生刻本，第 1 页。
② （清）郑珍：《郑珍全集》（第一册），黄万机译，上海：上海古籍出版社，2012 年，第 15 页。
③ （清）郑珍：《郑珍集·文集》，王瑛点校，贵阳：贵州人民出版社，1994 年，第 63 页。
④ 同上，第 43 页。
⑤ 李承贵：《认知中国传统哲学的三个维度》，《天津社会科学》2004 年第 5 期。
⑥ 白敦仁：《巢经巢诗钞笺注》，成都：巴蜀书社，1996 年，第 1534 页。

珍所追求的是天下至正之礼,其目的是要透过义理把人心蒙蔽的状态摒除,并实事求是地"约其归",以求天人合一。郑珍认为人性禀受自然"天理","观于天而人文可以悟矣"①,人禀赋"天命",尤其是圣人通过修炼,人求合于经,经求合于人。莫与俦曾说:"吾辈只就日常行扩去,上半截境地,听其自然。"②这里,"上半截境地"即形而上之道,即"天理",就是要求郑珍在道德实践中"顺天理自然",于"日常行扩去"。人所遵循的伦理道德原则无不是"天理"在日常运用的具体呈现,如能达到"天理、人欲"的合一,凡人亦有"穷理尽性以至于命"的可能。因此,郑珍的认知论通过人求合于经、以经求合于人的相互促进,力求通过治经以明程朱之义、通圣贤之理。

(二)"读书通古今"与"行身戒不义"

郑珍守程朱之训,以"读书通古今""行身戒不义"为认知目的,即读书治经以识得古今圣贤之理为目的,最终实现"仁义"的道德实践,即"行身戒不义"。在获得认知的过程中,朱熹主张从读书穷理中启发人的内心认知,朱熹说:"为学之道莫先于穷理,穷理之要必在于读书,读书之法莫贵于循序而致精,而致精之本则又在于居敬而持志,此不易之理也"③。其认识论的基本方法是读书识理,求合于天地万物之道。郑珍受朱熹的影响,认为读书的目的是通古今之道,识圣贤之理,明辨是非,通达义理,并将

① (清)郑珍:《郑珍集·文集》,王瑛点校,贵阳:贵州人民出版社,1994年,第48页。
② (清)莫友芝:《莫友芝诗文集》,张剑编,北京:人民文学出版社,2009年,第768页。
③ (清)王懋竑:《朱熹年谱·卷之四·一一九四年(六十五岁)》,何忠礼点校,北京:中华书局,1998年,第234-235页。

识得之理践行于日常事务中,即读书穷理,获得道德认知,提升道德实践,以实现"行身戒不义"。郑珍说:"达则富贵若固有,穷则名誉不去身。为圣为贤,止是如此,论古今通理。"①郑珍认为无论通达与否,皆需培养崇高的道德气节,为圣为贤,古今皆为此理,这属于道德认知论的范畴。为达到"通古今""戒不义"的目的,郑珍孜孜不倦,立身处世,力戒不仁不义。在郑珍看来,读书关乎重大,正所谓"万般皆下品,唯有读书高",郑珍乐观看待仕途之得失,一生追求豁达乐观,坚定不移治经求理,提升内在涵养,通过读书寻求心灵归属,完善自我。

古人之学力,宗经、明道、征圣,在郑珍看来,要达此三者,治经求理无疑是最基本的方法。郑珍说:

> 世儒谈六经,孔子手删正。安知口所读,皆属康成定。念昔诸大师,鞠躬守残剩。微公集厥成,吾道何由径。众流汇北海,乃洗秦灰净。师法千年来,儒者各涵咏。未闻道学名,自见忠孝竞。程朱应运生,力能剖其孕。格致岂冥悟,祖周实郊郑。俗士不读书,取便谈性命。开卷不识字,何缘见孔孟。颓波及前明,儒号多佛性。季世略稽古,小悟非大醒。绝学兴皇朝,谈经一何盛。顾阎实开宗,醇博亦莫更。后起复宏畅,贾孔妒且敬。近来经韵翁,照古有全镜。帝遣明六书,群头莫敢诤。更得卢王辈,精识邈平夐。顾惟十数公,烂诵不计乘。其于汉前籍,字字经鞠证。精能固殊尤,细心亦

---

① (清)郑珍:《郑珍集·文集》,王瑛点校,贵阳:贵州人民出版社,1994年,第120页。

天性。直耸高密堂，上与日月并。我无能为役，自觉此身剩。
思傍先人墙，操戈助功并。①

这段话对经学的发展历程作了一个简要的叙述，其中蕴藏着"宗经、明道、征圣"的深刻内涵，郑珍明确地指出了治经求理的重要性。为改变"俗士不读书，取便谈性命"的时弊，郑珍认为应该"格致岂冥悟"，从治经出发，潜心"征圣"，治学修身，探索规律，求得真理。

郑珍认为"理"是一种对人生观具有重大指导作用的观念，"理则无止"的提出，说明在郑珍看来，"理"在其生命中的场域是永无止境的，所以"理"成了他追求的终极目标。郑珍说："开卷不识字，何缘见孔、孟"，因此，在"以字通经""由经通理"的基础上，郑珍提出"行身戒不义"，以通达圣人至善之境。郑珍为了达到至善的"理"，积极探索学问之道，立身行义，为此，郑珍将"事必求是，言必求诚"贯彻到立身行事之中。一般而言，博学是对知识最大限度的占有，郑珍崇尚醇博学风，主张博学于文、学以致用，发扬实事求是、好学善思的精神，同时，不标新立异，也不盲目崇古，详细占有材料，反复斟酌，以探明前人真义。他不满空谈性理，更不满繁琐考据的学风，郑珍说："征君既墨守家岑以治经，所为文章，实能贯串考据、义理、词章而一之"②。郑珍《巢经巢经说》收录《仪礼》《礼记》《周礼》《尚书》《孝经》《论语》《孟子》等，在对这

---

① （清）郑珍：《巢经巢诗钞注释·前集》卷二《招张子佩琚》，龙先绪注，西安：三秦出版社，2002 年，第 87 页。
② （清）郑珍：《巢经巢诗文集》，民国三年花近楼刻遵义郑征君遗著本，第 1 页。

些经文进行签注、补正和考据的过程中，仔细考证并探知古代的仪礼、丧礼、孝道、孝治等思想，并将其运用到生活实践中，进而获得从感性认知到理性认知、再到道德认知的升华。

郑珍以"读书通古今"与"行身戒不义"作为认知的目的，他认为学习（即阅读或认知）与实践（即施行与践诺）是相辅相成、并行不悖的。在郑珍看来，"求知难，能行更难"，他说："夫人之学力，亦何有止限，昨日见为是，今日见为非，去年以为详，今年以为略，亦用心无已者，乃有然也。若束书不观，而役其神智于无益，与傲然执寸知粟获而即以为尽之者，岂足以与于此哉"①。学习如果只局限于书本知识，束书不观，而不知在实践中思考，很容易心生傲然，以偏概全，于智力的提升无益。郑珍提倡将读书与做人相结合，即"多读几卷书，做得几分人，即不学帖，亦必有暗合古人处，何况加以学力"②，对于读书做真人，郑珍主张通过多读书，以求多做几分真人。他批判华而不实，只求于外而不求于内，言行不一的人，郑珍说："聚书而不读，与读之而不善者何以异？是夫聚而不读，犹不失为守财之俗子，至读之不善，斯败家辱宗之尤矣。致足于外而不求足于内，则是外物者又安见其可贵哉"③。郑珍主张求取"善知良能"，立足于为学之道，注重求学与行善相结合，以学求真，学以至善。因此，郑珍认为读书须求真知做真人，多读书，追求"天理"，内外兼修。

郑珍说："圣人系辞焉而明吉凶，圣人系辞焉以尽其言。系辞

---

① （清）郑珍：《郑珍集·文集》，王瑛点校，贵阳：贵州人民出版社，1994年，第88页。
② 同上，第128页。
③ 同上，第59-60页。

焉所以告圣人,以言者尚其辞。又曰:圣人之情见乎辞,鼓天下之
动者存乎辞。"①天地之理虽人人可以体认,但非圣人不能尽其
言,所以理不仅存在于天地之间,还存于圣人之辞。虽非圣贤之
人也可学习圣人的体认之法,下学而上达,亦可逐渐走上通往圣
贤境界之路,他说:"恐圣人立言以诏天下后世之心不拘曲若是,
而以其例通求之,又似苟不如是即其辞不必如是云云者,吾不及
见圣人而面问之也。今吉堂此书,其求圣人之辞之法不与仲翔氏
同"②。既然"天理"存在于圣人之辞,那么圣人之道何在? 郑珍
说:"而求得于辞之言仿佛与之等,于《易》家足名一氏也已。"③即
是圣贤流传下来的经典书籍,包括《易》在内的四书五经,这便是
圣道之所在。但须精研之,方得其道,郑珍说:"以求夫《易》,则
尊卑之情准,求夫《诗》,则淫荡之闲辨,求夫《书》,则君民之谊
通,求夫《春秋》,则名分之道正,求乎《礼》,则悖乱息,放纵严,而
百行之精粗以审"④。即须从圣人经典中求得尊卑之情、君民之
谊、名分之道等,其认为"读圣人之书,准古今之情,概物我之行
事,存之于至中至正,不惑于密;施之则所以育万物,叙人伦,合上
下,一千古,而不敢稍忽"⑤,由于四书五经内容繁多,其中蕴含真
理只有深入研究才能体悟,所以郑珍不敢稍忽,唯有不断地诠释
经典、探索义理。

---

① (清)郑珍:《郑珍集·文集》,王瑛点校,贵阳:贵州人民出版社,1994 年,第 84 页。
② 同上,第 86 页。
③ 同上。
④ 白敦仁:《巢经巢诗钞笺注》,成都:巴蜀书社,1996 年,第 1533 页。
⑤ 同上。

第三节 "知"与"行"的关系

在"知"与"行"的关系方面,郑珍提出"经术识理"与"识理行义"、"学行并进"与"文质相宜"的知行观。从知行先后关系上看,郑珍主张"知先于行",即郑珍认为"论读书必归到经术行义上";从知行的轻重关系上看,郑珍主张"行重于知",即"行得一分,始算得真知一分";从知行的联系上看,郑珍主张"学行并进""文质相宜",即郑珍认为"知"与"行"是相互联系、相互影响的统一体。

(一)"经术识理"与"识理行义"

郑珍"经术识理",是以考据训诂的方法解经求理,即以考证经学求取经世致用之"道",郑珍注释经学,多方搜集,由经穷理。其治经的目的是获得对义理的深刻认知,并通过实践的方式来诠释义理,即"经术识理"和"识理行义",继而构建了理论与实践相结合的认知体系。

考据、训诂是解读经典、阐发义理的有效途径,郑珍特别注重对儒家经典文献的搜集、分析、考证、比较,这种研究方法是对乾嘉学派的承袭,但语言文字和考据实证是基本的方法和手段,其根本目的是经世致用。郑珍历来反对矜名考据,规规物事,主张学贯经史、考据经典,重视学习古代经典,其目的正如顾炎武所言之"以明道也,以救世也"①。但对郑珍来说,对经典的习得仅仅

---

① (清)顾炎武:《亭林诗文集》文集卷之四,孙毓修编诗集校补,景上海涵芬楼藏原刊本,第233页。

是工具理性而非价值理性，学行并进、通经致用才是他整个学术研究的价值旨归。虽然考据训诂方法被当时的大多数汉学者所尊奉，然而，由于西学传入，理学衰而复帜，晚清经世理念逐渐深入人心，汉宋合流与调和也逐渐成为主流，"经术识理"的治学原则亦被许多汉学家所接纳，就学术本身的发展而言，具有进步性。如果学术研究拒绝关注政治，不再作为封建社会统治阶级进行阶级统治的工具和手段而存在，反而有利于真正地走向独立，晚清汉学与宋学融合后所取得的成就无不与此有关。值得注意的是，"经学即理学"的思想虽然在中国学术史上具有重要意义，但也有其负面影响。如梁启超说："以吾侪今日眼光观之，此语有两病。其一，以经学代理学，是推翻一偶像而别供一偶像。其二，理学即哲学也，实应离经学而为一独立学科。"①清代实学有所发展，但在理学的发展领域并没有太大突破，确是与经学理学化有关。当然，梁启超必然是"以今日之眼光观之"，如果站在郑珍所处的晚清学术环境下，其"经术识理"的认知方法仍具有进步意义。

　　"经术识理"的提出亦是对宋明理学特别是阳明心学的回应。但客观地讲，"束书不观，游谈无根"主要体现在王学末流。实际上，王阳明也重视经典之理，如其言："经，常道也。其在于天，谓之命；其赋于人，谓之性。其主于身，谓之心"②。"经"乃永恒真理，在天为"命"，在人为"性"，人身的主宰为"心"，"心、性、命"三者实为一体。王阳明说：

① 梁启超：《饮冰室合集·文集之三十四》，北京：中华书局，1989年，第9页。
② （明）王守仁：《阳明先生则言》，明嘉靖十六年薛侃刻本，第77页。

世之学者，不知求《六经》之实于吾心，而徒考索于影响之间，牵制于文义之末，硁硁然以为是《六经》矣。是犹富家之子孙，不务守视享用其产业库藏之实，积日遗忘散失，至为窭人丐夫，而犹嚣嚣然指其记籍曰：斯吾产业库藏之积也。何以异于是？呜呼！《六经》之学，其不明于世，非一朝一夕之故矣。尚功利，崇邪说，是谓乱经；习训诂，传记诵，没溺于浅闻小见，以涂天下之耳目，是谓侮经；侈淫辞，竞诡辩，饰奸心盗行，逐世垄断，而犹自以为通经，是谓贼经。若是者，是并其所谓记籍者而割裂弃毁之矣，宁复知所以为尊经也乎。①

王阳明主张"求《六经》之实于吾心"，反对"考索"与"牵制于文义之末"，不排斥"博学于文"。在这一点上，郑珍"经术识理"与王阳明"即经求道"有相似之处。

"识理行义"，即在获得对"理"的认知后，需从衡量义的道德标准和践行义的道德原则两个方面出发。首先，从"衡量义"的道德标准来衡量，郑珍认为君子"以道德相师，以仁义为友"，小人则"犹不失为守财之俗子"②"斯败家辱宗之尤矣"③，对"君子喻于义，小人喻于利"进行了评判。其次，郑珍推崇的"义"，是切合"天理"的，郑珍认为，凡符合"天道"规律，皆可视为"义"的道德准则。符合"义"的标准，就是符合"君子"的标准，这种"义"的行为受到郑珍的赞赏，成为其判断"君子"人格的道德行为规范。最

---

① （明）王守仁：《阳明先生则言》，明嘉靖十六年薛侃刻本，第 79－80 页。
② （清）郑珍：《郑珍集·文集》，王瑛点校，贵阳：贵州人民出版社，1994 年，第 60 页。
③ 同上。

后，从"践行义"的道德原则出发，郑珍反复强调"行身戒不义"，此处的"义"，即"心之制、事之宜"，即"心"的自我约束与外物规律的自然耦合。

孟子认为"羞恶之心，乃义之端"，"义"乃"非由外铄我也、我固有之也"，那么"义"就是与生俱来的，郑珍认为"其中固有天命"，郑珍在这里不仅肯定了孟子的"义"是自然本性所固有的，而且把"义"纳入了天命的范畴。如何行"义"，郑珍认为可以将"义"的道德原则作为"心"的内在节制，由受节制的内心不断内化为自觉意识，通过外在的自觉实践以至符合"天理"的过程。"天理"亦存在于人们的日常生活中，"天理"是"义"的统领，"义"是"天理"的成分。正如朱熹所说："天理只是仁义礼智之总名，仁义礼智是天理之件数。"①人间礼仪，皆为"天理"，"所谓天理，复是何物？仁、义、礼、智岂不是天理？君臣、父子、兄弟、夫妇、朋友岂不是天理"②，"天理"亦在百姓日用中，表现为伦理纲常之间的和谐关系。郑珍继承了朱熹的理论，认为这些德性是人与生俱来的。换句话说，"天理、人欲"本来就是自然所固有的，在人类的日常生活中，我们能够与天地万物融为一体，正确处理自己与外界的关系。

从利欲的角度来看，朱熹认为"利者，人情之所欲"。追求利欲是人的趋势，这里的利主要是指人五官所青睐的声、色、味、香、舒适愉悦和外部物质利益等，这些都是来源于私欲。孔子说"君子喻于义，小人喻于利"，其中既包括君子也包括小人，也就是说，君子和小人都有"利欲之心"。然而，君子与小人在利欲面前的区

---

① （清）李光地：《朱子全书》，清康熙五十二年武英殿刻本，第 2007 页。
② 同上，第 2006 页。

别在于，君子是通过"正道"而获取，"不正之道"则不取；小人在面对利欲时，不顾"天理"正道，单凭一己私欲，不在意获取渠道是否合理，由此，君子小人的德性优劣之分显而易见。简而言之，在面对利欲的诱惑面前，君子与小人的区别在于君子能够见利思义，"行身戒不义"。

郑珍赞同正义之利，郑珍说："某虽不肖，义利之介窃奉教于君子矣"①。他接受孔子的"义之和处"就是利的观点。首先，孔子很少谈"利"，是担心人们只会"逐利"，因而孔子说："放于利而行，多怨"。即要求放下追求"利"的心。其次，如何在"和处"取得利呢？郑珍说："而各修之而内之于仁于礼之中，措之于治国平天下之道，不亦庶几乎！尚读之不善，反以快奔趋之异，骛义利之涓，或至冒高歧而有不足者，岂特浅之视若腐朽已哉。"②在郑珍看来，"利"从一开始是混淆不清的，起初似乎用"义"来看待事物似乎不利，之后便自然就会看到利在义中，行义兼得利，关键在于处理一切皆"合时宜"，施仁于礼，利便在义中。最后，如何以"合时宜"的方式处理事情？也即是说如何使一切事物"各得其分"。正如朱熹所言："义是个有界分断制底物事，疑于不和。然使物各得其分，不相侵越，乃所以为和也。"③如君臣父子各得其所，便是义之和处，各正其政，即君仁臣忠，父慈子孝，这便是利。郑珍希望能够合理解决"正道"与"义利"的问题，毋让外界之蔽障过多地干扰到固有的本性，他主张的"识理行义"，即试图把"行义"纳入

①（清）郑珍：《郑珍集·文集》，王瑛点校，贵阳：贵州人民出版社，1994年，第39页。
②（清）郑珍：《郑珍全集》（第一册），黄万机译，上海：上海古籍出版社，2012年，第52页。
③（宋）黎靖德：《朱子语类》，北京：中华书局，1986年，第1704页。

到他构建理学的思想体系中,成为其知行论的一个重要关系。

(二)"学行并进"与"文质相宜"

"学行并进"与"文质相宜"是郑珍知行论的一个重要关系。诚如前述,郑珍对"学"之具体方法主要从文章考据入手,然后通研经文。是从"学行并进""文质相宜"到"通经致用"的运用,是对"以文质求义理"的继承和发展,是其以字通经、以经取道、明道致用的学术路径的一个面向,这为晚清建立实证主义的学术研究范式奠定了基础。

知行关系是道德认知的重要内容,道德修养中的一个主要关系就是知行关系,即知行观,《尚书》就有知行的相关论述,"非知之艰,行之惟艰"(《尚书·说命中》),宋明理学将知行观看作是重要的修养方法,如朱熹的"知先行后",王阳明的"知行合一"。《大学》曰:"明明德,在亲民,在止于至善。"都是对"知、行"关系的认识。朱熹在此基础上提出了"知先行后"的观点,他认为知比行难,须先知而后行,朱熹所言格物即"求知"。王阳明则不同意将知行分开,所以他提出了"知行合一"的观点,认为知行是一体两面的辩证关系。

郑珍的知行关系,即在治学中力辟穿凿附会,为求"真知",郑珍重视"行",他说:"大抵吾辈读书,求知难,能行更难。然必能行得一分,始算得真知一分"①。为了对"知"进行检验,只能用"实践"(行)的效果来衡量"知"的程度,强调了"行"的重要性,因

---

① (清)郑珍:《郑珍集·文集》,王瑛点校,贵阳:贵州人民出版社,1994 年,第 45 页。

为只有"行"才能检验"知"。但是不难看出,这里的"行"是道德修养方面的实践,求真知,需要落实到经术和识理的实际行动中,"论读书必归到经术行义上"①,即读书求知必须在对经典的研究和道德修养的实践中进行,但还应注意的是,郑珍所讲的"行"主要是指道德修养方面的实践,而不是指科学研究与劳动生产的实践。郑珍对"知行"的理解是建立在道德修养和道德实践基础之上的,即知行须并进。根据唯物认识论的判断,知识是人类对精神世界以及物质世界探索结果的总和,是人类对万物发展规律的理性认知,人类只有通过改造客观世界的实践活动,即"行动"方能获得认知。人的正确认知只能来源于实践,不存在先于实践的正确认知。只有经验论才认为人的知识来自主观内心世界,而不是通过社会实践获得。郑珍对于"行"的理解,并非基于主观的人类改造客观世界的社会实践活动,而是一种以客观为依据的道德践履活动。

郑珍强调"学行并进""文质相宜",主张学(知)与行并进,知与行相互联系、相互统一。从他的知行观可以看出,其诠释的"行",是一种道德实践,而不是具体的劳动生产与社会实践,如他提及"行身戒不义"以及"读书必归到经术行义",都是强调"行"的重要意义。他主张的"学行并进"与王阳明"知行合一"有相通之处,其"学行并进,文质相宜",从道德认识来源的角度来看,道德认识在先;从道德实践的效果来看,知轻行重。

郑珍"学行并进,文质相宜"方法具有重要的意义,因为"经术

---

① (清)郑珍:《郑珍集·文集》,王瑛点校,贵阳:贵州人民出版社,1994年,第120页。

识理"是从原始经典中通明圣道、学以致用、经世济民。而其基本的方法就是习得经典文本，即"经术识理"，后经考证分析获得义理，即"识理行义"，从而规避离经叛道、空谈性理、规规物事，对汉宋调和起到了促进作用。这不仅维系了晚清理学的发展，而且也是对汉学的一种存续，同时也确立了一种新的学术研究范式和认识方法。郑珍认为，文质考据是通经的首要前提，知意可以通经，通经可以明道，明道才能致用，致用才能救世。因此，他十分重视语言学和文字学，认为只有通过习得文字源流，才能读懂六经本义。他说："凡字有声有形有义，六经联字以成文，字之声形义明，其于治经，如侍先圣贤之侧，朗朗然闻其耳提面命也。"①这是郑珍以习字通义而闻达圣贤义理的基本方法。

郑珍提倡"学行并进"的最终目的是实现道德的修养和完善。郑珍对知、行及其相互关系的认知，所谓"学行并进"，是为了让自身认知和实践并行不悖，即是让行动统一于认知之中，而知的过程就是行的过程。从郑珍对"知""行"关系的理解中可知，他所诠释的"行"，是遵循道德规范的修身养性，其"读书必归到经术行义上"和"行身戒不义"，强调了道德修养和道德实践的重要性。在认知和审视外界事物的时候，以通经为认识基础，立足于内在的道德修养，外在的真体实践，学以致用。即郑珍将道德实践与治学求理结合起来，对外物进行格致诚正。郑珍提出"学行并进"的认知方法，便是对朱熹"格物致知"的继承。郑珍的"学行并进"为"体认天理"提供可能，郑珍的道德认识论强调修身诚正离不开

---

① （清）郑珍：《郑珍集·文集》，王瑛点校，贵阳：贵州人民出版社，1994 年，第 52 页。

"学行并进",即朱熹所谓"格物才能穷理"。郑珍通过倡导经术识理,获得道德认知,通过道德认识指导道德实践,提升道德修养。

在知行轻重关系上,他强调"行得一分,始算得真知一分"①,即"知轻行重",在知行先后关系上,"论读书必归到经术行义上",即"知先行后",纠正了晚清王学末流的空谈之风。"非知之难,行之惟难",在这一点上,郑珍是对朱熹的继承和发展,并且引用朱熹的话说:"其知也,其行也,表理精粗,无不到也"②。特别是对行的重视,反对空谈,学行并进,文质相宜,求诚求是。实际上,他的论述中也有彰显"行"的作用,并把行道与学道联系起来,如郑珍说:"佛之行背伦弃常,广张罪福以资诱胁,祸仅足以乱天下。至其言弥近理,弥大乱理,力足使命世贤豪甘心纳身为夷狄,而犹扬扬曰大儒而终身不知,则祸且乱学术矣。学术正,天下乱,犹得持正者以治之;至学术亦乱,而治具且失矣"③。提倡以圣贤之学术提振人心,"盖止就其乱天下之易知者辟之,故无论智愚,皆足以醒天良生感悟,功又讵出程、朱下哉?然而为程、朱更难矣"④,概括郑珍的一生,正如刘师培所言:"苦身厉行,顽廉懦立。"⑤他对"行"非常重视,"善言地理者无他,目到也,足到也。览记尽古今之书,是谓目到,而远近又无不亲涉,是谓足到。二者有未及,不或遗焉,即或误焉"⑥,因为他重视行,所以他重新审视

---

① (清)郑珍:《郑珍集·文集》,王瑛点校,贵阳:贵州人民出版社,1994年,第45页。
② (清)郑珍:《郑珍全集》(第六册),黄万机译,上海:上海古籍出版社,2012年,第452页。
③ (清)郑珍:《郑珍集·文集》,王瑛点校,贵阳:贵州人民出版社,1994年,第75页。
④ 同上。
⑤ 刘师培:《清儒得失论·清儒得失论——刘师培论学杂稿》,北京:中国人民大学出版社,2004年,第26页。
⑥ (清)郑珍:《郑珍集·文集》,王瑛点校,贵阳:贵州人民出版社,1994年,第87-88页。

宋明以来的知行关系，晚年躬行立学。这与晚清时期的名家大儒有相似之处，当时的理学家如曾国藩、倭仁、李棠阶、贺长龄、唐鉴等都对躬行高度重视，故郑珍认为要"行身戒不义"，身体力行。郑珍秉承理学家的宏愿，取法于儒术之正，以求合于许郑程朱之理，并为之践履笃行，其不空谈性理，不坐入空疏之弊，以文质求义理，开辟了晚清以字通经、以经取道、明道致用的学术路径，在一定程度上规避了宋学空谈性理和汉学规规物事的缺陷，为促进晚清汉宋合流起到了一定的推动作用。

综上，郑珍的认知基础为"治经宗汉"与"析理尊宋"，即汇聚汉宋为一数。郑珍认识论的内容是"由经知汉""由理知宋"，即在求经和求理的过程中，明许郑之学，通圣贤之理。郑珍认知论的基本方法是"人求合于经"与"经求合于人"，在继承儒家道德实践论的基础上有所创见，其主张从治经求理中识得古圣贤之道，启发心性，不断提升道德境界。从知行先后关系上看，郑珍主张"知先于行"，即郑珍认为"论读书必归到经术行义上"；从知行的轻重关系上看，郑珍主张"行重于知"，即"行得一分，始算得真知一分"；从知行的联系上看，郑珍主张"学行并进"，即郑珍认为知与行是相互联系、相互影响。郑珍所倡导的知行论，其目的是实现自我道德的完善和修养，即"读书通古今""行身戒不义"，这为提振晚清学术风气，复兴程朱理学，对匡扶人心起到了一定的促进作用。

第五章 郑珍的伦理观

郑珍的伦理观包括"天理"与"人欲"、"生死"与"义利"、"尊德性"与"道问学"等方面。郑珍继承宋明理学和晚清理学家伦理思想的优秀成分,对传统的伦理观亦有所阐发。其伦理观具有一定的积极因素,尤其在理欲、生死、德性等方面形成了自己的独特理念,对生命的价值和人生的意义亦有着独到的见解,郑珍伦理观为弘扬儒家的道德伦理思想作出了一定的贡献。

第一节 理欲论

在中国的传统伦理思想中,关于理欲关系的论述,如"尚理灭欲""弃理存欲""理欲并存""理欲并弃""存天理,灭人欲"等主张,对后世产生了深刻的影响。"理""欲"涉及人的道德规范和性理私欲等问题,郑珍在总结前人的基础上,对"理""欲"之间的关系有所阐发。尤其是在批判朱熹"存天理,灭人欲"理论的基础上,其提出"有欲斯有理"与"理欲皆自然"的主张,继而倡导"存天地之理"与"存寒饿之欲"二者并存的理念,形成了自己特有的理欲论，同时，郑珍崇尚"达则富贵若固有，穷亦名誉不去身"的气节观。

（一）"有欲斯有理"与"理欲皆自然"

清代，随着外来思潮的传入，以及商业文化的发展，经世致用的理念日渐深入人心，在宋明理学"灭人欲"钳制下的个人思想发生了转变，从某种程度上推动了"理欲"认知关系的转变。人们对财富和权力的渴望显然超过了名义和节气的选择，促使了当时的学者从更为理性的角度来审视和适应新的环境。正如梁启超说："所谓由环境之变化所促成者何耶？其一，清初'经世致用'之一学派所以中绝者，固由学风正趋于归纳的研究法，厌其空泛，抑亦因避触时忌，聊以自藏。嘉道以还，积威日弛，人心已渐获解放，而当文悟武嬉之即极，稍有识者，咸知大乱之将至。追寻根源，归咎于学非所用，则最尊严之学阀，自不得不首当其冲。其二，清学之发祥地及根据地。本在江浙。咸同之乱。江浙受祸最烈。文献荡然。后起者转徙流离。更无余裕以自振其业。而一时英拔之士。奋志事功。更不复以学问为重。凡学术之赓续发展，非比较的承平时代则不能。咸同间之百学中落，固其宜矣。"①晚清时期，随着自由、民主、开放、包容等思想的深入，"经世致用"的理念越来越受到重视，在这些思想理念的影响下，人们对理欲关系也有了新的评判和认知。

那么，清代对"理""欲"之关系如何界定呢？清代的思想家对理欲关系有不同于宋明理学的背景，因此，对理欲关系理解和诠

---

① 梁启超：《清代学术概论》卷二十，北京：中华书局，2015 年，第 49 - 52 页。

释也会相应发生改变。清代思想家更注重将"理、欲"关系视为既对立又统一的辩证关系,反对将"理、欲"关系对置。而实际上,先秦时期的孟子早就意识到了这一点,孟子曰:"天下必无舍生养之道而存者,凡事为皆有于欲,无欲则无为矣;有欲而后有为,有为而归于至当不可易之谓理;无欲无为,又焉有理"①。这种将理欲关系视为既矛盾又统一的说法,被明清之际的学者重新审视,即反对宋明理学中"理欲对立"观念,并认为"理欲"应该是"物则"或"理事"之关系。而且明确肯定了"欲"存在的合理性,即"理法"由"欲"产生,换言之,"有欲斯有理",陈确说:"饮食男女皆义理所从出,功名富贵即道德之攸归"②。因此,"欲"不是简单的受限或服从于"理","理"要根据自身特性服务于"公欲"。清代的思想家与宋明理学家对道德理想主义的理解不同,他们认为"理"的理解不再是先于"欲"的存在,而是由"欲"产生的"法",正如陈确所言:"尝谓人心本无天理,天理正从人欲中见,人欲恰好处,即天理也"③。天理与人欲密不可分,"人欲之大公,即天理之至正矣"④。李承贵教授说:"公欲才可称为理。"⑤这里的"公"是以天下为"公",是"天理至上"的"公",乃人人各得之"公",这显然不同于宋明理学之"公欲"。戴震说:"道德之盛,使人之欲无不遂,人之情无不达,斯已矣。"⑥如果对合理的人欲进行所谓的道德限

---

① (清)戴震:《孟子字义疏证》卷下,何文光整理,北京:中华书局,1982年,第58页。
② (明末清初)陈确:《陈确集·别集》卷五,北京:中华书局,1979年,第461页。
③ 同上。
④ (明末清初)王夫之:《四书训义》卷三,杨坚修订,长沙:岳麓书社,2011年,第137页。
⑤ 李承贵、张芙蓉:《中国传统伦理思想中的"理"、"欲"关系论》,《江西师范大学学报》2006年第2期。
⑥ (清)戴震:《孟子字义疏证》卷下,何文光整理,北京:中华书局,1982年,第41页。

制,那义理的存在就没有任何意义,"理"的存在是为了更好地引导人欲、规范人欲,使人情人欲通达。这个时期的思想家们理性地意识到,自然之"欲"是值得肯定的,但若是违背了"天理"的过度之欲,那就是对"天理"和"欲"本身的伤害,刘宗周说:"欲而纵,过也;甚焉,恶也"①。这体现了一种节用和节欲的道德伦理价值观念,"欲""有过之而无不及"甚至带来"恶"的危险。"不灭欲,不纵欲"是明清以来研究理欲关系的重要向度,进而引申出"导欲"的必要性。戴震说:"人有欲,易失之盈,盈斯悖乎天德之中正矣。心达天德,秉中立,欲勿失之盈以夺之。故孟子曰:养心莫善于寡欲。禹之行水也,使水由地中行;君子之于欲也,使一于道义。"②"欲"之盈满乃违背天德之中正,故而勿因私欲以夺天理道义,修身养性莫善于清心寡欲,因此,"导欲"就要像大禹治水一样,以疏导为主,堵塞为辅,在"天理"的指导下,顺人之"大欲""公欲"。

晚清,对于"理""欲"关系辩论的社会环境发生了新的变化,这种环境在经济上主要表现为资本主义的萌芽和发展,商业活动背景下个体私营经济的出现,使人们不再满足于小农经济中自给自足的生活状态;在思想上表现为自由、平等、开放、实用等,有摆脱旧思想的现代性元素。对经世致用理念的深入理解,以及对挽救政治弊端的合理诉求,伴随而来的是强调个人价值与欲望的实现,主张道德价值理念契合生活实际,晚清的"理欲"关系研究就是在此背景下进行拓展的。晚清思想家肯定人欲人情的合理性,是对前人关于"欲乃天性"理念的继承和发展,认为人情人欲皆

① (明)刘宗周:《刘宗周全集》,吴光主编、钟彩钧审校,杭州:浙江古籍出版社,2012年,第251页。

② (清)戴震:《孟子字义疏证》卷下,何文光整理,北京:中华书局,1982年,第71页。

"天性"，如严复说："凡属生人，莫不有欲，莫不求遂其欲"①。康有为说："人生而有欲，天之性哉。"②胡适说："情与欲也是性，不当排斥。"③人生而有欲，对于人"欲"的合理诉求与合法要求，应当给予充分的肯定。作为自然属性之人"欲"，是人类物质文明、精神文明、道德文明建设的基本条件，康有为说："民之欲富而恶贫，则为开其利源，厚其生计，如农工商矿机器制造之门是也；民之欲乐而恶劳，则休息燕向歌舞游会是也"④。人之有生计之欲，才会勤奋劳动，创业致富；人在劳作之余有寻求精神享受之欲，于是才有精神文明的创造。如康有为意识到"欲"是人类生存、社会进步、文明发展的基本动力。胡适也肯定了"欲"的价值，他说："性即是血气心知，其中有欲，有惰、有知觉，因为有情有欲，故有生养之道，故有事业，有道德，心知的作用。使人不愁于所行，不糊涂去做，便是美德；使行为归于至当，便是理"⑤。胡适认为，"欲"可推动事业的发展，有"欲"才能创造事业。有"欲"才有道德，道德的价值便是欲之理，"欲"是创造精神文明的前提和基础。

关于"有欲斯有理"，即"欲"在某种程度上来说是"善"的，从性善论的角度来说，它们都是人生而有之的，"善欲"对人和社会物质的丰富、精神文明的发展起着重要的推动作用，"恶欲"则起着阻碍作用。谭嗣同认为"世俗小儒，以天理为善，以人欲为恶，

---

① 严复：《天演论·人群》，北京：中华书局，1986年，第1345页。
② 康有为：《大同书》，北京：中华书局，1956年，第41页。
③ 胡适：《胡适学术文集·中国哲学史》下，北京：中华书局，1998年，第1159页。
④ 康有为：《孟子微·礼运注·中庸注》，北京：中华书局，1987年，第73页。
⑤ 胡适：《几个反理学的思想家》，《胡适文存》三集卷二，合肥：黄山书社，1996年，第71-72页。

不知无人欲,尚安得有天理?吾故悲夫世之妄生分别也。天理,善也,人欲,亦善也"①。严复以乐欲为"善",他说:"以苦乐为究竟,而善恶则以苦乐之广狭为分,乐者为善,苦者为恶,苦乐者所视以定善恶者也。使苦乐同体,则善恶之界混矣,又乌所谓究竟者乎?"②然则"人道所为,皆背苦而趋乐,必有所乐,始名为善,彰彰明矣"③。在严复看来,积善行德,是能给人带来幸福和快乐的,反之则为恶。谭嗣同、严复从道德层面上肯定了"欲"的合理性。但是,即便从道德层面肯定了人对乐、欲、安的追求,并不代表人可以安于享受、满足现状、无度纵欲,"欲"之为"善",在顺人之"理事",正所谓"道德不在情欲之外,即在事为之中"④,可见,"善"就是"理"对"欲"的规范。康有为说:"夫人生而有耳目口鼻之体,即有视听言动之用,即有声色臭味、男女之欲,人生有欲,必不可免也。人之欲,以礼法制而寡之则可,绝而去之不能也。"⑤"善欲"不能禁,而"纵欲"可导。如果说"顺欲"能够使人的本性得到充分的发挥,那么禁欲、逆欲就会使人的本性扭曲,生命的本能被遏制,那带来的后果不言而喻。

　　郑珍等晚清的学者反对宋明理学禁欲、灭欲的思想,具有一定时代性、先进性、批判性。郑珍认为应当顺"欲",他说:"一笑绛帐中,岂有'天理'字"⑥。"一笑""岂有"两词化用马融绛帐传

① 谭嗣同:《谭嗣同全集》,北京:中华书局,1990年,第301页。
② 严复:《〈天演论·新反〉案语》,北京:中华书局,1986年,第1359页。
③ 同上。
④ 胡适:《胡适学术文集》,北京:中华书局,1998年,第1160页。
⑤ 康有为:《康有为政论集》下册,北京:中华书局,1981年,第1102页。
⑥ (清)郑珍:《巢经巢诗钞注释·后集》卷五《启秀书院十咏·敝帐》,龙先绪注,西安:三秦出版社,2002年,第619页。

经事,此为马融之辈蔽于人欲,不见"天理",郑珍则反对遮蔽人欲,因为这有违"天理",认为应当顺应天理人欲。许多学者认为欲乃人之性,如刘宗周说:"生机之自然而不容已者,欲也"①。戴震说:"欲根于血气,故曰性也。"②他们认为"欲"正是血气生生不息之源,停止了欲,血气即散即枯即灭,而由血气构成的人也就失去了生命的意义,因此,"欲"是人不能丢弃的"性",生命之物不可能失去对"欲"的渴望,因此,"欲"是有机生命体不可失去的"性","欲"不仅只是"人"的基本物质需求,而且还深刻影响着人的智力发展状态。所谓"心之智识,皆为五欲之机巧;五欲之机巧,还以助心之智识"③,因此要以"欲"助"心",以"欲"提"智"。唐甄说:"君子不拂人情,不逆众志,是以所谋易就,以有成功。"④是对欲的一种正向追求。有正常"欲望"之人亦是其发展成熟、获得成功的动力。陈确说:"所欲与聚,推心不穷,生生之机,全恃有此。"⑤人之所以成就事业,就是因为有"欲"作为动力。既然"欲"是人的自然本性,是构成人生生不息的基础,是人发展进步的动力,是人生存的基本,那么,"欲"是不应被摒弃的。既然"欲"是自然血气之人成功的基础,那么,就应该顺应人在"仁"(善)的需求范围内的"欲",并加以引导,而不是单纯地弃"欲",戴震就是把"欲"看作"仁"(善)的一种表现形式,他说:"人之生也,莫病于

① (明)刘宗周:《刘宗周全集》,《原旨·原心》,吴光主编,钟彩钧审校,杭州:浙江古籍出版社,2012 年,第 251 页。
② (清)戴震:《孟子字义疏证》卷中,何文光整理,北京:中华书局,1982 年,第 37 页。
③ (明末清初)唐甄:《潜书·上篇·七十》,吴泽民编校,北京:中华书局,1963 年,第 37 页。
④ 同上,第 149 页。
⑤ (明末清初)陈确:《陈确集·别集卷五 瞽言四·与刘伯绳书》,北京:中华书局,1979 年,第 469 页。

无以遂其生。欲遂其生,亦遂人之生,仁也。欲遂其生,至于戕人之生而不顾者,不仁也"①。"欲"不可弃,而且应当在"仁"的范围内满足之、引导之。

郑珍充分肯定和认可"仁"(善)范围内的欲望,他说:"夫父母之爱子也,无不欲其富且贵,而恒不敢欲其子常在左右之心。至子心则恒夺于富贵焉,所谓欲常在左右者,口焉而已"②。在郑珍看来,人的爱情、亲情、富贵、饮食等的欲望是天性使然,但若正常的欲望超过一定的限度,就是不遵循基本的"欲",过犹不及。如对于"燕窝海参"等奢侈物的欲望,郑珍说:"诚朴之家,盖终其身未尝一入口,惟知食饭而已。心侈力富者,乃以食饭为不足尊也"③。批判"心侈力富"之人过度追求基本的物质需求,即认为超越"仁"范围内的欲望诉求,是不遵循基本的"欲"。

对于"理"的拓展。清代的伦理思想中,大多学者主张"理在欲中","理"是规范"欲"的德性、道义、天理等概念范畴,对其内涵有了更大的拓展。戴震说:"天下必无舍生养之道而得存者,凡事为皆有于欲,无欲则无为矣;有欲而后有为,有为而归于至当不可易之谓理;无欲无为又焉有理。"④陈确说:"圣人之心无异常人之心,常人之所欲亦即圣人之所欲也,圣人能不纵耳。饮食男女皆义理所从出,功名富贵即道德之攸归,而佛氏一切空之,故可曰无,奈何儒者而亦云耳哉! 确尝谓人心本无天理,天理正从人欲中见,人欲恰好处,即天理也。向无人欲,则亦并无天理

① (清)戴震:《孟子字义疏证》卷上,何文光整理,北京:中华书局,1982年,第8页。
② (清)郑珍:《郑珍集·文集》,王瑛点校,贵阳:贵州人民出版社,1994年,第92页。
③ 同上,第103页。
④ (清)戴震:《孟子字义疏证》卷下,何文光整理,北京:中华书局,1982年,第58页。

之可言矣。"①黄宗羲说："此志既立,便当居敬以涵养其本原,盖人心虚灵,天理具足,仁义礼智皆吾固有。"②即"仁义礼智信"是人为设定的道德准则,如果没有人,这些设定都是虚无,甚至"仁义礼智信"是为规范人情人欲而设的"理","礼义"规范人的"欲"和"情",如果没有人的情欲存在,那么"礼义"就无从谈起,也就无"理"可言。换言之,如果无人之"欲",就没有所谓人之"理"了。因此,从理论上说,"理在欲中""存欲求理"才是顺应人的自然本性,也才是"理、欲"的真实关系,而"存天理,灭人欲"或"灭欲存理"等则是违背人性本然的,忽略了人的基本需求。值得关注的是,王夫之从"人性"的角度对人类欲望的合理性给予充分的肯定,"心之所期为者,志也;念之所觊得者,意也。发乎其不自已者,情也;动焉而不自待者,欲也。意有公,欲有大。大欲通乎志,公意准乎情。但言意则私而已,但言欲则小而已。人即无以自贞,意封于私,欲限于小,厌然不敢自暴,犹有魄怍存焉"③。他对"大欲""公欲""私欲"进行了界定,对禁欲思想进行了强有力的反击。而郑珍将"意欲与导源"④结合在一起,强调"以理导欲",具有一定的积极意义。

（二）"存天地之理"与"存寒饿之欲"

基于对理欲关系的认识,郑珍认为"天理"和"人欲"既对立又

---

① （明末清初）陈确:《陈确集·别集卷五　瞽言四·无欲作圣辨》,北京:中华书局,1979年,第461页。

② （清）黄宗羲:《宋元学案·卷八十七》,《静清学案·阳王门人·教授史果斋先生蒙卿·果斋训语》,陈金生、梁运华点校,北京:中华书局,1986年,第2911页。

③ （明末清初）王夫之:《诗广传·卷一·邶风·九》,王孝鱼点校,北京:中华书局,1964年,第22页。

④ （清）郑珍:《巢经巢诗钞注释·前集》卷五《苦又一岁,赠邸亭》,龙先绪注,西安:三秦出版社,2002年,第190页。

统一,是矛盾的统一体,因此,郑珍认为既要"存天地之理",又要"存寒饿之欲"。宋明时期的理学家,尤其是朱熹把"天理"和"人欲"对立起来、把"天理"和"人欲"视为不可调和的对立关系,主张"存天理、灭人欲","天理"与"人欲"如同水火不相容。郑珍对此持批判的态度,认为其不尽"人性",皆人为之害,他说:"凡物皆有全量,使夭阏不尽其性者,皆人为害之也"①。在郑珍看来,"天理"和"人欲"是相互依存的,物之所以夭阏不能尽性,是因为人为之害。正如孙奇逢说:"古之圣人尽心、立命、知天,皆本于心,故但尽其心而已矣。"②尽心则可以尽性立命,甚至知天理性命。郑珍则说:"此周公准礼顺情以制经垂教之精义也。自世道衰,天理之公微,人心之私盛。"③"准礼"与"顺情"互为依存、相互统一,才符合天人之道,若把"理"从"欲"中分离出来,实际上就是违背了"理"或"礼",郑珍批判"君子临事,惟知有理,不知有身"④,认为"理"和"欲"是人类生存和发展过程中不可或缺的两个伦理维度,"天理"和"人欲"应辩证统一地来看待,缺一不可。

关于"存天理,灭人欲",郑珍批判"朱子之心亦私而隘哉"⑤,意为朱熹的"理欲"观念亦有狭隘的成分,因为"天理"寓于人欲之中,朱熹割裂了此二者的必然联系,这是对朱熹理欲关系的批判。郑珍说:"丈夫宁不然,谁能拔寒饿? 自抚事畜身,长愁贫鬼贺。

① (清)郑珍:《郑珍集·文集》,王瑛点校,贵阳:贵州人民出版社,1994 年,第 57 页。
② (明末清初)孙奇逢:《语录》,清畿辅丛书本,第 23 页。
③ (清)郑珍:《郑珍集·文集》,王瑛点校,贵阳:贵州人民出版社,1994 年,第 110 页。
④ 同上,第 139 页。
⑤ 同上,第 132 页。

安即脱婴状，岩栖振羸惰。"①此处，"拔寒饿"是人的基本物质生存需求，同时郑珍认为"婴儿状"是人性最原始的自然状态，能反映人性的本真，自拔于寒饿，脱去婴儿之状，实属不易。正如王弼说："言任自然之气，致至柔之和，能若婴儿之无所欲乎？则物全而性得矣。"②黄宗羲说："专气致柔如婴儿，清明在躬，志气如神，嗜欲将至，有开必先。"③他们皆认为道德规范植根于人性最本真的物质生活基础，而不是脱离人的现实生活而绝对存在。因此，所谓"天理"即道德准则和规范必须以人的基本需要为前提，且人的需要只有符合一定的道德准则和规范，才是正常的欲。否则，"天理"就会变成抑制人性的异端邪说，反而使人之欲更加膨胀。

郑珍对于"理"从未弃置，其认为"理欲"既相互对立，又相互统一，他说："朱子书：'脱去凡近，以游高明，勿为婴儿之态，而有大人之志；勿为终身之谋，而有天下之虑；勿求人知，而求天知；勿求同俗，而求同理'四十八字，石刻尚存"④。这是郑珍对朱熹关于"存天理，灭人欲"的一段记述，朱熹把"婴儿之状""终身之谋""求人知""求同俗"等视为应该脱去的"人欲"，而郑珍说："理苟存身不存可也，理苟不存身存何益？"⑤郑珍提出"安即脱婴状"，反对朱熹"脱去凡近，以游高明，勿为婴儿之态"，主张在"存人欲"的前提下求"天理""脱去凡近"，把"理、欲"关系看成是矛盾的统一

① （清）郑珍：《巢经巢集》，光绪二十年刊本，第 146 页。
② 陈鼓应：《老子注释及评介》，北京：中华书局，2003 年，第 101 页。
③ （清）黄宗羲：《明儒学案·卷二十五南中王门学案一·明经朱近斋先生得之·语录》，沈芝盈点校，北京：中华书局，2008 年，第 588 页。
④ （清）郑珍：《巢经巢诗钞注释·前集》卷一《元韵》，龙先绪注，西安：三秦出版社，2002 年，第 23 页。
⑤ （清）郑珍：《郑珍集·文集》，王瑛点校，贵阳：贵州人民出版社，1994 年，第 139 页。

体,同时他也提倡节制欲望,即"话不可说尽,福不可享尽"①。

郑珍进一步把传统的理欲观加以阐释,以辩证和发展的观点来看待天理和人欲的协调统一,认为天理和人欲都是动态的、发展的,随着人类社会文明的进步,天理和人欲也随之变化和发展。郑珍批判性地继承和发展朱熹的理欲观,以辩证的眼光看待"理欲"的和谐统一。他认为"理欲"应该是动态发展的关系,是随着人类社会发展和世道兴衰而相宜发展的,就其理欲观而言,郑珍认为人欲皆性,"欲"的范畴不是静止不变的,而是随着人的境遇和经历的变化而不断发展和变化的。理欲的变化发展是通过"世道兴衰"来体现,理与欲的发展变化反映时代发展的脉络,其变化的趋势和形态也因不同的时代条件而不同。只有符合天道天理规律的人欲,才是正常的欲,只有符合自然天道规律的欲,才合乎天理。因此,不同的世道有着不同的欲,今世之理欲非往世之理欲,往事不合理之理欲,或许由于某种特定条件的变化,亦可能会在来世成为合理之欲。郑珍说:"自世道衰,天理之公微,人心之私盛。"②郑珍的这种理欲观批判晚清人心私盛、世道衰落、天理式微。

总之,郑珍认为理欲关系是随着社会的发展而发展的,是社会发展到一定程度的产物,人们产生超越现实条件的人欲是不合天理的。"欲"与"理"是否兼容,取决于现实社会环境和需求,也取决于现实社会的道德行为规范。违背自然规律和脱离社会现

---

① (清)郑珍:《郑珍集·文集》,王瑛点校,贵阳:贵州人民出版社,1994年,第174页。
② 同上,第110页。

实的理欲关系是不合理的。因此,郑珍强调遵从自然天理,"是非独平日嗜好之泺,抑天性之真,境遇之厄,交迫而能然也"①,即认为人的善恶理欲是动态发展的关系,人欲皆性,理则无止,欲随着人生的境遇和时代的变迁,也不断地发展变化,但人欲如果不加以遏制,私心渐盛,而似草原牧马易放难收,正如"人之良心既放,非无平旦之好恶,旦书所为,又梏亡之,是以成其禽兽"②,因此,郑珍主张用"天理"规范"人欲",既复明天理,又顺应人性,相互统一,相互促进。

(三)"达则富贵若固有"与"穷亦名誉不去身"

"富"与"贵"的关系是气节观的重要内容,中国历代思想家在不同程度上均有所阐述。"富贵"关系的讨论源于春秋战国时期,例如,庄子认为富贵乃世俗之物,过分的追求会导致本性的泯灭,即"轩冕在身,非性命也,物之傥来,寄也。寄之,其来不可圉,其去不可止。故不为轩冕肆志,不为穷约趋俗,其乐彼与此同,故无忧而已矣! 今寄去则不乐"(《庄子·缮性》),荣华富贵等偶然来到的外物不是真体本性,此偶然之物,来时不能抵御,去时不能阻挡。"以富为是者,不能让禄;以显为是者,不能让名。亲权者,不能与人柄,操之则栗,舍之则悲,而一无所鉴,以窥其所不休者,是天之戮民也"(《庄子·天运》),对财富的过分奢求,其结果是为追名逐利而不惜手段,甚至违背天性、泯灭人性,所以孔子提倡"不义而富且贵,于我如浮云"(《论语·述而》)。西汉时期,董仲

---

① (清)郑珍:《郑珍集·文集》,王瑛点校,贵阳:贵州人民出版社,1994 年,第 95 页。
② (清)郑珍:《郑珍全集》(第一册),黄万机译,上海:上海古籍出版社,2012 年,第 39 页。

舒主张"以仁安人,以义正我"(《春秋繁露·仁义法》),以及司马迁倡导的"富民"思想等,推动了汉朝富贵文化的发展;魏晋时期的曹操、陶渊明等用自己的言行践行着富贵理念。虽然南北朝时期的士族阶层肆意掠夺、奢侈享受、等级森严,曾给富贵文化带来了严重的冲击和影响,但是在中国儒家文化发展过程中,富贵文化的主流是积极的。晚清提倡"经世致用",学人又重新审视了富贵理念的话语体系。

1. 达则富贵若固有

在儒家的富贵文化中,"富"指的是物质方面的充裕以及如何看待物质财富的问题;"贵"指的是对道德理念的崇高追求,即是儒家倡导的"仁、义、礼、智、信"等价值的理想信念。关于"富",孔子提出"足食"和"富而后教"等观点,即物质财富的充实是为了对人进行礼仪教化。关于"贵",有"仓廪实而知礼节,衣食足而知荣辱"(《管子·牧民》)之说。这里的"礼节""荣辱"即是儒家所谓"贵"的概念范畴,乃形而上之道,必须以"仓廪实"和"衣食足"等形下之具为基础和前提。如果要在"富"与"贵"之间作出选择,儒家大都主张"弃富求贵",而非"弃义取富"。孔子认为"富与贵,是人之所欲也,不以其道得之,不处也;贫与贱,是人之所恶也,不以其道得之,不去也"(《论语·里仁》),富贵当取之有道,无道则不取,如"饭疏食饮水,曲肱而枕之,乐亦在其中矣。不义而富且贵,于我如浮云"(《论语·述而》),孔子说安贫也能乐道,不义之富贵就如天上的浮云,"见利思义,见危授命,久要不忘平生之言,亦可以为成人矣"(《论语·宪问》),可见,孔子在"富"与"贵"之间选择"贵",在儒家看来,"富"的最终目的是实现"贵"。

那么，"官"和"贵"究竟"何为贵"？"官"即官职身份，是权力和地位的象征，它与"贵"既相互联系又互相区别。"官"和"贵"涉及矛盾的主次两个方面，儒家不赞同为官者舍贵求富，"贵"是道德理想的一种追求，强调个人修养的提高和对社会责任的担当，儒家强调"富而仁，官必贵"，即富以仁为贵，官以仁为贵，"故势为天子，未必贵也；穷为匹夫，未必贱也；贵贱之分，在行之恶美"（《庄子·盗跖》），即便身份尊如天子、卑如平民，亦不能用身份和地位作为区分"贵贱"的标准。儒家认为，"贵"主要体现在对"真善美"的养成和实践，即是说，经济地位与政治地位不能成为区别"贵贱"的标准，"贵"体现为"仁义通达""经世济民"等高尚情怀。所谓"达官贵人"，其前提和首要条件是"达"，而"官"只是实现"达"的一种手段，"官"只有追求"兼济天下"的目标才具备"贵"的特质。实际上，儒家主张利用"官位"去"为生民立命"，强调官员通达德性，以"兼济天下"为己任，"通达"与否成为判断一个人"贵贱"的重要标准。儒家知识分子在未入仕之前，他们把"独善其身"作为一种修养，在入仕之后以"兼济天下"作为为官之道。综上所述，儒家强调做"官"通达以为"贵"，并提倡"官而贵，官必贵"，即"义而富，富而仁，富必贵，官必贵"。换言之，富贵观的核心理念是"责"，"富贵"是一种引导和规范个人职责范畴的文化标志，是一种追求通达的人生境界。①

郑珍的富贵论亦蕴涵"通达"之意，其提出"达则富贵若固有"，是对儒家富贵理念的继承和发展，表现了对君子品格的肯

---

① 李承贵：《义利之间——中国传统伦理思想史中的义利关系及其当代审视》，《东华理工学院学报》（社会科学版）2004 年第 1 期。

定。在郑珍看来，"通达"对于富贵观念具有非常重要的指导意义，也是自己对"通达德性"，实现对儒家富贵理念的理想追求。郑珍出生贫穷家庭，而又遭遇时局动荡，磨难不断，面对这样的人生际遇，郑珍试图从儒家的思想中寻找解决现实问题的理论依据。他说："嗟乎！居遵官亲民，为谋百世利，思深哉！可谓君子儒矣。黔土瘠，黔民劳，劳无所获，遂颓废不自振。"①对于屈尊高位的官员，既能亲民仁爱，又能谋利百世，他认为这是能成就"君子儒"的重要条件，对于自己官途不顺，却也希望达官贵人能够为民谋利，他说："夫民骄子第，官慈父母也。骄乃惰，慈乃周，以周起惰，惰乃勉，皆可学而能也"②。郑珍认为人生的意义在于守贫处困中淬炼心性，通过"戒骄戒惰""勤勉好学"以成就德性，人生的困境只会增加丰富的阅历，使人对生命的体悟更为深刻。在郑珍看来，苦难成就人生，"家虽贫，非其人食之不可，九试于乡，不得志，而视世所津道取富贵者，未之异也"③，郑珍生活在内忧外患的晚清社会中，大部分时间面临朝不保夕的困境，但这些苦难没有让郑珍沉沦下去，反而激发了他成就自我、完善自我的意志。他认为人生的意义莫过于在守贫处困中体悟和升华，"而今英雄不读书，官贵都乘孔子车"④，人所固有的富贵精神价值其实就藏在书中、字中，处处留心，富贵无时不在，无物不在。正确看待贫困的处境正是君子求道的一个重要方面，郑珍赞同富贵有道，他

---

① （清）郑珍：《郑珍集·文集》，王瑛点校，贵阳：贵州人民出版社，1994 年，第 194 页。
② 同上。
③ 同上，第 80 页。
④ （清）郑珍：《巢经巢诗钞注释·前集》卷五《送方仲坚归金陵》，龙先绪注，西安：三秦出版社，2002 年，第 202 页。

对那些不体认天理,藏身无术却又潭潭俗子之人给予严厉的批判。在郑珍看来,真正尽心修道之人具备高尚道德情操,他们无所谓贫贱和富贵,但他们超越了贫贱和富贵,而大多数人还在物质追求和精神追求之间寻求价值的平衡点。他说:"大意谓人生百年内当留心于大者远者,孔、颜事业终身为之不尽,区区园池中景物,自然不及关怀。"①孔颜乐处在于求道,留心于大者远者,自然不会沉溺于"池中之物",不会在意外在的物质财富,相反,因为惰性和贪欲,才会以"池中景物"为乐,郑珍认为,相比于富贵名利,处于贫困中的人对于"天道天理"的认识更加深刻。

在宋明理学的义利观中,"富贵"常与"气节"相矛盾。但是郑珍不赞同这一观点,他认为人无论贫穷与富贵都可以养成崇高的气节,虽然他认为穷困潦倒之人可能会比富贵之人更加能够体悟天理道义,但这不代表富贵之人就不可以修道成德,他对富贵之人并没有进行人格的否定,体现了郑珍思想的进步性和包容性。郑珍说:

> 黄鲁直尝以此诗劝奖之功与孔子同归,正论也。陆唐老短之,谓退之切切然饵其幼子以富贵利达之美,若有戾于向之所得者非也。②

可见,一个人不管贫困或者富有,只要愿学,愿意在修道上下功夫,都可以养成德性、气节,这样,无论是物质条件富裕或者贫贱

---

① (清)郑珍:《郑珍集·文集》,王瑛点校,贵阳:贵州人民出版社,1994 年,第 115 页。
② 同上,第 120 页。

的人,都可以做到"放心",那些秉持"富贵为贤者不欲"理念的学者,是反人情的,很显然太过于局限。若富人不以富为目的和依赖,而是在贵中领悟人生,在贵中求道,则富贵其实也是一种道。相反,他批判了那些处于贫困之中而又安于现状,不求修道进取之人。郑珍说:

> 懒人只是志气大,他把全副富贵都打算到了,却算丁丁点点做将来济得甚事,故而都懒做。不知事事勤苦固未必能富贵,终要眼前过去得。①

郑珍将"勤劳致富"看作是一种修养工夫,在他看来,勤劳的过程实际上就是合理的"求利"过程,这应该是值得提倡的,他反对的是为求取功名利禄而不择手段,甚至将全部的精力都用于谋求贪念和物欲,这样就会让人在物化的世界里迷失本我。正确地处困,才是"达则富贵若固有"的精神实质,这带有一种安于现状的悲观成分,但郑珍认为对于学人来说,贫困、痛苦、门户偏见以及内心的恐惧忧虑都不是真正的痛苦,可通过不断地学习化解这些痛苦并获得真正的快乐。学习不以富贵为目的,"富贵包裹中物,所不知者学耳"②,学习是为了通达人生的至高境界,富贵名利不过是附属品和身外之物,人真正拥有的就是追求天理的平等权利,所以郑珍认为学者能不断完善自己才能为圣为贤,才是真正地探寻圣贤之道、富贵之道。

---

① (清)郑珍:《郑珍集·文集》,王瑛点校,贵阳:贵州人民出版社,1994年,第176页。
② 同上,第89页。

2. 穷亦名誉不去身

"气节"是中国儒家的重要价值理念,是中华民族理想人格的重要表现。中国文化发展的早期,"气节"的文化精神就一直渗透在文人志士的灵魂之中。孔子言"匹夫不可夺志",孟子曰"富贵不能淫,贫贱不能移,威武不能屈"(《孟子·滕文公下》),孟子把君子的气节和人格塑造得更加具体,其思想对中国历代文人产生了巨大的影响。郑珍在"匹夫不可夺志"的精神激励下,矢志不渝,坚持自己的志向毫不动摇,人虽穷困但未夺其志。郑珍"读书通古今、行身戒不义"的基本认知方法,就是对"气节"文化的一种传承,因此,郑珍较为关注古圣贤忧国忧民的民族气节。

道咸时期,家国动荡,郑珍内心世界充满了对社会时局的无奈,于贫困乱世之中批判黑暗的现实,是乱世文人救世情怀的典型写照,"现今犰兽颇乱信,斩绝种类须良臣"[1],对于积极救世的历史英雄人物,郑珍不惜表达对他们的尊重和缅怀之情。郑珍虽身处西南边陲,却心系家国安危,秉持"先天下之忧而忧,后天下之乐而乐"的积极心态济世。郑珍以文人的敏锐嗅觉体察社会现实,他说:"自去年扰秽海疆,至今大半年,积半天下兵力犹未尽荡涤。是何由致之然哉"[2]。郑珍对人民和国家的深厚感情体现在对统治者不能改善民生、挽救国家于危局的担忧。而郑珍对忧国忧民、拯救黎民于水火的仁人志士抱有由衷的敬意,他说:"谁似先生少,成仁鼎沸时。磔身无李芾,裹葬有句卑。穹昊心难转,英

---

① 王之榜:《赞"贫贱不能移"》,《道德与文明》1991 年第 3 期。
② (清)郑珍:《郑珍集·文集》,王瑛点校,贵阳:贵州人民出版社,1994 年,第 72 页。

雄泪暗垂。即今瞻墓道,松柏尚含悲"①。缅怀春秋时期的沈尹戍、宋代的李苊、明朝的蔡道宪等为民族大义守节而殉难的义士,"因君一渭暗神伤,五岳何须有外臣"②,表达了对忠勇之士的无比敬意,面对这样一个特殊的时代环境,郑珍认为更应注重名孝节义,更需要奉献国难的忠勇之士。

郑珍继承前人,从行动上追思先贤的崇高气节。因此,他不仅赞美那些在危难时刻挺身而出并为气节献身的英雄人物,而且赞美那些忠君爱民的志士仁人。郑珍说:"墓禽知敬久无音,樵采含凄远不侵。气共微、箕存祖社,魂伤姬、孔表冈林。千秋死谏无公酷,半日句留望古深。垄畔请携卷石去,桉间时见昔年心。"③比干墓的寂静和樵夫的远不侵,衬托出郑珍对比干的尊敬,而徘徊在墓前,则表达了郑珍对比干精神的留恋不舍。郑珍《比干墓下作》将比干与周公的结局作了鲜明的对比,即比干与周公"同圣不同福,千载有余痛",这个对比说明了不同时代的英雄际遇:二者同为辅佐君王的股肱之臣,成王败寇皆因忠言进谏,即同样是"忠谏",而面对不同的君王却给两个人带来了不同的命运。这两首诗表达了郑珍对英明君王的期望,同时也表达了对周公、比干忠贞气节的推崇。

郑珍历经地方叛乱带来的身心伤害,"黔贼如乱流,愈治愈无归"④,

---

① (清)郑珍:《巢经巢诗钞注释·前集》卷一《醴陵坡谒蔡忠烈公道宪墓》,龙先绪注,西安:三秦出版社,2002 年,第 23 页。

② (清)郑珍:《巢经巢诗钞注释·前集》卷六《五岳游侣歌,送陈焕岩体元归南海》,龙先绪注,西安:三秦出版社,2002 年,第 234 页。

③ (清)郑珍:《巢经巢诗钞注释·前集》卷三《谒比干墓》,龙先绪注,西安:三秦出版社,2002 年,第 102 页。

④ (清)郑珍:《巢经巢诗钞注释·前集》卷六《读元遗山〈学东坡移居诗〉八首感次其韵》,龙先绪注,西安:三秦出版社,2002 年,第 661 页。

起义军四处劫财,动乱不断,民众苦不堪言,而官府却无所作为。郑珍清醒地意识到"我里苦湄贼,湄贼实由饥。舍田食人田,可恶亦可悲"①,贼寇劫财为祸亦是生活所迫,国家积贫积弱是导致官逼民反的社会根源,而统治阶层又少有高洁之士,故希望能遇明君贤臣治理乱世。因此,他不仅从感性的角度寄托圣贤明君,也揭露叛臣贼子为祸地方之实,从正反两个方面来表达对和平安定环境的渴望。《过海龙囤》以图谋起义的贵州土司杨应龙为背景,记载了播州杨氏家族叛乱的史实,郑珍说:"囤上风云绕夜郎,异时龙凤此荒唐。王师八道从天降,镇服千年扫地亡。蒙业若教思粲、价,世州何遽后岑、黄?匆匆立马空留望,断涧荒厓尽夕阳"②。杨应龙乃世袭贵州土司第二十九位首领,其先祖屡次征伐,战功卓越,而世袭分封,杨应龙却好大喜功,败坏祖德,在古邦州地区密谋割据四川(当时古邦州隶属四川)。朝廷出兵镇压叛乱,杨应龙兵败,与杨家有关的两万余人被抄斩,自此,持续了700余年的地方政权覆灭,杨应龙身败名裂,名誉扫地。"镇服千年扫地亡",既表达了平叛的喜悦,同时也流露出对杨应龙缺乏仁义,导致杨氏家族数百年基业崩塌的惋惜。

　　在郑珍的文献中,直接记录有关皇帝的言论仅有《读〈始皇本纪〉》。秦始皇的暴政导致了各阶级的不满,郑珍对秦始皇被刺无果而感到惋惜,他说:"兰池盗空窦,投筑身转诛。荆卿好匕首,引揩偏绝裾。惜哉博浪椎,又误伤副车。匪独人力穷,神

---

① (清)郑珍:《巢经巢诗钞注释·前集》卷六《读元遗山〈学东坡移居诗〉八首感次其韵》,龙先绪注,西安:三秦出版社,2002年,第661页。
② (清)郑珍:《巢经巢诗钞注释·前集》卷二《过海龙囤》,龙先绪注,西安:三秦出版社,2002年,第83页。

亦难铲除"①。郑珍支持铲除暴君,奈何"此中有天意,掩卷徒长吁",从这首诗中,我们可以看到郑珍希望"忠臣"服务的对象指向明君,对于暴君则不必愚忠,甚至可以铲除之。因为这样的统治者会给人民带来深重灾难,而这也是社会动荡的主要原因。

由此可见,作为乡间平民,郑珍渴望安定富足的生活,甚至对贤能之人的渴望,对救世英雄和治世贤臣的期盼。郑珍将人生的艰难困苦当作人生的一种磨炼,将忠义作为气节考量的一种标准。总而言之,郑珍追求的是忠孝节义的崇高理想,其对志士仁人的由衷赞美,可以看出郑珍作为一个平民学者对安贫乐道的由衷渴望。同时寄希望贤能救世和明君治世,特别是对前人高洁义士的推崇,或有反对当前统治的思想倾向,但在当时报国无门的绝望中,对贤才治世的憧憬无不是一种无奈的精神寄托。

第二节 生死观

"杀身成仁"与"舍生取义"是儒家奉行的重要道德准则,也是中国传统文化中最宝贵的精神财富之一。郑珍认为舍此别无"自全之道",通过不断追求"仁"的精神价值,安贫乐道,淡泊明志以求"自全之道";郑珍追求顺应自然、天人合一的理想境界,其对于生命的态度是"生顺没宁"与"死得其所";基于"天道无定"的立场,郑珍意识到"天道有难识",但"此心终不移",且始终以积极的心态面对人生之苦。郑珍继承了儒家传统的生死观,对生命的

---

① (清)郑珍:《巢经巢诗钞注释・前集》卷一《读〈始皇本纪〉》,龙先绪注,西安:三秦出版社,2002年,第5页。

价值和人生的意义有着一定的见解。

（一）"杀身成仁"与"自全之道"

郑珍一生历经太多的磨难，对人生有深刻的体悟，且始终保持着积极乐观的心态。对生命的尊重、对死亡的敬畏与豁达，是对儒家生命观的继承，有其独特性。对于人类社会而言，生即是孕育，创生，是拥有，死即是失去，消融，是离别；生是成长，是光明，死是灭亡，是黑暗；生是生气蓬勃，是幸福，死是死气沉沉，是悲痛。①人类在情感上无不好生而恶死，儒家的生死观起源于孔子，其关注生命价值的现实问题，是将生命的价值放在现实环境中来进行审视的，重点在格物致知、尽心知性、知天知命、修德行善等方面。

孔子认为人生的价值和意义在于求"道"，为求"道"，可付出生命的代价，即"朝闻道，夕死可矣"（《论语·里仁》）。如何看待人的生命与求道成仁之间的关系，是衡量一个人道德境界高低的重要标准。正所谓"志士仁人，无求生以害仁，有杀身以成仁"（《论语·卫灵公》），在孔子看来，仁义才是至高无上的道德境界，它值得我们付出生命的代价去追求。郑珍的一生始终是为追求"仁"的境界而孜孜不倦地奋斗着，他说："即周公、孔子为之计，亦惟曰：'无求生以害仁，有杀身以成仁'而已矣，舍此别无自全之道也"②。认为仁道大于生命的价值，这就是郑珍看待生死问题的基本立场，"舍此别无自全之道"，即遵循仁义，小则可以齐

---

① 李承贵：《从"生"到"生生"——儒家"生生"之学的雏形》，《周易研究》2020 年第 3 期。
② （清）郑珍：《郑珍集·文集》，王瑛点校，贵阳：贵州人民出版社，1994 年，第 91 页。

家,大则可以治国平天下,故而仁义是修养道德的本质所在,也是人生命价值的重要体现。

郑珍见证了很多亲人好友的生离死别,如黎恂、程恩泽、莫与俦等,这些学识渊博、为人和善、忠肝义胆、节操坚定、才智卓越的亲朋好友曾经给他带来学术和生活上的指导与帮助。他们以各种方式绽放出不同的思想光辉,给郑珍留下了许多美好而又深刻的记忆,从而使得他对儒家倡导的"杀身成仁,舍生取义"的理念有了更加深刻的体悟,他对这些逝去的亲朋师友充满怀念和敬意。在生与死的选择中,郑珍对生存出现过短暂的焦虑,但郑珍通过对"仁义"的追求来进行化解,如其不会为"五斗米折腰",在生命和仁义之间选择后者,支撑起了整个社会的道德底线。①

如何在这变乱莫测的世界中保全自己,即郑珍的"自全之道"。郑珍亲身经历了许多战乱、疾病、贫困,见证了无数的生离死别,对生死问题有着不同寻常的思考和审视,他的这种审视与思考彰显出对生命强烈而深刻的矛盾意识——主要表现为对生命短暂的焦虑与化解。人生之平等莫过于每个人都要面临生命的终结,无论贤愚贵贱都将归于尘土。长久以来,这种命定的结局,使人类产生了强烈的悲剧意识,人们试图追求长生不老,于是滋生出炼金术、炼丹术等。如秦始皇派徐福东渡求仙,魏晋文人服用丹药等,皆表现了人类对生命短暂的焦虑。这种焦虑情绪经过历代文人的渲染,已固化为一种独特的文化基因,深入到人们

---

① 李承贵:《"知人论世":作为一种解释学命题的考察》,《齐鲁学刊》2013年第1期。

的内心。在乱世中颠沛的郑珍则感悟至深,郑珍曾写下"暗数年华计才德,一分不到欲如何"①的诗句,以此感叹年华易老,而功德未成,"愁苦又一岁,何时开我怀。欲死不得死,欲生无一佳"②,隐藏着深深的焦虑感,而这种焦虑感会随着年龄的增长而愈发强烈,他说:"汉水东南流,奔浪日夜急。横舟感今日,吾年俟三十"③。此诗中的"流、奔、急、俟"四字,形象地描述了光阴的转瞬即逝,体现了人们在面对自然流逝的时光所表现出的无力感,紧张与焦虑。但对郑珍来说,这种焦虑是短暂的,其消解的方式之一便是饮酒。郑珍说:

> 咫尺人天不相营,何况世外求神仙。蓬莱瀛洲果何处,秦皇乃葬骊山边。固知仙骨有时朽,惟尔飞光最长久。西升东没无穷期,白兔捣药延尔寿。如何醒眼看世人,不伴玉皇饮天酒。宋无忌,娥影珠,一日奔驰四万里。何如花间倾玉壶,壶空醉矣还歌呼!④

这是郑珍一段关于秦始皇求仙无果、死后埋葬在骊山的描述,意在表达自己化解"死亡"忧虑的方式。"固知仙骨有时朽,惟尔飞

---

① (清)郑珍:《巢经巢诗钞注释·前集》卷一《永州廿三初度》,龙先绪注,西安:三秦出版社,2002年,第11页。

② (清)郑珍:《巢经巢诗钞注释·前集》卷五《愁苦又一岁,赠邵亭》,龙先绪注,西安:三秦出版社,2002年,第188页。

③ (清)郑珍:《巢经巢诗钞注释·前集》卷三《三月初十沙洋》,龙先绪注,西安:三秦出版社,2002年,第104页。

④ (清)郑珍:《巢经巢诗钞注释·前集》卷一《月下醉歌》,龙先绪注,西安:三秦出版社,2002年,第40页。

光最长久"，郑珍认为世上根本没有长生不老之术，唯有与"与天地合其德，与日月合其明"才是永恒的不朽。在宇宙时空的长河中，人是多么的脆弱与渺小，"如何醒眼看世人，不伴玉皇饮天酒"，顿时的释然与洒脱，进而通过饮酒赋歌的方式来表达畅快之情，以此来化解心中暂时的焦虑。

当然，饮酒只是郑珍缓解焦虑的一种方式，积极的应对之道在于回归"仁义"的精神价值。郑珍说："人生天地间，一尘集大隗。贤愚同尽耳，精气有不改。倘能挟日月，正不问饱馁。勉哉各努力，出处期莫殆。"①生命之体终将烟消云散，但圣贤在之精神和智慧将永存于天地之间，所以，唯有不改精气，"想见仁人心，何尝知有死"②，坚持不懈地去追求"仁"，方能与日月合其德，传扬百世。郑珍用"勉哉各努力"来鞭策自己，也勉励亲朋好友，表现出积极乐观的生命态度。郑珍说："细念人生殊可怜，顷刻儿童谧为叟。生前百苦不稍放，死去即应骨速朽。何取千秋万岁后，一句两句在人口。"③郑珍不断追求"仁"的精神价值。

郑珍的人生价值亦在追求儒家"三不朽"，其对"立功""立言"皆有所贡献，"三不朽"把立德放在第一位，立功放在第二位，立言放在第三位。立德为圣，常人难以企及，因此，立功成为士人

① （清）郑珍：《巢经巢诗钞注释·前集》卷五《得子佩讯及诗》，龙先绪注，西安：三秦出版社，2002 年，第 187 页。

② （清）郑珍：《巢经巢诗钞注释·前集》卷二《检外祖黎静圃安理府君文稿感成》，龙先绪注，西安：三秦出版社，2002 年，第 187 页。

③ （清）郑珍：《巢经巢诗钞注释·前集》卷七《书柏容存稿》，龙先绪注，西安：三秦出版社，2002 年，第 264 页。

学者们的价值追求,郑珍遵此而行,尽管他自嘲"少小不读律,自阙经世务"①,事功甚微,但是他十分关注民生和社会经济问题,受到晚清整个社会经世致用的社会思潮的影响,郑珍对圣贤事功和贤君治世充满期待。他说:"尽职诚劳,然以仁待臣民,则朝廷自治,以静镇邦国,则兵革自销,只勿惮吐握之勤,举贤自辅,各任其职,已总其成,而阴阳燮理,风雨调和矣。"②郑珍虽仕途不济,但是他把明君任命能官贤相看作是一个国家政治清明的重要因素,对于明君的仁义待民之道也是他所倡导的政治主张。唯能尊贤,贤者在位,能者在职,即只有行仁义之道,才能尽人之道,亲亲与尊贤,才是最大的仁与义。

晚清需经过科举考试获得功名方可进入仕途,得到官方认可的建功立业才算名正言顺。虽然郑珍天赋异禀,但他的科举之路并不平坦,屡试不第,在一定程度上磨灭了他的建功立业之志。此外,郑珍性格孤傲寡淡,不善交涉,曾被当作"厌物",不喜攀附权贵。但事亲最孝顺,父母在,不忍远离,加上郑珍体弱多病,入京应试险象环生。这些因素极大地减少了郑珍对仕宦的欲望,官场的种种黑暗亦成为他逾越不了的最后关口,因而"厌薄仕进,惟从政于门内甚谨"③,最后潜心治学,郑珍安身立命之本乃是耕读传家,意在治学以立言。

循此理念,郑珍勤耕苦读,安贫乐道,面对屋漏仍能乐观应对,"尘桉垢浊谢人洗,米釜羹汤行自添"④,在饥寒窘迫之时还能

① (清)郑珍:《巢经巢诗钞注释·前集》卷七《子午山诗七首》,龙先绪注,西安:三秦出版社,2002年,第268页。
② (清)郑珍:《郑珍集·文集》,王瑛点校,贵阳:贵州人民出版社,1994年,第124页。
③ 白敦仁:《巢经巢诗钞笺注》,成都:巴蜀书社,1996年,第1473页。
④ (清)郑珍:《巢经巢诗钞注释·前集》卷二《屋漏诗》,龙先绪注,西安:三秦出版社,2002年,第53页。

流露出"仰天一大笑,能盗今亦迟"的乐观心态,表现出"或有大螺降,虚瓮时时窥"①的从容与恬淡。在无米之炊中仍能以"撑肠不易饥,朝食晚可到"②的心态来化解,郑珍以安贫乐道的豁达情怀完成对苦难的化解。

郑珍注重精神的享受,追求内心世界的"清净"。人只有通过保持内心的纯净来感受外部世界,才能享受悠然自得;以一颗清澈的心感知客观世界,才能真正享受审美的情趣。在郑珍关于明月的寄情诗中,可以感受到其内心的平静。郑珍说:

> 银河转碧星渐稀,庭中露上清气肥。明月迟迟渐下树,凉风袅袅还吹衣。提壶对此独自劝,伴座无语三红薇。学舍如舟地如水,菱荇荡漾相因依。忽惊深夜落何处,美人散尽吾何归。仰看天宇净尘翳,俯念人间多是非。心魂月魄两明妙,窅窅人天俱入机。六根长愿止如此,酙月一杯无我违。③

空旷的星系、清香的庭露、迟迟的明月、袅袅的凉风衬托出夜晚的静谧。反映了郑珍"愿将今生付明月,心魂月魄两明妙"的豁达心境。出于对静心的追求,郑珍寄情山水,惬意道:"看山自有真,心

---

① (清)郑珍:《巢经巢诗钞注释·前集》卷二《瓮尽》,龙先绪注,西安:三秦出版社,2002年,第59页。

② (清)郑珍:《巢经巢诗钞注释·前集》卷二《饭麦》,龙先绪注,西安:三秦出版社,2002年,第62页。

③ (清)郑珍:《巢经巢诗钞注释·前集》卷七《中秋后夕,独酌紫薇下》,龙先绪注,西安:三秦出版社,2002年,第300页。

会不在远。强欲索根源,纵得亦已浅。我观我生犹未知,且可山水相娱嬉。何缘无事自取闹,笑看岩间红杏枝"①。郑珍对清静的追求,诗化了他贫苦的生存环境,营造出一幅充满审美情趣的生活图景。"生前百苦不稍放,死去即应骨速朽。何取千秋万岁后,一句两句在人口。我今久懒事吟咏,心偶有会苦出手"②,正是这种审美情趣,驱散了生命短暂带来的焦虑,以生活的审美情趣来化解现实的困难与烦恼,以一种积极的状态静心养性,"立功立言",并努力将生命的长度转化为深度和宽度,可为不朽。郑珍说:"呜呼!某幼受仲舅之抚教,不能为巨人硕儒有言即取重于世,粗次崖略,付庶焘,尚其存之家乘,思公之志继述之。他日有立言者,意将乐取乎此也。"③郑珍视道德、仁义、气节为不朽,认为具备此三者,并能付诸实践,可法乎万世。若不知道进取反思己过,人的生命长短与草木荣枯无异。郑珍反对佛教倡导的生死轮回、逆来顺受、安于现状之说,他说:"顾世之信佛者,十而九皆浃肌沦髓于口耳之佛,徒为祸福死生所震吓耳,究于彼氏之粗浅未闻也,又乌识其与吾判几希者乎?是故傅、韩诸子辟佛之文,能使仇佛者心益坚气益壮,信佛者口虽强而其色必赧赧然"④。郑珍批判信佛者宣扬的生死轮回、涅槃重生。在其看来,"十信佛者口虽强而其色赧赧然而已",是故"傅、韩诸子辟佛之文,能使仇佛

---

① (清)郑珍:《巢经巢诗钞注释·后集》卷四《携儿子游上下天门过生日》,龙先绪注,西安:三秦出版社,2002年,第570页。
② (清)郑珍:《巢经巢诗钞注释·前集》卷七《书柏容存稿》,龙先绪注,西安:三秦出版社,2002年,第264页。
③ (清)郑珍:《郑珍集·文集》,王瑛点校,贵阳:贵州人民出版社,1994年,第155页。
④ 同上,第75页。

者心益坚气益壮",而儒家认为,生命的长短不是最重要的,人的本质在于成就德性,而非佛家"徒为祸福死生所震吓耳"。

（二）"生顺没宁"与"死得其所"

郑珍的生死观包含着顺应自然、天人合一的思想境界,其对于生命的态度,体现了儒家对待生命的基本立场:养生、护生、尊生。①看待生老病死,顺应自然之生生循环,体现了一种"生顺没宁"的乐观态度。对生死的理解成为一个人学识和修养的重要标志。对于绝大多数没有宗教信仰的中国人来说,最痛苦的事情就是面对死亡问题。但自孔子以来,许多学者的解决之法"顺天承运",即依靠上天的恩赐,活在当下,顺势而为,立功立言,修身立德,以至"仰不愧于天,俯不怍于地",若能如此,即便死亡来临,亦可如张载般从容洒脱,"存,吾顺事;没,吾宁也",抑或如王阳明般淡泊明镜,"此心光明,亦复何言"。张载"存顺没宁"思想对后世影响深远,且被许多儒家学者认可。郑珍说:"孺人辄善承老人指,即一饮盥必柔色亲进之,数十年无少衰者,至养其舅寿九十一,无疾而终。呜呼! 勤矣! 其舅之将殁也,呼孺人前,祝之曰:'妇能守志,成我孙,不绝我子后,又善事我。今死矣,无以报汝,天佑善人,使妇如我寿'。"②活着的时候勤勉从善,守志坚成,善始善终,德行将庇佑子孙后代。"丈夫无福亦随命,谁暇回头顾破甄"③,

---

① 李承贵:《生生:儒家思想的内在维度》,《学术研究》2012 年第 5 期。
② （清）郑珍:《郑珍集·文集》,王瑛点校,贵阳:贵州人民出版社,1994 年,第 143 页。
③ 破甄:毫无用处的东西。《后汉书·郭泰传》云:"孟敏,字叔远,荷甑坠地,不顾而去。林宗见而问其意,对曰:'破矣,视之何益?'"(参见郑珍:《巢经巢诗钞注释·前集》卷五《送方仲坚归金陵》,龙先绪注,西安:三秦出版社,2002 年,第 202 页。)

因此,郑珍将生死问题转移到普通人关注的现实面向,即活在当下、积德行善,使平常老百姓对生死的看法找到了现实的依托,体现了儒家顺其自然的基本观点和立场,这在当时是一种进步。

郑珍《和渊明饮酒二十首》蕴涵其对"生顺没宁"的思考,他说:"种豆不得豆,蒿藜满秋山。生无一日乐,便死何足言。千驷葬何人,真可活百年。堂堂亦有此,明日当谁传"①。活着的时候无喜无乐,死的时候何足言哉,当看淡了生死。富贵如齐景公有驷马千匹,死的时候,老百姓也没称赞他;伯夷、叔齐饿死在首阳山下,老百姓到今天仍然称赞他们的德行。如"诚不以富,亦祗以异"(《诗经·小雅》),郑珍说:"凤兮,凤兮,尔德终不衰,吾歌正不为尔一石悲横来"②,就是说,使人流芳百世的不是外在的财富和地位,而是内在的品德修行。

郑珍赞扬伯夷、叔齐高贵的气节,"使气路旁粥,何损黔敖情。夷齐止如此,饿死仍无名。人死非一途,人生不更生"③。又说:"齐大饥,黔敖为食于路,以待饥者而食之。有饥者,蒙袂、辑屦,贸然而来。黔敖左奉食,右执饮,曰:'嗟,来食!'扬其目而视之,曰:'予唯不食嗟来之食,以至于斯也!'从而谢焉,终不食而死。"④不食嗟来之食而死的人赢得了后世的赞扬,被视为崇高人格

---

① "千驷"出自《论语·季氏》:"齐景公有马千驷,死之日,民无德而称焉。伯夷、叔齐饿于首阳之下,民到于今称之。其斯之谓与。"(参见郑珍:《巢经巢诗钞注释·前集》卷六《和渊明〈饮酒〉二十首》,龙先绪注,西安:三秦出版社,2002 年,第 225 页。)
② (清)郑珍:《巢经巢诗钞注释·前集》卷四《文待诏"凤兮砚"歌》,龙先绪注,西安:三秦出版社,2002 年,第 146 页。
③ (清)郑珍:《巢经巢诗钞注释·前集》卷六《和渊明〈饮酒〉二十首》,龙先绪注,西安:三秦出版社,2002 年,第 225 页。
④ 王文锦:《礼记译解》,北京:中华书局,2001 年,第 150 页。

的典范。因此,食与不食"嗟来之食"成为后人评判气节崇高与否的
重要指标,对此,郑珍赞同曾子的观点,"微与! 其嗟也可去,其谢也
可食"①,不食嗟来之食者可敬,而黔敖道歉又不食者可悲,认为其死
不得名目,死不得其所,且过于固执。伯夷叔齐不食周粟而死,是对
"大仁大义""追求本心"高尚节气的坚守,因此受到称颂,千古留名。
而一个遇到饥荒的普通路人,无名利地位,却愚守自尊自卑而死。这
在郑珍看来,选择没有名目的死亡方式不值得提倡,因而要死得其
所。正所谓留得青山,细水长流,生存意味着更多的生机。郑珍说:
"人谁不死? 往所以止汝者,恐不得其所也。以此并命,何恨之有
哉。"②认为人当死得其所,又说:"其生也,恩爱绝常,其死也,哀痛
至极。圣人以送死当有己,复生当有节,一期则天地之中莫不更始
也"③。郑珍提出要做"天地之中莫不更始之人",体现了郑珍的担
当,希望能像圣人一样"送死当有己,复生当有节",回归本我,复位
本心。这既是他对自己的鞭策,也是对周围学人子弟的期盼,每一
个学者都应该尽力去追求生命的价值,方无愧于天地。

　　但作为平民,如果在乱世中丧生,谁能为其作传? 郑珍认为
要"死得其所",同时也透露出对"枉死"的忧虑和不安。郑珍的思
想是儒家权变思想的重要体现,基于对权宜和变通的重视,他说:
"生著人路上,谁能出其道。展转无奈何,可怜佛与老。百方会想
尽,一朝亦僵槁。枉死究何益,顺生岂不好"④。郑珍在"枉死"与

---

① 王文锦:《礼记译解》,北京:中华书局,2001 年,第 150 页。
② (清)郑珍:《郑珍全集》(第一册),黄万机译,上海:上海古籍出版社,2012 年,第 548 页。
③ 同上,第 105 页。
④ (清)郑珍:《巢经巢诗钞注释·前集》卷六《和渊明〈饮酒〉二十首》,龙先绪注,西安:三秦
　　出版社,2002 年,第 229 页。

"顺生"之间选择后者,体现了对生命价值的肯定与珍惜。即郑珍主张"死不枉死",兵荒马乱之际,郑珍一家亦经常面临无米下锅的窘迫境地,郭绍虞《中国文学批评史》曰:"当时海禁已开,国家多故,具有敏锐感的文人更觉得前途暗淡不安,于是言愁欲愁,其表现力量,也就更能深刻而真挚。黔中诗人莫友芝与郑珍,尤足为代表"①。郑珍在这样的境遇中,"宁抱空谷朽,不为灾鬼戕。吾生乃不如,坐令灰缲纩。事前不及料,事后徒惋伤"②,郑珍对上天赐予的生命格外珍惜,"宁抱空谷朽",即安贫乐道,任尔东西南北风,不为天灾人祸所戕害。郑珍不赞同"枉死",还得益于他随遇而安、心平气和、乐天知命的心态,他说:"男儿生世间,穷达有命不自由。黄金便使高北斗,能衣晏子几狐裘?拂尘下马卸马鞍,举杯自劝歌路难"③。认为穷达由命不由己,经历了病痛几乎命悬一线,尔后又逢凶化吉,使他保持乐天知命的顺命心态。郑珍说:"忆我除日归,绝粒已半月。居然不许死,天意岂无说。持杯劝口饮,汝穷命真铁。"④半月绝粒之人居然不死,这无疑是天意,因此更要顺天而活。"饥饱有定分,违即攘其凿。逝结无情游,行歌老带索"⑤,既然每个人的富贵贫贱都是命中注定的,因此,郑珍效仿春秋时期的荣启期"行歌带索",过着一种知足、顺命

① (清)郑珍:《巢经巢诗钞注释·历代名家论郑珍诗摘编》,龙先绪注,西安:三秦出版社,2002年,第5页。
② (清)郑珍:《巢经巢诗钞注释·后集》卷六《埋书》,龙先绪注,西安:三秦出版社,2002年,第651页。
③ (清)郑珍:《巢经巢诗钞注释·前集》卷三《伤歌行二首,襄城除日作》,龙先绪注,西安:三秦出版社,2002年,第98页。
④ (清)郑珍:《巢经巢诗钞注释·后集》卷四《书寄刘仙石观察》,龙先绪注,西安:三秦出版社,2002年,第532页。
⑤ 同上,第533页。

的生活。

郑珍相信天命,安时处顺,因此不希望预知命运,厌恶算命之事,他说:"有客挟秘籍,云是《珞琭经》。指示愧茫昧,听久睡欲成。前知究何益,既定岂得更? 客言识坎险,可以不出庭。妙术诚可羡,风雨怀鸡鸣。请自用我法,谢君相爱情"①。《珞琭经》是一部根据人的生辰运势来推测吉凶祸福的命理之作,有访客欲根据此书来预测郑珍的命运,但好意被婉拒了,郑珍表达了命定不能更改的无奈,体现其对个体的尊重和强烈的顺生意识,表达了对预测命运的强烈反对。郑珍说:

> 藐藐生之初,五福受已赅。奈何使髡残,评辱吾官骸。百年岂不识,先觉先我开。生尽天所命,死为地所埋。奈何要前知,即知何用哉? 抑且寿与折,非以年算裁。眵目何曾炯? 颜发何曾衰? 奈何不自信,耄及良可哀! 人老多忧惧,祸福为之媒。即此已足见,奈何返自崖。②

这是郑珍对"生顺没宁""死得其所"作了进一步阐释,除此之外,郑珍认为一个人的福禄寿折不是由生命的长度来决定,而是由生命的厚度决定的,比如长命如盗跖却遗臭万年,早逝如颜回则流芳百世。因此,郑珍劝诫人们不必忧惧生命长短,"以兹朽方寸,

---

① （清）郑珍:《巢经巢诗钞注释・前集》卷六《和渊明〈饮酒〉二十首》,龙先绪注,西安:三秦出版社,2002 年,第 230 页。
② （清）郑珍:《巢经巢诗钞注释・后集》卷五《自讼》,龙先绪注,西安:三秦出版社,2002年,第 598 页。

谋生到姜、蔗"①,顺应天意即可。

　　郑珍"生顺没宁"与"死不枉死"生命立场,并不意味着他意志消沉、苟延残喘、随波逐流。与之相反,郑珍积极应对人生的各种不幸与灾难,即使受到生命的威胁也亦然坚守人格,潜心修身,不违初心。他说:"故知终日间,违己即生患。老氏云无身,此语或未然。"②这与陶渊明"违己交病"何其相似,"闭门藏耻未可罪,违己献笑真难吾"③,即宁可闭门藏耻,也不愿意"平生耻作违心事,婴命区区系彼苍"④,因此郑珍暗下誓言,"我宁饥饿不出门,若负此心有如水"⑤,宁忍饥挨饿也不愿出仕,不与世间万恶同流合污。心性纯朴、耿直高洁的郑珍不屑污浊之事,"眼前事事看不得,久欲买山长闭门。而今卿相不揖客,颜回饿死沟中掷。而今英雄不读书,官贵都乘孔子车。丈夫无福亦随命,谁暇回头顾破甑"⑥,这是对世道衰微的无奈,郑珍说:"哀哀入笼鸟,一生逐四隅。人为万物灵,亦复无出涂。谁尔牛马哉?自供名利驱。可怜客中死,丝毫无复余。安宅岂不广,

---

① 朽:衰老;方寸:指心,脑海;姜、蔗:生姜、甘蔗。体现郑珍的安贫乐道。如韦应物《送唐明府赴潭水》"鱼盐滨海利,姜蔗傍湖田"的豁达境界。[参见(清)郑珍:《巢经巢诗钞注释·前集》卷六《与樾峰平公四首》,龙先绪注,西安:三秦出版社,2002年,第240页。]

② (清)郑珍:《巢经巢诗钞注释·前集》卷五《病夜听雨不寐,示诸生四首》,龙先绪注,西安:三秦出版社,2002年,第195页。

③ (清)郑珍:《巢经巢诗钞注释·前集》卷七《寓宅牡丹盛开》,龙先绪注,西安:三秦出版社,2002年,第283页。

④ (清)郑珍:《巢经巢诗钞注释·后集》卷一《莫九莑自郡至山中,始知邸亭数月在围城,寄之五首》,龙先绪注,西安:三秦出版社,2002年,第427页。

⑤ (清)郑珍:《巢经巢诗钞注释·前集》卷三《送黎子元舅,自平夷归里》,龙先绪注,西安:三秦出版社,2002年,第126页。

⑥ (清)郑珍:《巢经巢诗钞注释·前集》卷五《送方仲坚归金陵》,龙先绪注,西安:三秦出版社,2002年,第202页。

直负百年居"①。认为人作为万物之灵却被各种无形的枷锁牢牢地控制着,如同牛马牲畜被驱遣,而世人为名利四处奔走,甚至客死异乡,最终一无所有,这样的生命意义何在。因此,郑珍更愿意坚守大山,守住生命自由的权利。

郑珍虽然认可"死不枉死",却不畏死。经过多次痛苦的经历,他很坦然地面对死亡,他曾对自己死后的情景进行描述——被抬入山中,以酒拌黄土掩埋,"参差五男女,媚爷争酌喧。爷醉颜如花,临风反以偏。念我盖棺时,汝曹扛入山。风雨一堆土,有酒岂得还。今日及舌在,用饮莫用言"②,笔风轻快,毫无凄凉之感,足见其面对死亡的坦然。又如"明知死作城根土,尚嘱归埋子午山"③,弥留之际嘱咐亲友将自己埋葬母亲墓旁,"生兮依母居,死也旁母厝"④,完全不避讳死后安葬之事,还表达了愿意与母亲相邻为伴的至孝之情。"生尽天所命,死为地所埋"⑤,以一种超然的姿态面对生死,这种面对死亡的超脱意识与顺应自然的豁达情怀相得益彰。

郑珍出生乱世,命运坎坷,在其一生中,他经常面对亲朋和好友的生离与死别,可谓悲苦一生。因此,郑珍对生命和死亡有比

---

① (清)郑珍:《巢经巢诗钞注释·前集》卷六《和渊明饮酒二十首》,龙先绪注,西安:三秦出版社,2002年,第228页。

② 同上,第227页。

③ (清)郑珍:《巢经巢诗钞注释·前集》卷七《至三月初七二更与乡人诀而气尽》,龙先绪注,西安:三秦出版社,2002年,第260页。

④ (清)郑珍:《巢经巢诗钞注释·前集》卷七《子午山杂诗七首》,龙先绪注,西安:三秦出版社,2002年,第267页。

⑤ (清)郑珍:《巢经巢诗钞注释·后集》卷五《自讼》,龙先绪注,西安:三秦出版社,2002年,第598页。

较深刻的体悟和感受,他既珍惜生命,又以"死不枉死、生顺没宁"的积极态度生活;同时,郑珍将儒家尊重生命、珍惜生命、顺从生命的自然精神相融合,对待死亡泰然处之。郑珍说:

> 读公弟一札云:"若万不能敌,惟一死而已。尸躯听其付蝼蚁鱼鳖,不必从荆棘丛中寻不可得之残骨,效愚子之所为。"其视身为何物哉! 观于此亦可以知所轻重矣。彼当时使公志终不藏,且必挤之于死者,而究何利哉? 世方横流,捧公书益为天下叹。①

对于"理"和"身"孰轻孰重的问题,郑珍认为"理苟存",但"身不存"可也。"人孰不死? 吾与若衣而冠之易耳"②,郑珍认为,真正的君子能够正确看待生死,"而吾以生吾以死,视生死诚不当杯酒耳"③,坦然面对生死,潜心体认天理,弘扬仁道,认清生命的真谛是在于"闻道",通过自身体认天道,成就自然之道而不违背本心。

(三)"天道有难识"与"此心终不移"

"天道无定"而难识,因此,郑珍对"天道"表现出从质疑到接受的转变过程。人生的复杂和艰难,并非能够用简单的生活道德准则和积极的心态就能化解的,郑珍固然能够有乐天处顺的积极心态,同时也能通过饮酒赋诗进行排解,但是面对现实生活中的人情

---

① (清)郑珍:《郑珍集·文集》,王瑛点校,贵阳:贵州人民出版社,1994 年,第 139 - 140 页。
② 同上,第 155 页。
③ 同上,第 68 页。

变故也难免积愤不平。如郑珍与莫友芝受命修纂《遵义府志》，莫友芝说："挹古一辞，动彻数编；钩今一事，动稽数月。有征必穷，有闻必核，专心致志，首尾四年"①。《遵义府志》在当时可谓是"纪载纤繁皆具，宁详勿遗。体裁并不专仿一家，随事发凡，亦不袭故习，别立总例，好古之士，欲考镜南中，争求是书，比之《华阳国志》"②，即便如此，《遵义府志》依然受到一些质疑，郑珍说："郡志成时，一二无赖扇之，诽谤叠兴，余波未已。"③莫友芝无奈道："《遵乘》非议，始事时即意其难免，特不意其出于此耳。"④对此议论，郑珍说：

> 二者有未及，不或遗焉，即或误焉。余昔之缉郡志，阅三年乃成，力亦勤矣。而物产不采《茶经》，祠庙不摭《宾退录》，杨氏事不载《清容集》，则目之未遍也。鼓楼隰之水，误指为渭河、乐安江混叙其源处，则足之未周也。其他舛漏类若是。至于今，在他邦博洽者，固无暇勘及此，即本郡人或亦未之详也。然余固深悔之。桐梓赵君晓峰，在当时独任其县采访。其时晓峰年方壮，喜蓄秘钞，健登历，不畏僻远，网罗搜剔，视他县为多，而晓峰意未慊也。以后目之所经，足之所至，凡其县为郡志之所阙者、略者、讹者，日稽而月有积焉。因分天、地、人、物四部，汇为桐筌若干卷，县之故实，度竭尽而无余也已。夫人之学力，亦何在止限昨日。⑤

---

① （清）莫友芝：《莫友芝诗文集》，张剑编，北京：人民文学出版社，2008 年，第 618 页。
② 凌惕安：《郑子尹年谱》，北京：商务印书馆，1994 年，第 91 页。
③ （清）郑珍：《郑珍集·文集》，王瑛点校，贵阳：贵州人民出版社，1994 年，第 39 页。
④ （清）莫友芝：《莫友芝诗文集》，张剑编，北京：人民文学出版社，2008 年，第 618 页。
⑤ （清）郑珍：《巢经巢诗文集》，民国三年花近楼刻遵义郑征君遗著本，第 158 页。

自承舛误与阙漏，承认编纂过程有所失误和疏漏，这件事情对郑珍产生了较大的影响。他自遵义归家后，“倦不欲出，每独饮数杯，有所触，寄辄和陶作”①，这是郑珍排解忧愁的方式之一。郑珍说：“终昼瞑目坐，此眼不可开。纷纷何为者，薄恶难为怀。邻翁九十余，古性老益乖。提壶就之饮，请我从雀栖。天留作厌物，众情贱如泥。君何独不弃，毋乃别有诸。幸闻生之初，释我神意迷。”②在忿忿不平中，郑珍饮酒消解，幸得不忘当初的志向，使自己在心意烦乱之际渐渐转向释然。

感于自身遭遇不平，听天顺命的郑珍也对“天道”产生了质疑，他说：“庸子福所聚，志士病所欺。天道有难识，此心终不移。凿井寄达言，君子何所悲”③。凡庸之人常满足简单的幸福快乐，而有志之士却受疾病之苦。“天道”何在？“天理”何存？“天佑善人”何解？迷茫的郑珍对“天道”产生了严重的怀疑。又说：“美言出贫士，孔孟不值钱。蹻跖而官材，见者皆曰贤。世道止如此，志人诚可怜。箪瓢苟奇物，性命岂易捐。”④世风日下，“天道”难识，盗贼小人们一时得志，而孔孟圣贤之道却不受重视，郑珍对世道提出了质疑。

这种对“天命”的质疑心态并非郑珍一人所独有，历史上的贤人如司马迁、陶渊明也有过这样的感怀，司马迁感叹伯夷、叔齐、

① (清)郑珍：《巢经巢诗钞注释·前集》卷六《和渊明〈饮酒〉二十首》，龙先绪注，西安：三秦出版社，2002年，第225页。
② 同上，第228页。
③ (清)郑珍：《巢经巢诗钞注释·前集》卷七《君子何所悲》，龙先绪注，西安：三秦出版社，2002年，第259页。
④ (清)郑珍：《巢经巢诗钞注释·前集》卷七《子何自黎平相从古州》，龙先绪注，西安：三秦出版社，2002年，第304页。

颜回等高洁之士,却英年早逝,盗跖之流残暴无道却得以寿终,这样的事实也使司马迁质疑"天道"的存在。陶渊明说:"积善云有报,夷叔在西山。善恶苟不应,何事立空言。九十行带索,饥寒况当年。不赖固穷节,百世当谁传。"①既然善恶有报,那贤德的伯夷叔齐为何饿死西山?如果善恶无报,圣贤们立言布道又何以可能呢?荣启期九十岁随歌而行,饥寒依旧,但他直到现在被人们传颂。随即认为如果没有这些节操人士的坚守,几千年来我们又传颂什么人呢?弘扬什么精神呢?郑珍释然道,即使"天道"暂时不明,坚守便能流传,对后世终会是一种精神激励,郑珍对此疑惑进行了化解。

郑珍为了使自己对"天道"的质疑得到很好的化解,找到了适宜的应对策略,"天道有难识,此心终不移"②,即流露出对崇高人格的坚守,"箪瓢苟奇物,性命岂易捐"③,暗示了对自我生命的珍惜。这种秉持与坚守是郑珍凭借自觉修正的人格力量,显示出郑珍强烈的反抗意识和人格魅力。在这种人格力量的驱动下,郑珍偶尔也会表达出自己对抗"天道"的心声,"挹君袖,拍君肩。男儿有道天无权"④,表现出以人道反抗命运的斗争精神。

晚年郑珍基本上处于对"天道"的祈求与愁怨的矛盾心态,这是一个人面对苦难时的无奈选择,当苦难难以承受和无处排解之

---

① (东晋)陶渊明:《陶渊明集笺注·卷第三·饮酒二十首》,袁行霈笺注,北京:中华书局,2003年,第240页。

② (清)郑珍:《巢经巢诗钞注释·前集》卷七《君子何所悲》,龙先绪注,西安:三秦出版社,2002年,第259页。

③ (清)郑珍:《巢经巢诗钞注释·前集》卷七《子何自黎平相从古州》,龙先绪注,西安:三秦出版社,2002年,第304页。

④ (清)郑珍:《巢经巢诗文集》,民国三年花近楼刻遵义郑征君遗著本,第422页。

时，对上天抱以希望或幽怨，亦属人之常情，郑珍当然也不能例外。郑珍对孙女出痘夭折的无奈感叹不已，"舛运有如此，衰年安用生？怨天天亦尽，收涕入荒城"①，郑珍在悲苦中表达了对上天的哀怨，他说："此地是何地？此天是何天？伟哉造化身，森然立于前。所趿诚莫及，顷观殊未贤。即事良自悟，乃有区中缘"②。面对亲邻死丧，他说："亲邻垂丧尽，屈指一潸然。欲活真无地，何辜只叫天"③。面对现实的困境，郑珍只能对天流露出无奈的感叹。

实际上，郑珍晚年已经由知命向顺命的心态转变，认为一切都是天注定的，只能顺从命运的安排。此时的郑珍更多的是向上天祈福，他说："百离那免命，一介总关天"④。强调了"天理"决定人间的悲欢离合。这种顺天认命的思想使得郑珍时常把人世的灾难归结于"天怒"，他说："人事酿天怒，降祸一何速"⑤。暗含"天刑"的惩戒，郑珍认为这是上天的愤怒降祸于人，以示惩罚。他的诗文中也时有"人事"与"天刑"的相互关系之辩，"吁嗟老可悯，百网末由出。人患与天刑，静思怨尤灭"⑥，将灾患看作是人惹

---

① （清）郑珍：《巢经巢诗钞注释·后集》卷一《言孙女如达痘殇都匀》，龙先绪注，西安：三秦出版社，2002年，第442页。

② （清）郑珍：《巢经巢诗钞注释·后集》卷四《拈坡公〈籴米〉诗语为韵》，龙先绪注，西安：三秦出版社，2002年，第555页。

③ （清）郑珍：《巢经巢诗钞注释·后集》卷六《疫》，龙先绪注，西安：三秦出版社，2002年，第668页。

④ （清）郑珍：《巢经巢诗钞注释·后集》卷四《除日至家八首》，龙先绪注，西安：三秦出版社，2002年，第564页。

⑤ （清）郑珍：《巢经巢诗钞注释·后集》卷六《哀里》，龙先绪注，西安：三秦出版社，2002年，第664页。

⑥ （清）郑珍：《巢经巢诗钞注释·前集》卷九《腕伤将复，聊短述》，龙先绪注，西安：三秦出版社，2002年，第380页。

怒上天导致的"天刑",将这样的愁怨归结于人。郑珍说："薄植自不能,天刑满身绕。余殃及此辈,待羡含饴笑。"①把孙儿的夭亡归咎于"天刑"满身绕。基于对"天道"的体认,郑珍不得不乞求上天的庇佑。"全家都在病吟中,老妇瓶盆废不供。拜乞朝天与天语,但求无病不辞穷"②,此时的郑珍向上天降福,祷告全家身体安康。

　　历经磨难,郑珍终于改变了对"天道"的态度,从以前的质疑转变为顺命和祈祷。他说："天道有盈虚,人厄亦当退。"③认为"天道"有盈虚,否极泰来,郑珍相信正遭受的厄运定会退去,"乱定当来还,天道陂则平。去去各努力,无徒泪纵横。收涕即前路,寸肠千感并。回思适来事,梦梦如前生"④,用"天道"的不定和起落轮回来安慰自己和家人。郑珍是在寻求精神上的寄托,以激励自己在困境中持续奋发的动力。因此,郑珍选择相信"天理"和"天道",以积极的心态面对人生之苦,以坚韧的顺生精神延续其生命。郑珍将底层文人对生命价值的困顿揭示出来,为我们理解乱世文人的生存境遇和生活状态提供了一个参考视角。

　　在郑珍看来,人生在世,若能尽心知性,知天知理,修善进德,知礼行义,自然会"生顺没宁"。郑珍传承儒家不朽的思想观念,即认为圣人的生命虽然已经消逝,但精神永存,"禹功所

---

① (清)郑珍:《巢经巢诗钞注释·后集》卷六《命同儿送棺归葬子午山》,龙先绪注,西安:三秦出版社,2002年,第632页。
② (清)郑珍:《巢经巢诗钞注释·后集》卷六《祀灶》,龙先绪注,西安:三秦出版社,2002年,第653页。
③ (清)郑珍:《巢经巢诗钞注释·后集》卷五《晓峰闻予将归,寄二诗至》,龙先绪注,西安:三秦出版社,2002年,第585页。
④ (清)郑珍:《巢经巢诗钞注释·后集》卷一《挈家之荔波学官避乱,纪事八十韵》,龙先绪注,西安:三秦出版社,2002年,第431页。

工，赫人耳目，今古同惛”①，因为圣人“仰不愧，俯不怍，与天地各物相浑合”②，这就是儒家不朽之言、不朽之德。

第三节　德性论

郑珍强调“尊德性”与“道问学”不可偏废，学行并进，并以“道问学”为入德之基，“尊德性”为入德之本，会通“尊德性”与“道问学”。郑珍将道德实践当作提升德性修养的重要标准，并将德性修养融入师道观、友情观，强调“以道德相师”与“以仁义相友”。在气节方面，其秉承“穷亦名誉不去身”的理念，倡导“气节高一代”与“言行法万世”。

（一）“尊德性”与“道问学”

“尊德性”“道问学”出自《礼记·中庸》，“故君子尊德性而道问学，致广大而尽精微，极高明而道中庸。温故而知新，敦厚以崇礼”③，这是《中庸》的大纲和基本要义。即君子既要尊重美德，又要讲究学问；既要博学广大，又要精微细致；既要有崇高的理想，又要有中庸的行为；既要巩固旧知识，又要接纳新知识；既要敦实厚道，又要崇尚礼仪。可见，早期的“德”是以“仁义礼智”等结合起来的。那么何谓尊德性？何谓道问学？朱熹说：“尊德性，所以存心而极乎道体之大也，道问学，所以致知而尽乎道体之细也。

---

① （清）郑珍：《郑珍集·文集》，王瑛点校，贵阳：贵州人民出版社，1994 年，第 42 页。
② 同上，第 65 页。
③ （清）阮元：《十三经注疏》，《礼记正义·卷第五十三·中庸》，北京：中华书局，2009 年，第 3545 页。

二者修德凝道之大端也。"①又说："尊者，恭敬奉持之意。德性者，吾所受于天之正理。道，由也。"②强调重视知识的积累，尊重内在美德，以达到至高境界，同时也要维护中庸之道。朱熹认为"尊德性"与"道问学"实则是一事，即"其实只两事，两事又只一事，只是个尊德性，却将个尊德性来道问学"③，朱熹强调，"尊德性"方能"致广大、极高明、温故、敦厚"；"道问学"才能"尽精微、道中庸、知新、崇礼"，朱熹倡导格物致知，博览泛观，从而上达"天理"，他认为"尊德性"和"道问学"是相辅相成、互为补充的关系。

陆九渊说："大抵子思以来教人之法，尊德性道问学两事，为用力之要。今子静所说尊德性，而某平日所闻，却是道问学上多。所以为彼学者，多持守可观，而看道理全不仔细。而熹自觉于义理上不乱说，却于紧要事上多不得力。今当反身用力，去短集长，庶不堕一边耳。"④陆九渊反对朱熹的观点，"朱元晦欲去两短，合两长，然吾以为不可。既不知尊德性，焉有所谓道问学"⑤，认为"尊德性"和"道问学"是有先后主次之分的，他强调只有"尊德性"才可"道问学"，即"先立乎其大者"，可见，陆九渊主张以"尊德性"为根本。"大者"即"人心至灵，此理至明"，心即本心，心即理，陆九渊说："道塞宇宙，非有所隐遁。在天曰阴阳，在地曰柔刚，在人曰仁义。故仁义者，人之本心也"⑥。陆九渊所谓"本心"

---

① （宋）黎靖德：《朱子语类》卷四，北京：中华书局，1986 年，第 1590 页。
② （宋）朱熹：《四书章句集注》，北京：中华书局，2001 年，第 35 页。
③ （宋）黎靖德：《朱子语类》卷四，北京：中华书局，1986 年，第 1588－1589 页。
④ （宋）陆九渊：《陆九渊集》卷三十六，钟哲点校，北京：中华书局，1980 年，第 494 页。
⑤ 同上。
⑥ （宋）陆九渊：《陆九渊集》卷一，北京：中华书局，2008 年，第 428 页。

就是仁、义、理、智、信等基本道德观念的不同表述,而实际上,"充塞宇宙"之理,就存在于人的心中,"人心"只要至灵,"天理"自然明了。他认为"本心若未发明,终然无益"①,所以在陆九渊的看来,先不发明本心就不可以"尊德性",故而强调须"尊德性"方可"道问学"。

这个问题上,郑珍显然偏向于朱熹"尊德性""道问学"实则为一事的观点,郑珍在此基础上进行继承,提出"尊德性"和"道问学"不可偏废、学行并进的主张。晚清的理学阵营中,有的坚持纯粹正统的程朱派,有的在尊奉理学的同时,兼治文辞学、学宗程朱、兼采汉宋。郑知同说:

> 大抵先子生平为学宗旨,汇汉宋为一薮。尝括其要领示知同曰:"尊德性而不道问学,此元明以来程朱末流高谈性理,坐入空疏之弊,明于形下之器,而不明形上之道,此近世学者矜名考据,规规物事,险溺滞重之弊;其失一也。程朱未始不精许郑之学,许郑亦未始不明程朱之理。奈何岐视为殊途,偏执之害,后学所当深戒。"②

郑珍既看到了宋学末流"尊德性而不道问学""高谈性理""坐入空疏之弊",也看到了汉学"不明形下之器""矜名考据""规规物事""险溺滞重"之弊。同时指出宋学家未尝不精于许郑考据,汉学家亦何尝不能明于程朱之道,故主张汇聚汉宋,切勿偏废其一,视为

---

① (宋)陆九渊:《陆九渊集》卷三十四,北京:中华书局,2008年,第36页。
② 白敦仁:《巢经巢诗钞笺注》,成都:巴蜀书社,1996年,第1481-1482页。

殊途。郑珍认为"尊德性"与"道问学"须并进,而实际上,郑珍在修养过程中也以"尊德性而道问学"为纲,他以"勤奋""敦厚""至中至正"为基本工夫,以"尊德性"为本;"道问学""行仁义""崇礼法"则为细密工夫,以"道问学"为根本。德义可尊,作事可法,按照郑珍的解释,"尊"是尊德义,做事有法度,以恭敬之心守持真理,不亵渎天理,磨炼心性,天地万物莫不考稽精研之,方可彰显人伦之功,这里还涉及心、性、天、理的关系。郑珍说:"使人心性筋骸在儿时已驯化于礼法之中,德之所以易成也。"①郑珍把读书和行义结合起来,把应向外求的心驯化于礼法之中,转变为向内求于儒家倡导的"礼法",由于他重"学"又重"礼",学行并进,时刻体认"礼",所以通过读书所探究的根本就得到了扩展。"习"也被郑珍引入体认的范畴,即"盖无不熟诵而习行之",郑珍认为"书"中之理,不仅要诵,而且要"习",同时要践履"德"行,由于每个人的"心性"不同,环境和生活习惯的影响,养成的气质也不一样,所以要驯化于礼法之中。郑珍把这种"德"内化的过程,叫作"求礼",认为"读书熟诵"也是"求礼",甚至追求功业能促进德性修养,因为"求知"与"求礼"是有其相通之处的,但根本在于"修德",即"求知"以促进"德"的顺达。

在郑珍看来,所谓"尊德性",指恭敬持守天地之德性,即通过存养心中之"天理"("存心",即"尊德性")来实现道德实践。具体工夫包括"黜天下邪诐之弊以正夫人心"(德性),通过"至中至正"的求知以达"敦厚"。所谓"道问学"即"致知",指通过"博学

① (清)郑珍:《郑珍集·文集》,王瑛点校,贵阳:贵州人民出版社,1994 年,第 112 页。

之、审问之、慎思之、明辨之、笃行之"的实践工夫来拓展知识（包括见闻之知与德性之知），以明辨义理、格物穷理。"尊德性"即是"存心"的过程（包括"至中至正"的过程），"道问学"即是"致知"的过程（包括"行仁义、崇法礼"的过程）。所以郑珍说："程朱未始不精许郑之学，许郑亦未始不明程朱之理。奈何岐视为殊途，偏执之害，后学所当深戒。"①可见，郑珍将"尊德性"为主的程朱与"道问学"为主的许郑融合，互相取长补短，视作殊途同归、无所偏执的一事，因为此二者都是修德和体道过程中缺一不可的修养工夫。

郑珍上述关于"尊德性"与"道问学"不可偏废的关系是对朱熹之说的延续。他强调"尊德性"与"道问学"二者并行，不偏其一。朱熹说：

> 学者于此，固当以尊德性为主，然于道问学，亦不可不尽其力，要当使之有以交相滋益，互相发明，则自然该贯通达，而于道体之全无欠阙处矣。今时学者心量窄狭，不耐持久，故其为学，略有些少影响见闻，便自主张，以为至足，不能遍观博考，反复参验。其务为简约者，既荡而为异学之空虚，其急于功利者，又溺而为流俗之卑近，此为今日之大弊，学者尤不可以不戒。②

朱熹一方面认为当以"尊德性"为主，另一方面又强调"道问学"不可偏废、相互发明，只有两者兼顾才能通贯道之大小、本末。由此

---

① 白敦仁：《巢经巢诗钞笺注》，成都：巴蜀书社，1996 年，第 1482 页。
② （宋）朱熹：《晦庵先生朱文公文集》，上海：上海古籍出版社，2002 年，第 3591－3592 页。

出发，朱熹认为只重视"尊德性"而忽视"道问学"，则易流为禅学异端，而只重视"道问学"则又缺乏"尊德性"工夫，易流于追逐名利而不能自拔，批评两者各有偏颇，并非中庸之道。而郑珍说："读书通古今，行身戒不义，学行并进，文质相宜。"①即倡导朱熹"尊德性""道问学"两轮并进的修身理念。

从会通汉宋的角度而言，"尊德性"与"道问学"可视为郑珍德性论的重要内涵，但郑珍直接提及"尊德性"与"道问学"的地方，往往以内涵相同或相近的概念形式表述出来。晚清考据学和宋学并进，对于汉宋合流的各门派也各有仁智之见，郑珍倡导"汇聚汉宋为一薮"，意味着郑珍秉持"尊德性"与"道问学"学行并进、不可偏废的理念。

郑珍说："读圣人之书，准古今之情，概物我之行事，存之于至中至正，不惑于密；施之则所以育万物，叙人伦，合上下，一千古，而不敢稍忽。"②对于治学，郑珍不仅尊崇许慎、郑玄，更是推崇四书五经，由于四书五经内容繁多，其中蕴含的真理只有深入研究才能体悟，所以郑珍提出"以求合于经，由经求合于人"，二者互为补充。

郑珍认为，物之所以不能尽性，是因为人为的伤害，他说："凡物皆有全量，使夭阏不尽其性者，皆人为害之也"③。尽心则可以尽性立命，知"天理"。对于"天理"的认知，郑珍说："惟求天下之至正，鲜有不正乎礼，而为学者祛泛览，之骛专，以求义理、考据之

---

① （清）郑珍：《郑珍集・文集》，王瑛点校，贵阳：贵州人民出版社，1994 年，第 120 页。
② 白敦仁：《巢经巢诗钞笺注》，成都：巴蜀书社，1996 年，第 1533 页。
③ （清）郑珍：《郑珍集・文集》，王瑛点校，贵阳：贵州人民出版社，1994 年，第 57 页。

所在"。于是"世间人事之理,莫不碻稽而精研之,以求合于经;由经以求合于人"①。所以"尽性、立命、知天皆本于心"?,这说明需要认知的是人的本心,要透过义理把本心的蒙蔽状态摒除,实事求是地"约其归",以求天人合一,所以认知的任务是为道德修养提供可能。由此可见,郑珍的理,是天地万物之理,也是内在的理,万世万变皆本于心之理,同时,"时刻体认天理"是"合内在之道"的,郑珍通过"黜天下邪诐之弊以正夫人心",即在内心对邪诐之念进行自我规避。

"天理"是一切学问的来源,"天理"的特质是至善的,而本心是无善无恶的,平常人要通晓圣人之言,其中介就是要"求合于经",因为"圣人代天而言"(《文曜钩》),即通过经典的考证可以通达圣人的"天德"。对于"天德",郑珍说:"是亦取出乎天之喉舌者而言之耳,言者心声,诚能肖天,天必福之,则宜祀北斗宜若南斗,据《史记正义》云:六星主荐贤良授爵禄。是正今之主司房考也,其祀之也亦宜。由此言之,北斗之喉舌在我者也,南斗之荐授在人者也。而北斗第五星曰衡,正殷南斗,然则其当人者乃即我之自为衡也欤? 观于天文而人文可以悟矣"②。他从二程、朱熹等人的思想里体悟出"天德"的内涵,从而肯定其"圣人代天而言"的合理性。

宋明至清代,"尊德性"与"道问学"成为程朱、陆王两种不同学派论争的主要内容。清代中期,经典考据风气盛行,"道问学"逐渐取代了"尊德性"占据主导地位。余英时认为考据学家笔下

---

① 白敦仁:《巢经巢诗钞笺注》,成都:巴蜀书社,1996年,第1534页。
② (清)郑珍:《郑珍集·文集》,王瑛点校,贵阳:贵州人民出版社,1994年,第48页。

虽仍不时出现"尊德性"的字样,但绝大多数情况下都是一种空泛的表达,实际已无所指涉了。[1]事实上,关于"尊德性"和"道问学"的讨论一直是学界争论的重点。曾国藩就曾指出:

> 朱子主道问学,何尝不洞达本原。陆子主尊德性,何尝不实征践履。姚江宗陆,当湖宗朱,而当湖排击姚江不遗余力。凡泾阳、景逸、澧洲、苏门诸先生近姚江者,皆遍摭其疵,痛无完肌,独心折于汤睢州。睢州尝称姚江致良知,犹孟子道性善,苦心牖世,正学始明。特其门徒龙溪狂谈,艮斋邪说,洸洋放肆,殃及师门,而罗近溪、周海门踵之。[2]

根据曾国藩的阐述,陆王和程朱在主"尊德性"或主"道问学"问题上的争议是从明代伊始并持续到清朝中期,而且清初以来"道问学"的主导地位时常受到质疑。清初大多学者注重儒学经典的学术价值,崇尚"道问学",戴震说:"如宋之陆、明之陈、王,废讲习讨论之学,假所谓'尊德性'之美名,然舍夫'道问学',则恶可命之'尊德性'乎?未得为中正可知"[3]。对于陆九渊"既不知尊德性,焉有所谓道问学",戴震实际上是指向乾嘉时期的"宋学",正如当时尊宋学者罗典所说:"令学者陶泳其天趣,坚定其德性,而明习于时务"[4]。可见,戴震表

---

[1] 余英时:《中国思想传统的现代诠释》,南京:江苏人民出版社,1989年,第241页。
[2] (清)曾国藩:《曾文正公书札》,清光绪二年传忠书局刻增修本,第449页。
[3] (清)戴震:《戴震文集》卷第九《与是仲明论学书》,赵玉新点校,北京:中华书局,1980年,第141页。
[4] (清)罗典:《凝园读易管见·清故鸿胪寺少卿罗慎斋先生传》,兰甲云校点,长沙:岳麓书社,2013年,第2页。

明了汉学家对待宋学"尊德性"的基本立场。焦循亦认为"不博学而徒凭空悟者,非圣贤之学,无论也"①,曾国藩把"博学"当作治学经世的重要途径,并且认同《周礼》,这意味着他"汉宋兼采"的学术态度,是出于对"尊德性""道问学"的兼容。曾国藩说:"孔孟之学,至宋大明。然诸儒互有异同,不能屏绝门户之见。朱子五十九岁与陆子论无极不合,遂成冰炭,诋陆子为顿悟,陆子亦诋朱子为支离。其实无极矛盾,在字句毫厘之间,可以勿辨。"②赞成汉宋不可绝于门户之见,又曾国藩乃"一宗宋儒,不废汉学,足下著作等身,性命、道德与政事干济,相辅而成,名山万仞,岁寒共勉,无谦言草茅占毕也"③,这种"尊德性"与"道问学"相兼容的态度,也正是晚清大多数学者的共同追求。如朱一新说:

> 孟子谓"心之官则思。先立乎其大者,则小者不能夺"。中庸亦言"尊德性而道问学"。盖德性尊,大体立,而后学问有所附丽,破碎支离,固不足以言学也。陆象山以此为宗旨,本不误。误在主张太过,而欲以六经注我,则流弊甚大。圣门教人学问与思辨并重,故无罔、殆之弊。罔者,冥心无用,其弊止于误己;殆者,师心自用,其弊更将误人。人而习为无用之学,已可哀矣;人而至于师心自用,尤可惧也。故夫子复言以"思无益",其平日本身以立教者,好古敏求,发愤忘食,多言学而罕言思,为后世计,至深且远。程、朱谨守而不变,

---

① (清)焦循:《孟子正义》卷十六,陈居渊主编,南京:凤凰出版社,2015年,第1406页。
② (清)曾国藩:《曾国藩全集·书信之五》,唐浩明修订,长沙:岳麓书社,2012年,第335页。
③ 同上。

所以为圣学正宗，然要非去思以言学也。去思以言学，近儒
乃始有之，盍弗与读孟子。①

朱一新为清末著名学者，汉宋调和学派代表人物之一，治学主张
汉、宋兼采。其认为大旨学必期其有用，功必归诸实践，由训诂进
求义理，而如汉学家溺于训诂以害义理者则不取，由义理探源性
道，而如讲学家空衍性天以汩义理者则不从，因此反对"尊德性"
与"道问学"偏废其一，主张兼容。

晚清"汉宋兼采"的治学特色，这正是宋明至清代中期"尊德
性""道问学"之间的博弈。②因此，郑珍顺应晚清潮流，强调"尊德
性"与"道问学"不可偏废，学行并进，并以"道问学"为入德之基。
从"尊德性"到"道问学"，进而发展到"汉宋汇通"，是晚清学者融
合汉学经世致用与宋学体用合一的学术趋向，是将"尊德性"与
"道问学"进行融合的具体实践。

（二）"以道德相师"与"以仁义相友"

儒家师道观将道德融入师德，并以道德为重要基石。如"天
生德于予，桓魋其如予何"（《论语·述而》），"文王既没，文不在
兹乎？天之将丧斯文也，后死者不得与于斯文也；天之未丧斯文
也，匡人其如予何"（《论语·述而》），孔子认为只要能修天地之

---

① （清）朱一新：《无邪堂答问》卷三《评刘润纲的读李翱复性书》，吕鸿儒、张长法点校，北
　京：中华书局，2000年，第125页。
② 有关清代儒学中"尊德性"与"道问学"两种观念之间的争论。参见陈居渊：《清代的王
　学》，《学术月刊》1994年第5期。有关清代儒学中"尊德性"与"道问学"两种观念之间的
　争论。

德,任何外力都不足以动摇一个人的道德信仰,更何况天未丧乎斯文也,师道观之根基在"天",正所谓"天命之谓性,率性之谓道,修道之谓教"(《中庸》),儒家建立了一个"修道""行道"为标准体系的师道观。

德高为师,身正为范,儒家把道德水平的高低作为是否具备人师资格的重要标准,周代以教化民众之官为师,亦官亦师。后来孔子兴办私学,把师与官分开,教师成为独立的职业,而在现实社会中,师为泛称,"三人行,必有我师焉"(《论语·述而》),即人人皆可为师,凡经验、技能、品格等有所见长者,皆可为师。郑玄把师与德紧密结合起来,"师,诸侯之师氏,有德行以教民者"(《后汉书·郑玄传》),即德高者为师,育德者为师。王通把道德作为教师的基本素养,认为"度德而师"(《文中子·立命》),郑珍也把道德实践作为人师的重要标准,强调"以道德相师"①。

郑珍提倡身正为范,德高为师的师道观,"凡学之道,严师为难,师严然后道尊,道尊然后民知敬学"(《礼记·学记》),可见,传统师道就是在社会上形成尊师重道、敬学好学的风尚。郑珍继承并发扬儒家师道观,郑珍说:"无足为多士师者,为多士求足师,谓此邦萌芽文教"②。表达了师道对开智地方文教的重要促进作用。郑珍认为"然人道之器,书亦道之舆"③,他主张通过尊师重道,从"人道之器"和"书道之舆"两方面入手,积累知识和践行礼法,以圣贤为模范,养成良好德操,郑珍说:"立德行义,不违道

---

① (清)郑珍:《巢经巢诗文集》,民国三年花近楼刻遵义郑征君遗著本,第128页。
② (清)郑珍:《郑珍集·文集》,王瑛点校,贵阳:贵州人民出版社,1994年,第52页。
③ (清)郑珍:《巢经巢诗钞注释·后集》卷六《埋书》,龙先绪注,西安:三秦出版社,2002年,第649页。

正,故可尊也"。①又"下顺上而法之,则德教成也"②,因此,道德在郑珍的师道观中是一个特别重要的价值元素,"于时西南远徼,文翁为之倡,相如为之师,经术文章"③,认为经术文章,辅以道德相师能促进地区文治教化的发展。

从为师者施道的角度来讲,郑珍师道观是对正统儒家师道观的传承,郑玄注《周礼》,"师者,教人以道者之称也"(《玉篇·帀部》),为人师表即教人以道。杨雄认为"师之贵也,知大知也"(《法言·问明》),李轨注"大知"为"圣道"(《法言·问明》)之意,即圣道以中华民族优秀传统文化为基础,蕴藏着深刻的人文情怀、民本思想、道德文化等内涵。师道也是一种知识和文化的传承,即遵守圣道、继承圣道、弘扬圣道等,是身为人师的首要职责。郑珍说:"孔、曾、颜、孟,周、程、邵、张,惟其理存,至今不亡。"④是对圣贤之道的一种接续传承。毋庸置疑,在历史上,尧、舜、禹等的师道传承体系被称为道统,为儒家所接受。而孔、孟、周敦颐、程朱、邵雍、张载等亦被宋明以后的儒家奉为正统,贤能之师在于能传承圣道,传承圣道成为师道的重要内容。

郑珍是传承圣道的代表之一,莫友芝说:"吾友郑君子尹,自弱冠后即一意文字声诂,守本朝大师家法以治经"⑤。郑珍守道治经、传承家法,促进了当地社会文治教化和社会和谐稳定。郑珍师道观注重养成为人师表的道德品质,"才大虽卑官,德高已绝

---

① (清)郑珍:《巢经巢诗文集》,民国三年花近楼刻遵义郑征君遗著本,第18页。
② 同上,第19页。
③ (清)郑珍:《郑珍集·文集》,王瑛点校,贵阳:贵州人民出版社,1994年,第51页。
④ 同上,第156页。
⑤ (清)郑珍:《郑珍全集》(第六册),黄万机译,上海:上海古籍出版社,2012年,第37页。

伴。世人入长夜,公若日再旦"①,彰显其为培养人才孜孜不倦的无私奉献精神。为师者通过入世、通世、不离群、主动施教等方式,通过特定的教育方式培养人才,宣传自己的学术思想、政治主张,并参与文化、政治和经济社会的发展。因此,师道精神亦是一种为国为民无私奉献的精神,也是教师在言传身教过程中的自尊自重。教师的严格才能显示出教育的严肃性,郑珍认为"教子须父严"(《母教录》),又说:"且圣君贤相,遇合甚难,以相公为上所倚任,郊天首重,尤且代行,诚能如我所言,则明良共济,功德昭宣于今日矣"②。即为人师为人父要严格自尊,才能行其道,尊其身,量其德,"不度德而量时兮,苟徇人无以持"③。正所谓"师者,人之模范也",这是社会对教师的普遍认识,是教师形象在社会中的期望,也是社会衡量教师的重要标准。《吕氏春秋·劝学》曰:"为师之务在于胜理,在于行义,理胜义立则道尊矣。"郑珍说:"德义可尊,作事可法,是日方守程、朱遗训,不乐不燕,追惟网极,而某犹效俗饰人耳目,适以亵道德也,是不可。"④只有当教师具备德义和法理,才能受到人们的尊重。《学记》提出,教师必须精通学理,同时具有创造的能力。教师应坚持教育公平,有教无类,对于求学者,无论身份尊卑、贫富贵贱、智力高低,都应热爱学生,无私奉献,育人成才,教师修德敬业,才可以受到社会的尊重。

---

① (清)郑珍:《巢经巢诗钞注释·前集》卷九《次东坡〈密州除夕〉韵》,龙先绪注,西安:三秦出版社,2002年,第376页。

② (清)郑珍:《郑珍集·文集》,王瑛点校,贵阳:贵州人民出版社,1994年,第124页。

③ (清)郑珍:《巢经巢诗钞注释·前集》卷四《思亲操》,龙先绪注,西安:三秦出版社,2002年,第173页。

④ (清)郑珍:《郑珍集·文集》,王瑛点校,贵阳:贵州人民出版社,1994年,第81页。

正如郑珍评价舅父黎恂说："先生谓一代名硕，多不过数十人，其道德文章，师百世者，固宜俎豆奉之。即但论文章，为世不废，亦后人师也。"①为师者应该在道德方面成为先进的模范。

友谊是社会成员之间相互交流的一种关系，亲疏远近、正邪顺逆、善恶好坏，友谊对于个人成长、立身处世、修德进业起着至关重要的作用，而且正向的友谊关系能营造良好的社会风气，中国古代思想家、教育家都十分重视这一问题，逐渐形成了系统的交友理念，值得我们继承和发展，因此，也有必要对这一问题进行探讨。晚清时期，商品经济的不断发展，促进和扩大了人与人之间的社会交往，"交友"在各个层面也相对频繁，"广交"现象的出现是一种必然趋势，但必须把道德教育施予友谊观、授之于交朋结友之道，才能对家庭、社会的发展和稳定起到重要的促进作用。友谊表现为社会成员间的相互酬酢，但社会成员之间的相互酬酢并不都是友谊，二者既相互联系，又相互区别。许慎说："同志为友"，同志原指志同道合的人，在我国古代，同志与先生、长者、君子等词的内涵一样，都是朋友之间的称呼。春秋时期，左丘明对"同志"一词作了解释，《国语·晋语四》曰："同德则同心，同心则同志"。《后汉书·刘陶传》曰："所与交友，必也同志。"但同志并不一定能成为朋友，友谊的生发不仅来源于"同志"，而且也与彼此的性格、兴趣、情感、经历、和道德修养等是否相投有关，如郑珍与周作楫、莫友芝等就属于志趣相投的"同志"，他评价周作楫，"前志敝郡赖二、三同志并精力坚强，且不以鄙见为大缪戾。今若

---

① （清）郑珍：《巢经巢诗文集》，民国三年花近楼刻遵义郑征君遗著本，第 144 页。

就局不力,非所以酬知己;力之,则不免有阴阳之患"①。郑知同
论及郑珍与莫友芝的同志之谊,"时独山莫子偲友芝先生侍其尊
人宦遵义,为学与先子同志,多储秘籍,缔交先子。先子以屡试不
售,益肆力于古,往来数家书丛中,《春秋》讲贯大旨,先洞悉文
字,根以穷经"②,郑珍重视友谊,并且留下了许多关于纯真友谊
的佳话。所谓"知己"者,朋友相交相知之深者也,亦如"钟子期
死、伯牙破琴绝弦、终身不复鼓琴、以为世无足为鼓琴者"③,莫祥
芝评价郑珍与莫友芝的友谊。莫祥芝说:

> 遵义郑子尹学博珍,教授府君学官弟子之高足也,与先生
> 为同志,益以朴学相砥砺,由是遐迩知名,道光中黔中言学者,
> 人以郑、莫两君并称焉。屡试春官,每报罢。归,教授府君必
> 叩其所得,绝不以失意为意,谓之曰:"若辈寂寂守牖下,不以
> 此时纵游名山川、遍交海内英儒俊彦以自广,恐终成固陋耳"④。

由此可见,郑珍和莫友芝的人生志向十分相似,他们不以科考落
第为失意,淡泊官场,但都怕自己知识浅薄,终成固陋。交往心理
学认为:人与人之间的交往不仅可以获得信息,而且还可以实现
心理和情感上的交流和沟通。由于彼此相同的人生际遇和价值
取向,郑珍和莫友芝的友谊成为了一代佳话,他们一生互相砥砺,

---

① (清)郑珍:《巢经巢诗文集》,民国三年花近楼刻遵义郑征君遗著本,第97页。
② (清)郑珍:《巢经巢诗钞注释》附录《敕授文林郎征君显考子尹府君行述》,龙先绪注,西
　　安:三秦出版社,2002年,第704页。
③ (汉)刘向:《说苑斠补》卷第八《尊贤》,昆明:云南人民出版社,1959年,第160页。
④ 张剑:《莫友芝年谱长编》,北京:中华书局,2008年,第624页。

在治学之路上相互成就,并称"西南巨儒"。

《周易·卦辞》曰:"与人同心,足以涉难。故曰,'利涉大川';和同与人,志同道合,乃君子之德,故曰:'利君子贞'。"说明了友谊的重要性,此处形象地描述了交友过程中同心涉难、相交成功的愉悦场景。《周易·系辞上传》曰:"君子之道,或出或处,或默或语。二人同心,其利断金:同心之言,其臭如兰。"即"其利断金"说明同心同德的内在力量;"其臭如兰"说明情感友谊的和谐温馨,所以结交密友,被称为"义结金兰"。郑珍视"莫君友芝,同志友也"①,于是义结金兰,"遂谋同节着书俸刻之,越二年刻成"②,故而能同心协力完成《遵义府志》的编纂。

事实上,在现实生活中,并不是所有的朋友都能如兰如馨,《潜夫论·交际》曰:"思远而忘近,背故而向新。"又曰:"富贵则就之,贫贱则去之。"这样的人比比皆是。郑珍结交友人看重人品和学识,"所为友者,有子偲先生及其弟芷升庭芝先生,黎伯庸兆勋舅氏,桐梓赵石知旭先生,黔西张子佩琚先生,相与往还,饮酒赋诗,虽家四壁立,先子安之若素"③,如他肯定程春海乃"自苦如此,而能杰然自立,人品学问,卓卓可道"④,赞赏邓湘皋"譬如引弓,若体直志正,命而后中,海内当不乏人"⑤,表达了自己对如兰如馨之交的渴求。

① (清)郑珍:《郑珍集·文集》,王瑛点校,贵阳:贵州人民出版社,1994 年,第 73 页。
② 同上。
③ (清)郑珍:《巢经巢诗钞注释》附录《敕授文林郎征君显考子尹府君行述》,龙先绪注,西安:三秦出版社,2002 年,第 705 页。
④ (清)郑珍:《郑珍集·文集》,王瑛点校,贵阳:贵州人民出版社,1994 年,第 37 页。
⑤ 同上。

　　早在春秋战国时期，我国就出现了一场关于价值观念的"义利之辨"，即关于义利与道德相互关系之辨析和争论，这场争论出发点本来与友谊无关，但它对后世人们处理朋友关系产生了重要的价值取向，影响最深远的要数儒家和墨家。儒家将"义"与"利"相结合，主张"存义弃利"，即"君子喻于义，小人喻于利"（《论语·里仁》），重义或是重利成为划分"君子之交""小人之交"的重要界限，也是区分君子与小人的重要标准。孟子就曾与君王探讨过重"利"轻"义"的危害，"王何必曰利，亦有仁义而已矣，王曰何以利吾国，大夫曰何以利吾家。士庶人曰何以利吾身，上下交征利，而国危矣"（《孟子·梁惠王上》），在孟子看来，仁义就是最大的利，也是保证国家安全的重要准则。郑珍说："以仁待臣民，则朝廷自治，以静镇邦国，则兵革自销。"①表达了施行仁政对安邦定国的重要意义。孔子所谓"仁"的含义极为丰富，包括"爱人""推己及人""己所不欲，勿施于人""己欲立而立人，己欲达而达人"等，墨家亦提倡"兼爱""非攻"等等一系列旨在优化人际关系的仁爱思想。"以友辅仁"（《论语·颜渊》），是通过交友来增益自己的道德修养，甚至达到"仁"的境界，所以交友当然要择其"仁"者。因此，郑珍说："某虽不肖，义利之介窃奉教于君子矣"②。何为符合"义"的友谊，在郑珍看来，凡为修德进业，符合国家、集体、人民的根本利益，有利于改善和谐人际关系的崇高友谊，这样的友谊都可称为"义"，是"君子之谊"；凡败坏公德，损害国家、集体、人民的根本利益，不利于净化社会人际交往的低俗友

---

① （清）郑珍：《郑珍集·文集》，王瑛点校，贵阳：贵州人民出版社，1994年，第124页。
② 同上，第39页。

谊,这样的友谊都是卑微的,不公正的,是"小人之谊"。

友谊中,尤其要注重"度"的掌握,尤其是"淡雅",交友不宜太密。郑珍说:"我贫无治办,节到只寻常。"①讲求"节到",即凡事过犹不及、物极必反,交往过密反而使友谊走向反面。如"事君数,斯辱矣;朋友数,斯疏矣"(《论语·里仁》),无论对朋友还是对上级,都要保持一定的距离,掌握好亲疏的分寸。要本着平等和理性的态度去尊重每一个人,彼此之间留一点空隙,留一点余地。"花未全开,月未全圆",这是最好的友谊状态。花一旦全开,马上就要凋谢了;月一旦全圆,马上就要缺损了。而未全开,未全圆,仍使你的内心对朋友有所期待。朋友之道,亲人之道,皆是如此。稍微保持一点距离,得到的往往是更淳厚的情谊。如《礼记·表记》云:"是故君子于有丧者之侧,不能赙焉,则不问其所费;于有病者之侧,不能馈焉,则不问其所欲;有客不能馆,则不问其所舍。故君子之接如水,小人之接如醴。君子淡以成,小人甘以坏。"《庄子》也表达过类似的观点,如"君子之交淡如水""小人之交甘如醴"这两个比喻很贴切,虽然水的味道很淡,久而久之不变其味;虽然醴的味道甘甜,时间长久则会变酸。在物质利益上计较过多,既恐"口惠而实不至,怨灾及其身"(《礼记·表记》),郑珍认为闲乐中论及学问、业务、技艺、修道,交换意见,调侃得失,增广见识,亦不失为一件高雅的事情。但把吃喝当成嗜好,来者不拒,酒香溢四方,却言语出格,虽友也俗。郑珍对这样的交往不以为意,"深玩之,诗言身为卿相,持国钧轴,而与同官往来,止以

---

① 治办:处理事物合宜。[参见(清)郑珍:《巢经巢诗钞注释·后集》卷三《残历》,龙先绪注,西安:三秦出版社,2002年,第517页。]

酒食相征逐、博槊相娱乐,所为何如乎?则玉其带金其鱼峨其冠者,皆行尸走肉耳[①],郑珍倡导"淡雅",批判"士农疲放闲,饮食习奢用"[②],意在纠正晚清地方以休闲享乐、吃喝送礼为"重"的弊端。

(三)"气节高一代"与"言行法万世"

"气节"是中国传统文化中一个非常重要的概念,司马迁首次将"气"与"节"联系在一起。西汉名臣汲黯,"然好学,游侠,任气节,内行修洁,好直谏,数犯主之颜色"(《史记·汲郑列传》),在司马迁看来,"气节"代表着正直、清洁、守道、不避权贵等高尚品格。当然,如果从概念的角度分别考察"气"和"节",则可以追溯到更早的时候。如公孙丑问孟子:"敢问夫子恶乎长?"孟子说:"我善养吾浩然之气。"关于浩然之气,《孟子·公孙丑上》曰:"其为气也,至大至刚,以直养而无害,则塞于天地之间。其为气也,配义与道;无是,馁也。是集义所生者,非义袭而取之也。行有不慊于心,则馁矣"。孟子所指的"气"是物质形体之气,由"志"来统率,"气"实际上是一个人特有的状态,即现代意义上的主观能动性,这种主体精神的能动性包括物质和精神的要素,其具体由"志"来统率,由"志"统率的"气"就变成了浩然之气。浩然之气更倾向于精神性的,并且是具有特定的价值取向和伦理规范,这就是孟子所说的"志",即他所说的"道"和"义"。由志、道、义统帅的"气"在孟子那里才算浩然之正气。

---

① (清)郑珍:《郑珍集·文集》,王瑛点校,贵阳:贵州人民出版社,1994年,第119页。
② (清)郑珍:《巢经巢诗钞注释·前集》卷七《人日,尧湾桂花树下联句,次韩韵》,龙先绪注,西安:三秦出版社,2002年,第275页。

郑珍"养气",是从基础的好学力行开始的,他说:"养才全在多学,养气全在力行。学得一分即才长一分,行得一寸即气添一寸"①。"才"可以通过学习而涵养,并内化于心,而"气"的涵养则需要外化于实际行动,强调了好学力行对养成浩然之气的重要性。"志"对"气"的统率可称为"节",所以浩然之气就是"节气","节"即节操,"气"即"志气"。志向与节操具有一致性,因此,节操如何,可从志向中窥见。关于"节"的重要性,《荀子·王制》曰:"大节是也,小节是也,上君也。大节是也,小节一出焉,一入焉,中君也。大节非也,小节虽是也,吾观其余矣"。"大节"是人品和气节操守,"小节"从言行举止中看出一个人的素质和修养。

孔子所说的"节"即"节操",是"气节"之"节",孔子显然很重视"气节",例如,管仲舍公子纠而助齐桓公成就霸业,百姓都从中受益,为此得到了孔子的称赞,"是天下之大节也"(《荀子·仲尼》),"治气、养心之术:血气刚强,则柔之以调和;知虑渐深,则一以之易良;勇毅猛戾,则辅之以道顺;齐给便利,则节之以动止;狭隘偏小,则廓之以广大;卑湿重迟贪利,则抗之以高志"(《荀子·修身》),在此,荀子把"气"和"节"放在一起阐述。在儒家看来,"气节"当指坚持正义,表现为人的志气和节操,"朝闻道,夕死可矣",是"气节"的源动力;"鞠躬尽瘁,死而后已",是"气节"的延伸;"英雄生死路,却是壮游时",是"气节"的升华。经过一代又一代培育、发扬和传承的"气节"理念,成为中华民族几千年来的精神支柱,支撑着中华民族欣欣向荣,生生不息。郑珍始终秉承"穷亦名誉不去身"的"气

① (清)郑珍:《郑珍集·文集》,王瑛点校,贵阳:贵州人民出版社,1994 年,第 126 页。

节"理念,倡导"气节高乎一代",郑珍谓:"一代名硕,多不过数十人,其道德文章,师百世者固宜俎豆奉之。即但论文章,为世不废,亦后人师也。而举不识其爵里字谥,甚至一启口辄呼其名,后来学问不尚渊源,未必非轻蔑前辈之故,得尽罪子弟乎?"①郑珍关于"节"的理念,包括忠、孝、贞节等,关于"忠",郑珍在拜谒河南岳飞祠堂时说:"荡阴城东乔木寒,下马岳祠瞻表桓。怅望公生一洒泪,萧条雨歇独凭栏。长城道济才无愧,异姓汾阳福竟难。更苦西邻有冤圣,请歌文操慰忠肝"②,拜谒岳飞,使他又想起檀道济、郭子仪、比干等人,他们都是著名的忠臣。郑珍为这些英雄们的忠孝节义所折服,在他看来,英雄们个人命运悲剧归根结底是国家命运的悲剧,郑珍认为他们的"气节高一代,言行法万世"。关于妇女贞节,他说:"古称节妇人者,殆所谓求仁不怨者耶?抑徒知女道如是,虽常变不为易?世之视其夫如传舍者无论已,至遇常变而不能少行妇道,抑又何耶?观孺人知其愧矣"③。古代妇道之人求仁而不怨,大丈夫如不求仁当感羞愧。"噫乎此三妇,志节高嶙峋。惭杀被掠者,忍死随贼群。一旦终汝弃,虽生等污尘"④,将贞洁仁义

---

① (清)郑珍:《巢经巢诗文集》,民国三年花近楼刻遵义郑征君遗著本,第144页。

② 萧条雨歇:岳飞《满江红》词:"凭栏处,潇潇雨歇。"道济:即檀道济,有才名,但不被重用。彭城王义康虑宫车晏驾,道济不可复制。道济脱帻投地说:"乃复坏汝万里之长城!"详见《宋书·檀道济传》;汾阳:即唐郭子仪,因平安史之乱有功,封汾阳郡王。史称他完名高节,福禄永终。按自汉以来,异姓不封王,而郭子仪乃特殊者;冤圣:即比干,殷时贤臣,被纣王杀害;文操:文王之歌。应劭《风俗通》云:"琴曲曰操。"《琴操》云:"文王在羑里申愤而作歌曰:殷道溷溷,浸浊烦兮。朱紫相合,不别分兮。迷乱声色,信谗言兮。""炎黄之虐,使我惩兮。幽闭牢穽,由我言兮。遗我四人,忧勤勤兮"(参见郑珍:《巢经巢诗钞注释·前集》卷三《汤阴谒岳祠》,龙先绪注,西安:三秦出版社,2002年,第100页。)

③ (清)郑珍:《郑珍集·文集》,王瑛点校,贵阳:贵州人民出版社,1994年,第144页。

④ (清)郑珍:《巢经巢诗钞注释·后集》卷五《纪赵福娘姑妇三人死节事》,龙先绪注,西安:三秦出版社,2002年,第625页。

视为比生命更重要的"气节"。关于"仁孝",郑珍说:"兹还古州,同知杨公示以尊札,始知先生今日始于他处见本,而又不责以浅近,深赞其言行可法,欲为广传以敦风化,索多寄去者。伏诵之余,叹先母荆布没世,而其庸言庸行,获为名儒巨公所齿录,先母为不朽矣。又叹非先母之德实不可没,则此录必不宛转获致于先生之前,具卒为先生见而深赞之、而思广之,则仍先母仁孝艰瘁之厚蓄所致,而某之为罪人、为不肖自若也"①。其母仁孝,勤俭持家,言谈举止皆鼓励儿子耕读,其德实不可没。郑珍在此自言"为罪人为不肖者",乃是其母辞世时作为儿子的痛彻心扉之言,非真"为罪人为不肖者",而是为了深刻缅怀母亲的教诲之恩。贤母严教、善教,郑珍至情、至孝,②成为母贤子孝的典范,流芳百世。

　　孟子说:"居天下之广居,立天下之正位,行天下之大道;得志,与民由之;不得志,独行其道。富贵不能淫,贫贱不能移,威武不能屈,此之为大丈夫"(《孟子·滕文公》),大丈夫也,"气节"之谓也,能天下之广居,立于天下之正位,践行天下之达道,正如"广居,仁也。正位,礼也。大道,义也"(《朱熹集注》),郑珍努力为这个理想坚守,他说:"夫一士不负父母教,成忠烈,已足不朽"③。"士子抱才守洁,遗佚厄穷终其身,而复短气象贤"④,珠峰再高,仍不屈服,虽不能至,心向往之,这就是"气节",是受人尊敬的浩然正气。⑤塑造道德仁义"气节",努力将生命的长度转化为深度和宽

---

① (清)郑珍:《巢经巢诗文集》,民国三年花近楼刻遵义郑征君遗著本,第98页。

② 任在喻:《语语珠玉如闻如视——郑珍〈母教录〉品析》,《贵州文史丛刊》2010年第3期。

③ (清)郑珍:《郑珍集·文集》,王瑛点校,贵阳:贵州人民出版社,1994年,第89页。

④ 同上,第90页。

⑤ 陈刚:《论气节——中华气节观的意蕴、内涵与作用》,《学海》2009年第1期。

度,以成就高尚"气节"。郑珍说:"以道德相师,以仁义相友,气节高乎一代,言行法乎万世。及今想其在时,夜眠共被,朝游相携,仰不愧,俯不怍,与天地各物相浑合。"①又说:"呜呼! 某幼受仲舅之抚教,不能为巨人硕儒有言即取重于世,粗次崖略,付庶煮,尚其存之家乘,思公之志继述之。他日有立言者,意将乐取乎此也。"②在郑珍看来,如果不以"道德、仁义、气节"要求自己,若不知道进德反思己过,人的生命长短与草木荣枯无异,地大物博,万物乃天地各物相混合之作品,郑珍认为只有圣贤才能参悟其中之道理,圣贤可将天地之理内化于心,外化于行,使天地之理与人之道德相结合,所以他倡导"以道德相师,以仁义相友"。

　　总之,郑珍在理欲、生死、气节、富贵等方面的论述,合理地继承了儒家尤其是孔孟程朱的理论精华。在理欲关系方面,由于晚清经世致用的学术环境转向,对人情人欲的强烈诉求,伴随而来的是强调个人价值与欲望的实现,郑珍基于对"欲乃天性"的理解,提出了"有欲斯有理,理欲皆自然"的主张,继而强调既要"存天地之理",又要"存寒饿之欲"。在生死义利方面,郑珍对人生有短暂的焦虑,但其通过追求生命的价值进行化解,如通过修身进德、知礼行义、寻求天理等方式寻求生命的意义,继而"生顺没宁,死得其所"。在德性论方面,郑珍主张"尊德性""道问学"不可偏颇,学行并进,把道德实践作为德性修养的重要标准,他以道德相师,交友重仁义,强调气节高乎一代、言行法万世,把"天理"与"人道"结合起来。

---

① (清)郑珍:《郑珍集·文集》,王瑛点校,贵阳:贵州人民出版社,1994 年,第 65 页。
② 同上,第 155 页。

第六章　郑珍的经世思想

郑珍继承和发展了儒家的经世理念，注重实际运用，在民生、教育、政治等方面提出了许多具有现实意义的主张，如郑珍在"亲民""教化""贤才"等方面的经世理念，对地方政府施行民本、教化育人、选贤任能等方面具有重要的指导意义，为地方经济、文化、政治建设作出了一定的贡献。

第一节　以"亲民"经世

"民为邦本，本固邦宁"（《尚书·五子之歌》），民生问题是国家的根本问题，对社会稳定至关重要。郑珍从亲民、养民、富民等角度体察民情，把人民的丰衣足食作为治世的基本标准，基于儒家"民本"思想的基本立场，提出了"养民者食""戴君者民""饥寒乱之本""饱暖治之原""不扰而治"等"亲民"主张，表现出关注国计民生和社会稳定的博大情怀，这是对儒家"亲民"的经世理念的继承和发展。

（一）"养民者食"与"戴君者民"

治国经世，以民为本。古代先贤无不意识到"民生乃国之根本"的道理，在解决民生问题的实践中，儒家首先要解决的是人的基本生存问题，即人的衣食住行等问题，如《汉书·郦食其传》曰："王者以民为天，而民以食为天"。《陆宣公奏议·卷四》曰："立国而不先养人，国固不立矣。养人而不先足食，人固不养矣。"这些理念深刻地影响了郑珍，其提出了"养民者食"与"戴君者民"的主张，即民众只有在保障基本生存条件的情况下，才能拥戴君王，国家才能实现和谐稳定的局面。

首先，儒家将民生问题作为治世之本。《管子·牧民·国颂》曰："凡有地牧民者，务在四时，守在仓廪。国多财，则远者来；地辟举，则民留处；仓廪实，则知礼节；衣食足，则知荣辱。"即欲治国，必先施行养民、保民、安民等"亲民"措施，只有把人民的生产生活问题解决好，才能达到教化民众、改善社会民生、维护社会稳定的目的。孔子有先富民后教化的理念，如《论语·子路》曰："子适卫，冉有仆。子曰：'庶矣哉！'冉有曰：'既庶矣，又何加焉？'曰：'富之。'曰：'既富矣，又何加焉？'曰：'教之'。"体现了孔子以物质为先、教养在后的经世理念。

在社会治理的问题上，古先贤认为社会混乱是由于人民缺乏基本的衣食用度而造成的。民众缺乏衣食的原因有很多，老子认为这是因为统治者对人民无限制的盘剥，如《道德经·七十五》曰："民之饥，以其上食税之多，是以饥；民之难治，以其上之有为"。民之饥是由于统治者沉重的苛捐杂税，民难治是因为政令繁苛、机构庞杂的政治体制造成的，即"有为而治"，这也是造成民饥难治的重要原因,因此,老子主张"无为而治"。《韩非子·五蠹》曰:"古者丈夫不耕,草木之实足食也;妇人不织,禽兽之皮足衣也。不事力而养足,人民少而财有余,故民不争。是以厚赏不行,重罚不用,而民自治。今人有五子不为多,子又有五子,大父未死而有二十五孙。是以人民众而财货寡,事力劳而供养薄,故民争。虽倍赏累罚而不免于乱。"即人口增长、无序竞争使物质供不应求,是引起社会混乱的主要原因。韩非子认为要根据世道变化调整政策措施以适应新的民生需求变化,"上古竞于道德,中世逐于智谋,当今争于气力"(《韩非子·五蠹》),这是韩非子对历史发展的认识,他认为统治者应该根据实际的社会情况来调整相应的民生政策。

《论衡·治期》曰:"世治非贤圣之功,衰乱非无道之致。"王充认为乱世产生的根源是由于民众的安全感不足,即"子孙孝善,是家兴也;百姓平安,是国昌也"[1],王充又说:

　　夫世之所以为乱者,不以城盗众多,共革并起,民弃礼义,负畔其上乎?若此者,由谷食乏绝,不能忍饥寒。夫饥寒并至而能无为非者寡,然则温饱并至而能不为善者希。传曰:"仓廪实,民知礼节;衣食足,民知荣辱。"让生于有余,争起于不足。谷足食多,礼义之心生;礼丰义重,平安之墓立类。故饥岁之春,不食亲戚,穰岁之秋,召及四邻。不食亲戚,恶行也;召及四邻,善义也。为善恶之行,不在人质性,在

① (汉)王充:《论衡校释·卷第十七·治期篇》,黄晖撰,北京:中华书局,1990年,第771页。

于岁之饥穰。由此言之,礼义之行,在谷足也。[①]

在王充看来,"仓廪实,民知礼节;衣食足,民知荣辱",人的善恶行为取决于"岁之饥穰",所以,礼义之举是以充裕的基本物质条件作为前提和基础。马克思主义认为:"历史破天荒第一次被安置于它的真正基础上;一个很明显的而以前完全被人忽略的事实,即人们首先必须吃、喝、住、穿,就是说首先必须劳动,然后才能争取统治,从事政治、宗教和哲学等等""这一很明显的事实在历史上的应有之义此时终于获得了承认"[②]。因此,中国古先贤在探讨社会治理的方式时,无不关注到这一点,针对治乱产生的原因,他们曾关注经济因素的基础作用,特别是关注人民所需要的物质生活资料在社会稳定中的基础性作用,这种理解包含着朴素的辩证唯物主义。[③]

其次,儒家历来把统治者修己修德作为安民立国的目标,《礼记·大学》曰:"自天子以至于庶人,壹是皆以修身为本"。在封建君主专制制度下,君主的道德修养直接影响着国家的治乱兴衰,所以儒家认为君主和统治阶层无论什么时候都应该把自我修养放在第一位。"正狱讼,弭盗贼,宽赋役,厘漕务,洁躬率下,期事有益于民"[④],故在肯定封建君主专制制度合法性的基础上,要求君主必须

---

① (汉)王充:《论衡校释·卷第十七·治期篇》,黄晖撰,北京:中华书局,1990年,第771页。

② [德]恩格斯、马克思:《马克思恩格斯选集·第三卷》,北京:人民出版社,1995年,第335-336页。

③ 周桂钿:《民以食为天和国以民为本——从古到今的社会历史观初探》,《福建论坛》1998年第3期。

④ (清)郑珍:《郑珍集·文集》,王瑛点校,贵阳:贵州人民出版社,1994年,第151页。

严格履行好基本职责，并且"洁躬率下"，修身保民。儒家认为，如果一个君主勤政爱民，明德慎罚，并对民众推行礼仪教化，力图保持人民的善良本性，那么，民众必然会自觉拥护和爱戴这样的君王。

第三，郑珍基于儒家民本的立场，认为"亲民"对社会稳定和谐有重要的促进作用。郑珍在儒家"亲民"主张的影响下，从养民利民的角度体察社会问题，他说："戴君者民也，养民者衣食也，出衣食者耕织也"①。郑珍的保民思想多指向农民最迫切需要解决的农业问题，他把衣食温饱作为治世的根本标准，作为农业大国，衣食即民生，农事即国本，郑珍从"民本"的立场出发，提出了"戴君者民，养民者衣食"的"亲民"理念。郑珍说：

> 尧命羲和，为此谋天也；禹八年于外，为此谋地也；舜咨九官十二牧，为此尽利也；汤武诛放桀、纣，为此去害也；周公夜思继日，求善此之法也；孔子、孟子老于栖皇，求善此之柄也。无衣食，古今无世道也；舍衣食，圣贤无事功也。②

郑珍认为尧舜禹汤、周文孔孟，无不顺应上天之德，为民驱除暴君，谋天地之利，求善之法柄，目的都是利民。同时，郑珍将国家兴衰存亡的主要原因归结于君王的德行良否，"感时忧国颂嗣皇，事有至难寓忠厚"③，而考虑一个君王德行的好坏，就是看其是否

① （清）郑珍：《郑珍集·文集》，王瑛点校，贵阳：贵州人民出版社，1994年，第217页。
② 同上。
③ （清）郑珍：《巢经巢诗钞注释·前集》卷一《浯溪游》，龙先绪注，西安：三秦出版社，2002年，第15页。嗣皇：即唐玄宗（李隆基）之后唐肃宗（李亨）。元结《中兴颂》云："事有至难，宗庙再安，二圣重欢。"寓：托付。

重视民生之本——衣食之道，即"无衣食，古今无世道也；舍衣食，圣贤无事功也"。如果统治阶层只注重搜刮民脂民膏以满足享乐，而不修德爱民，则是逆反天道，违背人民意志和上天之理，必遭祸患。

最后，郑珍生动诠释了"戴君者民，养民者衣食"的深刻道理。郑珍毫不避讳地批判黑暗的官场，其相关的言辞犀利，在一定程度上可以说是对清廷统治的猛烈抨击，更以此提醒当局注重民生问题。如以道员邓尔巽为例，同治年间，邓尔巽初任绥阳时，有不缴纳赋税者，便"假劝捐为名，肆行搜括"，邓尔巽"于署理遵义府绥阳县时，勒逼民捐不输，才以香背，并添班卡勒捐，设立木站笼，制人死命"①，调任遵义县知县后，"将生员文新元勒捐，押入站笼，令其倾家以赎，并信用劣绅，纵练扰民，以致枫香坝、螺蛳堰一带地方，激变从贼"②，后继任遵义、绥阳两邑，"弊政酷刑，酿成大乱。且屡冒军功，升任道府。其署大定府篆兼署贵西道任内，又激变民团。迨贼攻城时，该员潜遁，以致大定府城失陷等语。似此种种贪酷，肆虐残民，激成变端，若仅照严树森所请，发往军台，不足蔽辜"③，任人唯亲，结党营私，杀掠百姓，滥改法度，擅自加收数倍银元，欺上瞒下，使得人民大众苦不堪言。正是在这些官员的残暴统治之下，咸丰初年，边疆危机加剧，白莲教、天理教起义连连，湘黔边境长期以来就有少数民族的起义和暴动，广东和广西：一则被列强所窥；二则有太平天国运动。整个国家处于水

---

① （清）王先谦：《同治朝》，同治六年八月十六日清刻本，第 7366 页。
② 同上。
③ 同上，第 7366－7367 页。

深火热、民不聊生的悲惨境地。郑珍则从保民爱民的"亲民"理念出发,寄望统治阶级积极建设国富民强的理想社会。郑珍说:

> 好花悦老眼,美人慰衰颜。贾许近东村,邵程邻西湾。作儿不知孤,作夫不知鳏。物丰备九州,时和绝三斑。相逢各欢喜,对坐无狙奸。常持一壶酒,静与孤云间。君来若我出,有息应柴关。松前浣风待,月明当棹还。①

展现了一幅物阜民丰、风气淳朴、喜乐和美的乡村画卷,这正是《礼记·礼运》中所描绘的"大同"理想社会。郑珍在诗中还引用贾谊、许慎"近东村",邵雍、二程"邻西湾"等典故,为这一幅画卷增添了人文诗情画意,这种美好的理想社会反映了郑珍对平安和谐社会环境的强烈渴望。

郑珍在《轮舆私笺》《樗茧谱》中亦论及"亲民"以经世的主张,其中,《轮舆私笺》二卷,是郑珍就《周礼·考工记》中的《轮人》《舆人》《辀人》等篇所作,以求复现周代车制形貌,力辟诸家谬误,使三千年前的古代车舆复原旧貌,促进了当时工匠技能的提升。而《樗茧谱》记叙了养蚕的 48 种工序和步骤,记录了乾隆年间遵义太守陈玉壂②在遵义教授养蚕缲织之法,使遵义成为贵州富饶之地,为当地百姓带来了福利,"回头南天万箐开,童山旷壤

---

① (清)郑珍:《巢经巢诗钞注释·前集》卷八《为宦子蓍作山水,因题》,龙先绪注,西安:三秦出版社,2002 年,第 334 页。
② 在明朝以前,遵义主要以农耕为主。至明朝成化年间(1485—1488),才开始有"生铁冶炼"活动。1738 年后,遵义知府陈玉壂从山东引进蚕种及丝绸织造技术,遵义丝织业大兴,其他经济也得到带动和发展。

有遗材。橡蚕不自乌江渡,蒟酱仍从益部来。在远游民便聚啸,安边长策重耕栽。时平不假书生计,喟古凭今足费才"①。郑珍曾到云南平夷县作幕宾,发现此地土壤肥沃、资源丰富、气候温和,而来此做官的人却荒废政务,使平夷长期得不到合理的开发和经营。郑珍说:"日南九郡弃非图,滇土何堪任旷芜!龙亦有家思豢御,猪皆名海占膏腴。但看插桡俱成树,何不宜桑独少襦。寄语邦君身已到,未应愁叹了官租。"②郑珍寄望为官者发展林牧业和蚕桑业,变荒芜之地为富庶之邦,造福地方百姓,表现了郑珍关注国计民生的情怀和重视实业的"亲民"理念。

(二)"饥寒乱之本"与"饱暖治之原"

在中华民族的历史长流中,涌现了一大批主张"亲民"的思想家、政治家,可以说,"亲民"理念在中国思想史上占有重要地位。这种理念的产生绝非偶然,而是许多思想家、政治家在丰富的社会治理经验及历史发展过程中形成的;是在历朝历代的兴衰成败中、在几千年的政治实践中、在成功的经验和失败的教训中总结出来的理论成果。然而,他们提出"亲民"理念的动机和目的则不

---

① 《巢经巢诗钞注释·前集》卷二《贵阳秋感二首》,龙先绪注,西安:三秦出版社,2002年,第57页。箐:滇黔一带称大树林为箐林;童山:未开垦种庄稼的山地;"橡蚕"句:言遵义一带得橡蚕之利已百余年,而黔南仍未推广。《遵义府志·农桑》云:"乾隆七年,知府陈玉璧始以山东槲茧蚕于遵义。前辈以为树是栎,栎之子为橡,因曰橡蚕。"乌江:黔北与黔南的天然界线;"蒟(jǔ)酱"句:言黔人仰食蒟酱千余年而不思自产。《史记·西南夷传》云:"南越食蒙蜀蒟酱,蒙问所从来,曰:'道西北牂牁。'蒙归至长安,问蜀贾人,贾人曰:'独蜀出蒟酱,多持窃出市夜郎。'"益部:旧指四川成都一带;游民:没有固定生活来源的人;聚啸:闹事;借:借用;喟古凭今:以今吊古。

② (清)郑珍:《巢经巢诗钞注释·前集》卷三《经行一路,皆地广大而民稀且穷,官斯土者自中原来,对此荒荒,靡不愁郁,期满秩迁去,将终不能富庶也》,龙先绪注,西安:三秦出版社,2002年,第123页。

尽相同,他们或向当局统治者进谏,提供治国安邦的良方妙药,或是真正代表受压迫阶级的心声呐喊,为民请命。不管是出于何种目的和动机,他们都意识到"民为邦本,本固邦宁"的道理,都认识到实现国家繁荣和社会稳定的基础是民富,因此得出了一个共同的结论:以"亲民"经世。

《西铭》曰:"民吾同胞,物吾与也。"郑珍试图将"仁爱"之心推及天下大众,为此,他经常关注国计民生,"凡害于民物无细,戮及蛙黾非伤恩。圣人吉凶与同患,蹄迹肯容中国存"①。郑珍对待广大劳苦大众,表现出真切的悲悯之情和亲和的友善行为,因此,郑珍也常常关注民不聊生、水深火热的现实境遇。如《经死哀》曰:"虎卒未去虎隶来,催纳捐欠声如雷。雷声不住哭声起,走报其翁已经死。怒目嗔:'吾不要命只要钱!若图作鬼即宽减,恐此一县无生人'。促呼捉子来,且与杖一百。'陷父不义罪何极,欲解父悬速足陌。'呜呼,北城卖屋虫出户,南城又报缴三五。"②清朝咸丰四年(1854),官逼民反,贵州苗民起义连续不断。同时,清廷为镇压起义以及应付鸦片战争以来的各种割地赔款,国库亏空,只能向底层人民征收重税,以致民不堪命。郑珍亲身经历,见闻所及,便写下许多哀天悯人、揭露黑暗现实的诗篇。从《经死哀》结尾处所描述的情况来看,"北城卖屋虫出户,南城又报缴三五",显然是农民已不堪承受清廷所强加的租税负担,加之官兵如匪徒般的剥削抢夺,才被逼上绝路,这是官逼民反的真实写照。

① 黾:金钱蛙。中国:泛指国中。[参见(清)郑珍:《巢经巢诗钞注释·前集》卷二《捕豺行》,龙先绪注,西安:三秦出版社,2002年,第71页。]
② 白敦仁:《巢经巢诗钞笺注》,成都:巴蜀书社,1996年,第1223页。

更为残酷的是,户主死了,税吏还要挟其亲属代为缴足税款,不从者皆惨遭毒打。郑珍将税吏毫无人性的暴行揭露无遗,是对"苛政猛于虎"这一论断形象而生动的诠释。从郑珍的这类诗作中,让我们更真实地感受到那段惊涛骇浪的历史,敲响了封建社会崩溃的丧钟,是郑珍为即将灭亡的王朝谱写的挽歌,郑珍的这些诗歌堪称诗史,是"饥寒乱之本"在底层社会的真实写照。

郑珍代表广大的被压迫民族的阶级立场,其"亲民"的经世理念还表现在发展民生实业上,他深刻意识到"饥寒乱之本也,饱暖治之原也。故衣食自古圣人之所尽心也"①,他从"利民"的角度出发,提倡发展农业生产、关心民生疾苦、重视解决人民衣食温饱等问题。郑珍撰《樗茧谱》(总结遵义地区百余年养蚕织绸经验的科技专著),目的是推广桑蚕业,解决人民基本的衣食问题,他说:"夫以食为衣者利一定,以衣为食者利无方"②。郑珍的得意门生胡长新在黎平推广其《樗茧谱》中的桑蚕技术,解决了当地民众的衣食问题。《贵阳秋感二首》介绍了黔南人民不遵循养蚕之术的情况,后胡子何将郑珍的《樗茧谱》带到黎平,为黔南之地带来了科学的养蚕方法,促进了当地蚕丝业的发展,郑珍写下了《遵义山蚕至黎平歌赠子何》,赞扬胡子何为"本期博利弥黔区",深感欣慰。

《播州秧马歌》描写了遵义地区"谷雨方来雨如丝,春声布谷还驾犁"的生动耕作场景,记载了遵义地区农民驾驭"秧马"、沤制绿肥的工艺制作过程,"秧马"是当时遵义一带较为先进的制肥方法,郑珍在"序"中对秧马的构造及制肥的方法作了简要介绍,制

---

① (清)郑珍:《郑珍集·文集》,王瑛点校,贵阳:贵州人民出版社,1994 年,第 217 页。
② 同上,第 191 页。

肥方法操作起来方便快捷，"其力倍于粪，且不蠹"，"秧马"还极大地减轻了劳动的强度，"终身脚板无瘢胝"，生动记述了农民春种秋收的喜悦之情，郑珍欣然"为歌一篇，俟后谱农器者采焉"。

《玉蜀黍歌》以滇黔地区的神话传说为引线，记载了远古以来滇黔之地种植玉蜀黍的历史，郑珍意识到如此重要的农作物恐"无人考论"，于是把他写入禾谱，为后人参考。郑珍《玉蜀黍歌》曰："滇黔山多不偏稻，此丰民乐否即瘥。尔来樗茧盛漆播，程乡帛制传祥柯。织人夜食就省便。买此贵于粳米瑳。民天国利俱在此，无人考论理则那，他年南方谁作木禾谱。请补稽含旧状歌此歌。"玉蜀黍作为滇黔僻壤之地的重要农作物，其味道佳美、食用方便，是当时山区人民的主食。玉蜀黍种植技术的推广，不仅摆脱了长期以来山地的地形条件限制，而且解决了山区人民少田少粮的问题。

郑珍意识到"民以食为天"，衣食住行是家庭和社会稳定的根本，即"饥寒乱之本""饱暖治之原"，所以发展农业、为民谋生成为其"亲民"理念的重要内容，郑珍积极推广桑蚕技术和普及农作物种植的基本知识，为解决乡村人民基本的温饱问题和维护乡村社会的稳定作出了积极的贡献。

（三）"先富后教"与"不扰而治"

人生存的首要任务是解决生存权的问题，即温饱问题；其次是发展权的问题，即富足的问题；最后是尊重权的问题，即道德文明的问题。可见，生存权的问题是最基本的问题。孟子认为，在解决了基本的物质生存条件之后，须对人民进行教化，否则与禽兽无异，《孟子·滕文公上》曰："饱食暖衣，逸居而无教，则近于禽兽"。《论语·为政》曰:"今之孝者,是谓能养。至于犬马,皆能有养;不敬,何以别乎?"此处一个"敬"字,就把人与禽兽之间的界限区别开来,这说明道德修养的提升是一个人获得他人和社会尊重的必要条件,在此过程中,教化起到了重要的促进作用。

孟子提出"仰足以事父母,俯足以畜妻子,乐岁终身饱,凶年免于死亡"(《孟子·梁惠王上》),即社会稳定的最基本要素就是要保证农民正常的生存条件,满足人民正常的衣食住行,从民生的角度来说,就是要保证人民乐岁和凶年都能够维持基本的生存权利,这样,才能保持人口的稳定增长,保证生产力的可持续发展,才能更好地维持社会的和谐稳定,才能更好地施行教化。

郑珍认为只有在人民富裕之后,执政者才可能"不扰而治",才能够实现教化的目的,这也是黎恂任职桐乡知县时所奉行的经世理念,"海内方承平,东南日益富庶,先生以不扰治之"①,郑珍对此表示肯定。但许多为官者并不能重视甚至改变地区落后的面貌,郑珍说:"经行一路,皆地广大而民稀且穷,官斯土者自中原来,对此荒荒,靡不愁郁,期满秩迁去,将终不能富庶也。慨然赋此"②。为了使人民富裕,郑珍探索致富之路、关注民生现实、重视发展农桑。在教化方面注重实用,"同命蹈汤火,吾怜蚕此时。要为世衣被,不尔安得治。所求补生民,可悯不在斯为此"③,为

---

① (清)郑珍:《郑珍集·文集》,王瑛点校,贵阳:贵州人民出版社,1994年,第151页。
② 官斯土者:来这里作官的人;荒荒:荒凉的地方;愁郁:十分愁苦;期满秩:期望任期满;迁去:离开。(参见郑珍:《巢经巢诗钞注释·前集》卷三《经行一路》,龙先绪注,西安:三秦出版社,2002年,第124页。)
③ (清)郑珍:《巢经巢诗钞注释·前集》卷四《煮茧》,龙先绪注,西安:三秦出版社,2002年,第150页。

了改变中原为官者期满离去，不顾生民死活的状况，郑珍当仁不
让，毅然担负起"补救生民"的重任。著有《樗茧谱》，他在书中结
合实际情况推广耕桑技术，莫友芝《樗茧谱注叙》言此书"伯仲乎
有宋之陈、秦《农》《蚕》二着间，颇无意于规模《考工》"，《樗茧谱》
凸显了郑珍"亲民""富民""教民"的宗旨。郑珍说："今贵州之
地，十九山也，田不足食居人也，无吴、楚、齐、秦利也。槲茧，先
郡守遗以食遵义者也。今食者十之八矣用田者，且食之矣，皆槲
也。但有山也，皆可槲也。槲则食矣，但蚕也，山人之山而亦食
矣，非一遵义也，非一贵州也。"①桑蚕业使遵义成为黔中的富饶
之地，"当丝业盛时，其法家喻户晓，或不甚贵重其书，自经兵燹，
老成凋谢，旧法渐以失传，于是遵绸不竞，郡人士乃觅本重刊，相
与讲明而肄习之，丝业乃复旧观"②，此书对养蚕技术的推广有很
高的参考和实用价值，同时在教化民众、提高农民生产积极性等方
面起到了重要的促进作用。在《遵义府志》中，他专门编撰了"农
桑"一卷，内容包括土宜、农事、农具、农时、蚕食、编织等，这都是郑
珍煞费苦心的良心之作。游幕在外，郑珍经常关注所到之处的农
业发展状况，在《黎平木赠胡生子何常新》书中，他对遵义和黎平两
地农业生产的优劣状况进行了细心比较，他说："遵义竞垦山，黎平
竞树木。树木十年成，垦山岁两熟。两熟利诚速，获饱必逢年。十
年亦纡图，绿林长金钱。林成一旦富，仅忍十年苦。耕山见石骨，
逢年亦约取。黎人拙常饶，遵人巧常饥。"③此涉及郑珍对土地开

① （清）郑珍：《郑珍全集》（第六册），黄万机译，上海：上海古籍出版社，2012年，第456页。
② （清）郑珍：《郑珍全集》（第一册），黄万机译，上海：上海古籍出版社，2012年，第27页。
③ （清）郑珍：《郑珍全集》（第六册），黄万机译，上海：上海古籍出版社，2012年，第163页。

垦、封山育林等环保理念。这一系列的"亲民"举措,不仅改善了地方民风民俗,而且为解决民众的基本生存问题作出了积极的贡献。

总之,郑珍在儒家民本思想的影响下,提出了"养民者食,戴君者民""饥寒乱之本,饱暖治之原""先富后教,不扰而治"等"亲民"主张,体现其忧国忧民的家国情怀,唐炯评价曰:"凡所遭际,山川之险阻,跋涉之窘艰,友朋之聚散,室家之流离,与夫盗贼纵横,官吏割剥,人民涂炭,一见之于诗,可骇可愕,可歌可泣,而波澜壮阔,旨趣深厚,不知为坡、谷,为少陵,而自成为子尹之诗,足贵也"①。郑珍代表广大的被压迫民族的阶级立场,意识到民众只有在保障基本生存权利的条件下,社会才能和谐稳定。郑珍从"养民""富民""利民"等角度出发,提倡发展农业生产和实体经济,重视解决民生基本问题,从而为实现教化提供了物质基础。

第二节　以"教化"经世

郑珍重视教育,积极践行儒家"教化"经世理念,其方式主要以"好学深思"与"务求切实"、"致思得其真"与"能师得其学"、"以辨明华夷"与"以道处蛮夷"等内容进行教化,郑珍学以致用、厉行教化,为地方移风易俗、民族文化交流和融合发展作出了积极的贡献。

(一)"好学深思"与"务求切实"

郑珍一生极少入仕,任教时间亦极为短暂,大多隐居山林潜心

---

① (清)郑珍:《巢经巢诗钞注释·历代名家论郑珍诗摘编》,龙先绪注,西安:三秦出版社,2002年,第1页。

治学,但其提出了许多富有成效的教化理念,为儒家文化在贵州的传播做出了积极的贡献,被誉为"足以和东汉尹珍媲美的教育家"①。

　　郑珍积极践行儒家教化理念,其中,"好学深思"与"务求切实"的理念是对孔子"好学""乐学"精神的继承和发扬,如《论语·雍也》曰:"知之者不如好之者,好之者不如乐之者"。孔子将"发愤忘食"的学习状态称为"乐学",但孔子自谦地认为自己没有达到"乐学"的境界,《论语·公冶长》曰:"十室之邑必有忠信如丘者焉,不如丘之好学也",但十室之邑不如丘之"好学"也。郑珍认为莫友芝达到了"好学深思"的状态,他说:"以子偲为人若此,则其制境之耿狷,求志之专精,用心之谨细,非似古人之苦行力学者欤"②。而郑珍治学"读书细心,处处求是"③,"于是汉学大明,六经之义,若揭日月"④,"'六经'有实义,大师非汉偏。皇皇一代学,足破诸子禅。何言毋敛生,得淑浇长传。千金学屠龙,用志良亦专"⑤,由此可见,郑珍的确达到了"好学深思"的境界。《论语·为政》曰:"学而不思则罔,思而不学则殆。"这句话说明了学与思的辩证统一关系,学不离思,思不离学。学而不思,难究事之原委,也不能把我们所学到的知识转化为实际的成果;思而不学,不进行实实在在的实践,也不能获得真知。孔子告诫我们只有把学习和思考结合起来,才是求学之道。

① 黄万机:《郑珍世界观初探》,《贵州文史丛刊》1987 年第 1 期。
② (清)郑珍:《郑珍集·文集》,王瑛点校,贵阳:贵州人民出版社,1994 年,第 79 页。
③ (清)郑珍:《巢经巢诗文集》,民国三年花近楼刻遵义郑征君遗著本,第 102 页。
④ (清)郑珍:《郑珍集·文集》,王瑛点校,贵阳:贵州人民出版社,1994 年,第 52 页。
⑤ (清)郑珍:《巢经巢诗钞注释·前集》卷四《上中丞贺耦耕长龄先生》,龙先绪注,西安:三秦出版社,2002 年,第 152 页。

　　郑珍亦主张将学思结合起来,他不仅好学,而且善于从学中获得思考的能力,即深思,关于深思,郑珍从莫友芝处获得启示,郑珍说:"珍于古人之诗,仅观大意,求如邵亭绳量尺按,十倍逊之。然邵亭所得可得而论也。其取旨也务远,其建词也务新,句揉字炼,其声慘然,绝无粗厉猛起气象。是其所取径造境,非直近代诗人所无,亦非鲁直、无已所能笼络。惟用思太深,避常过甚,笔黑之痕,时有未化"①。郑珍反思自己曾经读诗治学仅观大意而不深思,终不得其旨。莫友芝则句揉字炼,取旨深远,学思结合,郑珍敬佩不已。后来郑珍治学,"求其晓畅可读,大段不失",为自己量身定制了一套行之有效的学习方法,他说:"要之既非元书,本之异同其相传亦各有所自,但求其晓畅可读,大段不失,即得矣"②。郑珍主张学思结合,学行并进,即"好学深思"。在继承儒家教化理念的基础上,在治学或是教导学生的过程中,都注重务求切实、学以致用。郑珍的教育思想和教化理念主要体现在以下几个方面:

　　首先,有教无类。孔子提出"有教无类",而且明确表示大多数人是可以通过努力而获得智慧。郑珍对"有教无类"的教学原则有所见解,他说:"'上之性,就学而愈明;下之性,畏威而寡罪。故上者可教,而下者可制。'某乃下之性待制者也,得先生更优游无疾二三十年,某亦七八十岁人矣,而心常有所严畏获寡罪以终吾身,岂非幸哉? 岂非幸哉? 爱书以为寿序"③。郑珍赞同"上

---

① (清)郑珍:《郑珍集·文集》,王瑛点校,贵阳:贵州人民出版社,1994年,第101-102页。
② 同上,第100页。
③ 同上,第82页。

品"之人可导，"下品"之人可通过威严来使其约束，也意识到自己
是一个下品之人，因"爱书"而心常畏惧，有待约束，从而减少过
错。因此，在郑珍看来，无论是什么品性之人，都可以通过教化而
获得知识和智慧，这是对"有教无类"教育理念的继承。

在实际的教育活动中，郑珍也遵循这一理念施行教化，郑珍
大多任教于少数民族聚居地，其学生来自不同民族，家庭背景也
不尽相同。面对这样一个成分复杂的学生群体，郑珍秉承"有教
无类"的教育理念，平等相待，且特别关注来自贫困家庭的学生。
如他担任古州厅榕城书院山长期间，一生名曰刘之玚，天赋异禀，
富有诗才，其父母以糊纸灯笼为生，郑珍对其珍爱有加，并悉心引
导，后小有成就，他说："华亭萧木匠，富水李衣工。诗并传当世，
生今继此风。穷居临粪巷，秀句出灯笼。吾道无绅布，怀哉五字
功"①。有个叫刘炳蔚的秀才，其束脩费用只有四千铜文，但郑珍并
没有责怪刁难，"吾道无绅布"，即强调问道之人无士绅和布衣的身
份差别，在郑珍无差别的对待下，大多数学生在当地成就斐然。

其次，因材施教。郑珍发扬儒家因材施教的教学原则，因势
利导，起到了事半功倍的教学效果，《黎平府志·宦迹》云："古州
自道光十三年始立学校，诸生夷汉杂糅，学问浅陋。珍先以时文
诗赋导其机，继以程、朱、陆、王之学约其旨，不数月，远近肄业者
百余人。邻封闻之，有数百里负笈来学者。坐则侍立，行则从游。
喜接引后进，子弟辈请教，必谆谆训诲"②。郑珍任古州厅训导时

---

① (清)郑珍:《巢经巢诗钞注释·前集》卷七《赠刘生子玚之玚》，龙先绪注，西安:三秦出版
社,2002 年,第 305 页。
② (清)俞渭修、陈瑜纂:《光绪黎平府志》,清光绪八年黎平府志局刻本,第 1226 - 1337 页。

期,根据当地学生有着不同的文化背景,基础知识水平普遍偏低等特点,郑珍结合具体情况,实事求是,为当地学生打造了一套"由启发诗文兴趣入手""德育为先,智育在后"的教育方法,循循善诱,将孔孟、程朱之学融入课堂中,调动了学生的学习积极性,为当地营造了良好的学习风气,赢得了邻村学者的一致好评,也为学生治学成才打下了坚实的文化基础。

郑珍赞同"学之非难,才之为难"的观点,即为学容易而成才难,他说:"读并世人著作,少所当意,每诵尊篇,不觉心服。诚有见乎学之非难而才之为难,此中消息有分寸不可强者然也"①。因此,他具体分析了学生在不同年龄阶段的心理认知特点和实际接受程度,继而选择不同的教育方式进行引导,既不拘泥琐繁,也不坐论空谈,而是以启发式教育为主,由易到难、由浅入深,注重培养学生自主自觉诵诗习文的能力,循序渐进激发学生的兴趣。同时,郑珍讲授诗文,对其基本义理和来源注疏旁证、详加说明,以此激发学生志趣,他说:"若各大家诗无一字无来历,字句苟一说即了,必繁曲引证,反胶泥其聪明。至本事本旨,不称载前说,又无以引其灵悟,而鼓舞其幼志,使知世间书之当读者多"②。因此,郑珍对教学的设计也遵循因材施教、循序渐进等原则,引导学生由"好学"渐进到"乐学"的状态,郑珍说:"此其为童子计,思即是粗选,诱之入于高明宏达之途者,用意最为至切"③。郑珍用"诱之入于高明宏达之途者"来表达这种循循善诱的教学方法,

---

① (清)郑珍:《郑珍集·文集》,王瑛点校,贵阳:贵州人民出版社,1994 年,第 37 页。
② 同上,第 78 页。
③ (清)郑珍:《巢经巢诗文集》,民国三年花近楼刻遵义郑征君遗著本,第 144 页。

"今先生于乡父师也,论教子弟作诗,此注何足尽然。譬之欲令泛海,当由门前之溪始。且天下事即众趋者而顺导之,则易为功也。是注也,即善且稿定,盍即以教乡子弟,先生不我拒也"①,即由易到难、由简入繁、循序渐进。

再次,诗礼教化。郑珍十分重视诗礼的教化作用,经常利用诗歌作为教育的重要素材,郑珍推崇孔子的礼乐教化,他说:"虞廷之命乐曰'诗言志',孔门之立教曰'兴于诗',其庶几近之乎"②。将诗书礼乐结合起来进行施教,提升学子的道德涵养、陶冶情操。众所周知,《诗经》在提高口语表达和实际交流效果方面有着重要的促进作用。为此,郑珍也主张通过学诗来提高言语表达能力,并以不学诗为耻,他说:"吾舅氏黎雪楼先生以宏通淹雅之才,遭逢其盛,聪明早达。作官会稽,公余辄以歌咏自娱,与诸名士相切劘,弹琴咏风,有宓子贱之余韵焉。迨中年解组后,益以诗教倡导后学,一时群从子弟争自磨,咸以'不学诗,无以言'为大辱"③。礼乐是道德教化的一种有效方式,同时也是为了陶冶情操、优化审美、移风易俗,郑珍为提高地方学子的诗乐文化素养作出了贡献。

最后,重视德育。郑珍在教育教学过程中还特别注重培养学生的道德品质,希望能达到"德之易成"的教育目的。郑珍说:"承教唯唯如儿时,退则弹琴咏歌,声闻垣外。常曰:人以进士为读书之终,我以进士为读书之始。诚得寸禄了三径资,事亲稽古,吾志也。"④强调

① (清)郑珍:《巢经巢诗文集》,民国三年花近楼刻遵义郑征君遗著本,第144页。
② (清)郑珍:《郑珍集·文集》,王瑛点校,贵阳:贵州人民出版社,1994年,第96页。
③ 同上,第95页。
④ 同上,第151页。

用诗词歌赋来进行润物细无声的德性教化，而不是将读书作为追求功名利禄的手段，"安知屡摧挫，学问不在此"①，若能进士取第进入官场，也要以修德为本，事亲稽古，立志有为。而郑珍对于目不识丁、碌碌无为而懈怠于学习之人，往往给予严厉的批评，他说："田家儿目不识一字，足终身不出十里，鳌面赤骬，以勤以劳，以日夕唯力是奉，得有余今日之悔哉"②。强调要"好学深思""务求切实"，养成良好的道德品格。

郑珍秉承有教无类、因材施教的教育理念，重视诗乐与德育，循循善诱、诲人不倦、学以致用，为乡村的文治教化作出了突出贡献，深受广大学子和同行学者的尊敬以及爱戴，邻县数百里，有负笈来者，"坐则付立一堂，行则从游塞路"③，被誉为"广文郑老"。

（二）"致思得其真"与"能师尽其学"

郑珍"致思得其真"的"求知求真"理念，即学与思的辩证统一，其强调不仅要学习前人之学，还要学习前人之思，更要学会独立思考的能力，学思结合，才是获得真知的重要途径。郑珍重视"学""思"结合，即"致思得其真"与"能师尽其学"的理念，主要表现为"由学而教""由教而学"的特点，也就是说，"致思"（学）才能得其"真"（真知），"能师"（教化）才能尽其"学"（致思），获得"真知"往往需要不断地"致思"（学），通过教化（师）才能尽其所知所

---

① （清）郑珍：《巢经巢诗钞注释·前集》卷三《寄答莫五》，龙先绪注，西安：三秦出版社，2002年，第127页。
② （清）郑珍：《郑珍集·文集》，王瑛点校，贵阳：贵州人民出版社，1994年，第51页。
③ （清）郑珍：《巢经巢诗文集》，民国三年花近楼刻遵义郑征君遗著本，第540页。

学。因此,学思结合是系统性、统一性、科学性的教学方法,这是古先贤总结出来的教育理念。

因此,郑珍主张"博学而专精"与"致思得真知",即"藏书读书事不同,藏书贵多读贵通。古来读破万卷者,不必万卷皆官中"①,而且"专用力于六经,能得其精要"②,黎恂家中藏书数千卷,乃当时黔中私家藏书最多者。郑珍于是"日过目数万言",不多时日,他说:"既浅俗学为不足尚,尤惩涉猎无所归,自悱潜心宋五子之学"③。从而广泛涉猎宋五子之学,体现了郑珍由浅入深、由汉入宋、学思结合的治学径路。在治学中,他除精读许慎、郑玄、段玉裁等诸家外,他还广泛研究各种文字学专著,相互比较,辨别真伪,以便精解各家之优,并撰写了《说文新附考》。郑珍说:"多闻择善圣所教,少见生怪俗之鄙。"④积极求圣贤所教,充分体现了"好学致思""求真知"的学习理念。

郑珍也提倡勤学、乐学,他说:"鸠集四十年,丹黄不离案。有售必固获,山妻尽钗钏。有闻必走借,夜抄垣达旦。"⑤读写思考、发愤忘食,可以说是勤奋不已,"学宦亦良策,山林固予乐"⑥,不以读书求官为乐。其晚年仍孜孜不倦,"我今身与世相违,誓作蠹

---

① (清)郑珍:《巢经巢诗文集》,民国三年花近楼刻遵义郑征君遗著本,第475页。

② 同上,第237页。

③ (清)郑珍:《巢经巢诗钞注释》附录《敕授文林郎征君显考子尹府君行述》,龙先绪注,西安:三秦出版社,2002年,第704页。

④ (清)郑珍:《巢经巢诗钞注释·后集》卷三《与赵仲渔婿论书》,龙先绪注,西安:三秦出版社,2002年,第520页。

⑤ (清)郑珍:《巢经巢诗钞注释·后集》卷六《埋书》,龙先绪注,西安:三秦出版社,2002年,第650页。

⑥ (清)郑珍:《巢经巢诗钞注释·前集》卷四《寄山中四首》,龙先绪注,西安:三秦出版社,2002年,第162页。

鱼死残简"①,即不愿入世俗,只是手不释卷,潜心治学,至死方休。同时,他告诫晚生后辈应当勤学奋进,"弟辈灯红底,还应倦对书"②,"他年贵仕会不免,今日风尘要磨砺"③,鼓励学人越挫越勇,在磨炼中成长成才。"伏惟勖德日隆,动静褆福。某赋受至愚,不通晓世务,然颇乐读书,此先生所素见"④,强调只要肯下工夫,充分合理利用时间乐学进取,皇天定不负苦心人。郑珍认为"勤惰"应有度,并提出"以文之佳否,考其勤惰"⑤的考察标准,倡导学人勤学活学,最重要的是乐学,以自觉意识寻求内心的安顿,郑母说:"'我一时不作劳,即觉心无安顿处。'想真好学人,亦必舍书即觉心无安顿处,同是一个道理。"⑥且"舍书即觉心无安顿处"⑦,这当是学人应具备的一种积极、主动、自觉的学习状态,这种乐学的精神,是一种长期坚持、自觉培养的良好品质,是郑珍在学习和教育过程中所追求的"求真"境界。学习是获取知识和能力的前提条件,而思考能使学习成果进一步深化和提炼,以学驭思,以思促学,把学习和思考结合在一起才是有效的求知方法。

郑珍继承了儒家学思结合的有效方法,以提高学习效率。儒家注重培养独立思考的能力,并提出了具有启发式的教化原则,

---

① (清)郑珍:《巢经巢诗钞注释·后集》卷三《赵仲渔廷璜婿来山中,漫书》,龙先绪注,西安:三秦出版社,2002年,第518页。

② (清)郑珍:《巢经巢诗钞注释·前集》卷四《博望乘月赴裕州》,龙先绪注,西安:三秦出版社,2002年,第164页。

③ (清)郑珍:《巢经巢诗钞注释·后集》卷一《送表弟黎筱庭庶焘、菽园庶蕃赴礼部试》,龙先绪注,西安:三秦出版社,2002年,第399页。

④ (清)郑珍:《巢经巢集》,光绪二十年刊本,第53页。

⑤ 同上,第124页。

⑥ (清)郑珍:《郑珍集·文集》,王瑛点校,贵阳:贵州人民出版社,1994年,第181页。

⑦ 同上。

"不愤不启，不悱不发。举一隅不以三隅反，则不复也"(《论语·述而》)。关于启发式教学，朱熹做了进一步的阐发，朱熹说："愤者，心求通而未得之意；悱者，口欲言而未能之貌；启，谓开其意，发，谓达其辞"①。将愤、悱、启、发的教育模式解释为通意达辞，注重启迪思维和培养自觉思考的能力，时而通过坐谈的教学方式，实现师生互启，教学相长，求同存异，让学生对所学的知识进行比较分析，启发自觉思考的能力，即"思则得之，不思则不得也"(《孟子·告子章句上》)，强调了思考对获取知识的重要性。

荀子提出了"外铄论"的教学方法，即善于借助外物，特别是借助古典书籍的学习和研究。郑珍所倡导的"经术行义"与启发、外铄有相通之处，这是郑珍最为核心的"读经求知"学术理念。他说："学术正，天下乱，犹得持正者以治之；至学术亦乱，而治具且失矣。"②在郑珍看来，学术求"正"、行"义"，才是治学的根本，如果仅仅"致思"，没有"正"或者"义"作为治学的标准，则会"治具且失矣"，因此，他提倡儒家的启发、解蔽、外铄等学习方法，做到"静思""慎思"。郑珍治学，不沉溺于书本，如郑珍在探究《易》的过程中指出，"学《易》必不以此书为止也，可知矣"③，认为学无止境，不必专注一书之本意，向外探索，向内思考，方可探求真知。如郑珍学《易》是"由孔子之辞以求文、周之辞"，郑珍将学与思结合，通过思考和实践，修道进德。

从以上儒家和郑珍关于学习的重要理念中可以看出，郑珍对

① 崔宜明：《先秦儒家哲学知识论体系研究》，上海：上海人民出版社，2014年，第37页。
② (清)郑珍：《郑珍集·文集》，王瑛点校，贵阳：贵州人民出版社，1994年，第75页。
③ 同上，第86页。

儒家思考、启发教育方法的重视。随着语言和文字被逐渐"淡化",不经过思考就很难理解字面之意,探索旧话语体系下的新价值理念也显得更加困难。"致思"对当前的教育启示是重视独立思考能力的培养,对学者教育进行"知人论世"教育,首先要对文本知识的解读思考,并运用到现实的社会环境中加以诠释,获得新的运用价值。

郑珍"能师尽其学",即能师其人,则能尽其学,要求为人师者,应当在"致思"不疑处质疑,不失偏颇,通过自己对前人思想的"致思",得前人之"真",进而尽其所学而传授于学人。他说:"人于前哲当无徒震服其名,而贵致思于其学,致思而得其人之真,跃跃然神与之游,古人且将引弟子为友者,如是乃为能师其人而尽其学。"①通过学习领悟古代先贤对人生真谛的思考,在对古人思想的领悟中,尊重古人但不盲目信奉,这也是学人做学问所具备的独立思考能力。

郑珍在治学过程中所遵奉的"致思得其真"与"能师尽其学",还表现在笃实求知、求真致思、不盲从权威,如对程朱、陆王之说采取批判性继承的态度。清初"尊朱辟王"的先驱张履祥,在其文中辨析了程朱与陆王各自学说之偏颇。张履祥说:

> 朱子精微,象山简率,薛、胡谨严,陈、王放旷。今人多好象山,不乐朱子,于近代人物,诐陈、王而诎薛、胡。固因人情便简率而苦精详,乐放旷而畏谨严;亦百余年来,承阳明气

---

① (清)郑珍:《郑珍集·文集》,王瑛点校,贵阳:贵州人民出版社,1994 年,第 63 页。

习,程、朱之书不行于世,而王、陆则家有其书,士人挟册,便已沦浃其耳目,师友之论,复锢其心思,遂以先入之言为主。虽使间读程、朱,亦只本王、陆之意指摘其短长而已。谁复能虚心笃志,求所为穷理以致其知,践履以敏其行者?此中习尚不能丕变,窃忧生心害事之祸,未有艾也。①

杨园先生对阳明心学不善维护,其学说偏于高明一路,而又未见系统阐明,后学便莫衷一是,各成一隅,末流则空谈性尔,流弊更甚,郑珍对陆王、程朱学说之弊也持有见解。郑珍说:

> 程子曰:"参也,竟以鲁得之。"吾观朱子自道其资质要不过中人,视象山四岁时即思及天地穷际者,固远不及矣,乃卒得圣人之纯正,非以其鲁欤?大抵质钝者为其易,不敢为其难;守其一,不敢望其二心细而用力苦,故其究卒抵于道。而于异端也,亦无不洞悉毫末。②

即对程朱陆王学说之得失做了较为持平的论定,体现其严谨笃实的求真精神。郑珍说:"程子敬邵子者也,而不甚重其说《易》;朱子敬张子者也,而不尽醇其《正蒙》。斯程朱之所以为程朱欤?文成公殆张邵之亚欤。"③郑珍认为二程不赞同邵雍以象数来解《易》,朱熹对张载《正蒙》中提出"气本论"的看法持有异议,但未

---

① (清)张履祥:《杨园先生全集》,北京:中华书局,2002年,第1143页。
② (清)郑珍:《郑珍全集》(第六册),黄万机译,上海:上海古籍出版社,2012年,第520页。
③ (清)郑珍:《郑珍集·文集》,王瑛点校,贵阳:贵州人民出版社,1994年,第63页。

见有不敬之意。郑珍并不拘泥于权威，也正因为如此，他在创作《仪礼私笺》的时候揆情度理，从而能够更好的领悟和阐发经文的精微旨意。郑珍能够成为唯一一位得到程恩泽真旨的人，也是因为他善于向程恩泽学习，"致思得其真"。郑珍主张凡事付诸实际行动，如《母教录》曰："凡事一经手作便是有味。若都没有用过心力，任说出血来尔只看是白水"①。简而言之，郑珍认为要把学、思、行结合起来，而不是坐而空谈，妄论先贤。

有学者认为"郑珍在参观黔西阳明祠后，表示要'师其人而尽其学'"，从而断然定论郑珍"顺应了要求发扬心学的时代潮流"②，这种断章取义的说法有失偏颇。郑珍关于这段话是记载在《阳明祠观释奠记》中，文章的一段涉及郑珍对阳明之学的态度。郑珍说：

> 我文成公之讲学，陈清澜、张武承、陆稼书诸先生详辨矣。此严别学术则尔，至其操持践履之高，勋业文章之盛，即不谪龙场，吾侪犹将师之，矧肇我西南文教也。今吾黔莫不震服阳明之名，而黔西与遵义，于龙场仅隔一延江，其希向之念，宜愈于远隔大贤之居者。③

分析郑珍的这段论述，其明显对阳明之学持"严别"的态度。郑珍探讨阳明之学，首引陈清澜、张武承、陆稼书等诸先生之详辨，他

---

① 参见黄万机、黄江玲：《没有坐过讲台的两位女教育家——"西南巨儒"郑珍的母亲和女儿》，《教育文化论坛》2009 年第 1 期。
② 张明：《贵州阳明学派思想流派初探》，贵州师范大学硕士学位论文，2003 年。
③ （清）郑珍：《郑珍全集》（第六册），黄万机译，上海：上海古籍出版社，2012 年，第 512 页。

们皆为反对阳明心学的有名学者,而郑珍却强调此仅为不同学派之间为了"严别学术",对此,郑珍表示赞同。郑珍虽认为阳明心学偏于高明一路,却对王阳明治学精神钦佩至极,尤其是对他个人的道德、文章和圣贤事功,而且王阳明"肇我西南文教",故而"吾侪犹将师之",但不能因此而认定其顺应了要求发扬心学之潮流,而当时的潮流是程朱兴起,并不是心学为主流。但是郑珍意犹未尽,"然余窃谓人于前哲,当无徒震服其名,而贵致思乎其学"①,着重强调了"无徒震服其名",即是要真正的注重阳明"贵致思夫其学"的精神。正如上文举二程敬邵雍,而不赞成其《易》说;朱熹敬张载,而不认同"气本论"。郑珍并未明确表示师阳明其人,尽阳明之学,在此,郑珍肯定了王阳明的治学精神,体现了郑珍"致思得其真""能师得其学"的严谨态度。

(三)"明华夷之辨"与"处蛮夷之道"

郑珍将"华夷之辨"与"处蛮之道"作为其"教化"经世的一个部分,是因为郑珍所持有的民族平等和性别平等的理念,这为促进地方的民族融合、移风易俗起到了重要的促进作用。"华夷之辨"是中国传统哲学争论的重要内容之一。在不同的时代,华夷之辨争论的内容和形式不尽相同,但基本的核心主题:即如何确立中华文化的主导地位,增强民族认同感和培养民族自信心,如何在民族文化自信的基础上,吸收和借鉴其他民族的文化精髓。

春秋战国时期,"华夷之辨"的主要目的是要建立和维护中原

---

① (清)郑珍:《郑珍集·文集》,王瑛点校,贵阳:贵州人民出版社,1994 年,第 63 页。

主流文化的主导地位。东汉时期佛教传入中国后，华夷之辨让渡于华梵之辨，主要体现在儒、道、佛对国教地位的争夺。宋明时期，理学的开新标示着儒家在吸收佛、道等文化的基础上巩固了自身的正统地位。南宋以后，随着蒙古民族和满族入主中原，带来了许多的民族纠纷和文化冲突，但由于这些少数民族统治者的开明政策和主流文化的强大包容性，这些少数民族政权逐渐采用主流的儒家思想为治国理念，因而并没有在思想上构成真正的文明分化。但自明朝中期以来，随着西方传教士的到来，带来了与中华文明不同的气象，新一轮的华夷之辨演变为中西之辨。明清时期，中西之辨表现在中西文化的交流融合。自明末以来，以利玛窦为代表的西方传教士来到中国，关于中西文化之辨的新一轮角逐渐趋展开。

　　自 16 世纪末至 1840 年鸦片战争之际，华夷之争大体上存在两种学派的分庭抗礼，即以徐光启为代表的会通派和以杨光先为代表的保守派。会通派对西方文化持兼收并蓄、融会贯通的态度，如在与西方的角逐中，徐光启在《历书总目表》中就提出"欲求超胜，必须会通"[①]的观念，作为科学家的敏锐直觉，徐光启在中西文化接洽之初就感受到了西方科学的明显优势，并下定决心向西方科学进军。因此，他还专门学习并信仰基督教。徐光启对西方文化的基本态度是"熔西洋之巧算，入大统之模型"，试图将西方的科学文化转化为可以为当时的中国政治经济服务的工具。为了保护基督教传教士，他费尽心思捍卫传教士的教义，"盖彼国

---

① （明）徐光启：《徐光启集》，王重民辑校，上海：上海古籍出版社，1984 年，第 374 页。

教人,皆务修身以事天下主,闻中国圣人教,亦皆修身事天,理相符合,是以辛苦艰难,来相印证,欲使人人为善,以称上天爱人之意"①,差不多同时代的科学家如方以智、王征、梅文鼎等人,基本上都属于徐光启的会通派,对中西文化持交流会通的态度。

从文化和政治的角度来看,保守派则对西方文化持排斥和反对的态度,其中尤以杨光先为主要代表。清初杨光先对西洋历法的反对案轰动一时,究其原因,是杨光先出于一定的政治目的,加之个人的一些私人利益纠葛,但总体上表现为保守派对西方文化的排斥。杨光先主要从文化和政治的角度,对基督教传教士在华的宣传活动进行了批判和限制。从宗教的角度来看,一些基督徒依然把中国看作是他们教化的蛮夷民族,这是对中国人民的极大侮辱;从政治的角度来看,他们实际上是为考察中国的地理山川、了解人情,为他们的母国入侵中国做前期的情报收集和意识形态的宣传和控制。从利玛窦开始,传教士就一直以传教为名,实则秘密进行情报的收集活动,他们在中国的 13 个省区都设有据点,政治意图昭然若揭。②当然,这有其存在性,但若国人对中华文化妄自尊大或者妄自菲薄,不仅不利于我们自身视野的开放,也阻断了我们与外界优秀文明的交流机会。

不同地域之间的文化交流,起初都存在着各种隔阂和冲突,消除误解的有效方法就是扩大交流,而且真正能够防止外来民族侵略的最好办法是了解这个民族,学习其长处,补我之短处,师夷长技以自强。如"光先之愚见:宁可使中国无好历法,不可使中国

---

① 韩琦、吴旻校注:《正教奉褒·明朝》,北京:中华书局,2006 年,第 265 页。
② 赵明:《谈中国传统哲学思想中的华夷之辩》,《湖州师范学院学报》2004 年第 4 期。

有西洋人。无好历法，不过如汉家不知合朔之法，日食多在晦日，而犹享四百年之国祚；有西洋人，吾惧其挥金以收拾我天下之人心，如抱火于积薪，而祸至无日也"①，正因为短浅见识和盲目排外，使中国在晚清沦为被动挨打的局面成为必然。杨光先的文化保护主义完全违背了文化交流的基本规律，忽视了民众对新思想的追求，是一种狭隘的自私的保守的文化理念，而实践证明，这样的做法只会让风雨飘摇的清朝政府倾覆得更快。如果一个政权的物质文化和经济基础得不到持续的发展，就难以维持其上层建筑的稳固，晚清时期，由于内外两个保守势力的阻碍：一方面是国外的保守派，他们试图通过文化渗透和经济侵略，使得他们的传教活动具有明显干涉中国内政的意图，因而引起中国保守势力的反感，导致中国被动地阻断了和西方文化交流的机会；另一方面，中国内部的保守势力对西方传教士进行阻挠，采用极端措施对传教士进行迫害，使这场思想和文化的交流与冲突演变为政治斗争。保守势力只关注眼前利益、排斥西方科技文化，是导致 19 世纪中国逐渐衰落的重要原因之一。

自孔子提出区别"夷狄"与"诸夏"以来，"明华夷之辨"的思想几乎涵盖了儒家几千年的正统教化观念。总体来说，郑珍对这一观念的态度是认同的，例如，他在诗歌中多次表达了对明末抗清名臣（鹿伯顺、孙文忠、何腾蛟等）的钦佩之情。在郑珍的观念里，这些名臣除了具备"忠诚不事二主"的气节，更具有"以道处蛮夷"的行为表现。此外，对于外族的残暴不仁，发动入侵中国的鸦片

---

① （清）夏燮：《中西纪事》卷二《猾夏之渐》，欧阳跃峰点校，北京：中华书局，2020 年，第 28 页。

战争,郑珍表示深恶痛绝,他曾表达强烈的悲愤之情。郑珍说:
"何物蠓蠓一虮风,不值半矢天山弓。富哉中原亿万强,拱手掷向
波涛中。君归试看五色羽,迩来尽化青蚨去。更寻暗虎今在无?
终古衔碑奈何许。同君一唶暗伤神,五岳何须有外臣!"①郑珍大
多时间处身西南僻壤,埋首苦学,对主流意识大多信息闭塞。鸦
片战争爆发时,他依然埋首乡野,着手《遵义府志》。这首诗也是
他仅留存下来的表达对鸦片战争看法的唯一诗作。但面对清政
府战败后在谈判桌上签订的丧权辱国之条约,郑珍也按捺不住心
中的积怨,不禁发出"同君一唶暗伤神,五岳何须有外臣"的悲愤
感慨。体现了郑珍保卫人民利益、维护领土主权完整的爱国情
怀,更有"驱除鞑虏、恢复中华"的民族气节。

　　然而,值得一提的是,郑珍的民族观念中依然存在着矛盾之
处。根据当时正统的"华夷"观念,满族亦本为"夷狄",作为汉人的
郑珍应该始终保持对晚清政府不满或者对抗的态度。但是他却表
现出保皇的思想,面对国家政权的腐败和江河日下的形势,郑珍曾
多次在他的诗歌中为清朝皇帝开脱,并将罪责归咎于大臣官吏。
例如,他赞扬道光帝在国家财政困难之际身体力行节衣缩食的高
尚品行,"我皇悯遗黎,每食减膳馐"②。而特派封疆大吏失守城郭,
郑珍批判道:"群公皆特简,何以对我皇。我皇宁识此,痛苦呼彼苍"③。

---

① (清)郑珍:《巢经巢诗钞注释·前集》卷六《五岳游侣歌,送陈焕岩体元归南海》,龙先绪
　注,西安:三秦出版社,2002 年,第 234 页。
② (清)郑珍:《巢经巢诗钞注释·后集》卷一《兼寄王子寿柏心主事》,龙先绪注,西安:三秦
　出版社,2002 年,第 405 页。
③ (清)郑珍:《巢经巢诗钞注释·后集》卷一《纪事八十韵》,龙先绪注,西安:三秦出版社,
　2002 年,第 431 页。

这种思想的产生，自然离不开他受正统儒家"忠君"理念的深刻影响，但"忠君"理念并未影响其反对地方官员的残暴腐败行为。

郑珍的"夷狄"之辨虽有矛盾之处，但在对待少数民族的问题上，却是以儒家之平等、忠信、贞节等道义处理民族关系，即"以道处蛮夷"，显得相对理性。贵州自古以来就是多民族聚居地，《新唐书·两爨蛮传》称之为"群蛮种类，多不可记"。在这样一个复杂的环境中，华夷之间的矛盾必然是更加激烈和残酷。郑珍说：

> 治国如治家，然山之产铜铅，犹鸡豚之生子也，夷汉之分，犹僮隶之与子姓也。鸡豚久畜必少生，或遂不生，杀之而更畜可也。僮隶与子姓讼，不必子姓直，断之以理，皆服矣。今之为国者必欲鸡豚至死生子，而子姓决不可曲于僮隶也，悲夫！铜铅之产病犹在官。若云南回回，贵州之苗，类蜂屯蚁集，破郡屠邑，至今数年。斯民涂炭极矣，而祸犹不已。原其始，实皆伸子姓抑僮隶致之。读莫犹人先生处分夷地请销败厂三禀稿，感喟世道，益增泫然，因识数行于卷末。①

郑珍认为，地方上的汉族（华）与少数民族（夷）之间的关系，就好比一个封建大家族中的"子姓"（主人的子女或子姓）与"僮隶"（仆人的子女）的关系。在一个封建家庭中，当仆人和主人的子女发生冲突的时候，主人不应当不分是非地袒护自己的子女，而压制仆人及其子女。郑珍认为在处理这两种冲突的过程中，应当公

---

① （清）郑珍：《郑珍集·文集》，王瑛点校，贵阳：贵州人民出版社，1994年，第138页。

平公正，以理服人。这表现出郑珍对封建家长专制制度的不满，以及对民族歧视、等级划分的反对。正是因为晚清施行歧视少数民族的政策，才引起了民愤，导致了西南各少数民族纷纷造反，破郡屠邑，多年未能彻底平息，而由此造成的是"斯民涂炭极矣"。

郑珍虽然将汉夷关系比作"主仆"关系，或带有等级观念的性质，但他却持有一种反对民族压迫的态度，并且提倡实行民族平等的政策，这在当时有一定进步意义。当然，他也对国家的边境安全政策也提出过个人建议，即实行"以汉化夷"的教化政策，甚至提倡用程朱之学进行教化，《黎平府志・宦迹》云："古州自道光十三岁始立学校，诸生夷汉杂糅，学问浅陋。珍先生以时文诗赋导其机，继以程朱陆王之学约其旨，不数月，远近肄业者百余人，邻村闻之，有数百里负笈学者"。见证了中原主流文化的强大魅力。"眼前却是五尺道，安边远略思韦皋"①，按《通鉴纲目》所述："唐韦皋开清晰道，通群蛮，使入贡。选群蛮子弟入成都，教以书数，以羁縻之"，这种思想无疑是推崇汉唐时期的少数民族"汉化"政策，具有一定的开放包容性，郑珍认为这比清政府进行"奴化"或实行愚民政策要开明。

在继承儒家"教化"理念的基础上，郑珍在教育弟子和教化民众的过程中，都注重学以致用。郑珍以"好学深思"与"务求切实"、"致思得其真"与"能师尽其学"的理念施行教化，郑珍重视"学""思"结合，具体表现为由学而教、由教而学、学思结合，是郑珍在教化过程中总结出来的一套系统性、统一性、科学性的教化

---

① （清）郑珍：《巢经巢诗钞注释・后集》卷四《初八日再上七星山》，龙先绪注，西安：三秦出版社，2002年，第551页。

方法,体现了郑珍学思结合、学行并进的治学精神。郑珍在儒家"明华夷之辨"的理念指导下,将"明华夷之辨"与"处蛮夷之道"作为其"教化"经世的一个部分,是其将民族平等和性别平等理念贯彻到实践中的体现。总之,郑珍的"教化"理念,为促进地方教育文化的发展作出了积极的贡献,为地方民族融合、移风易俗起到了重要的促进作用。

第三节　以"贤才"经世

贤人治国是国家政权稳定和政治清明的重要标志,在中国传统的经世理念中,贤才乃治国之本。郑珍继承了以"贤才"经世的传统,提出"国本贤才"的主张,其"用贤之道"主要表现在重贤、求贤、用贤等方面,这是郑珍所追求的"贤才"经世理想。郑珍继承二程"学至圣人"的观点,积极追求"圣人之道",目的是让学人形成良好的德性,以培养德才兼备的"贤才"以经世。

(一)"国本贤才"与"用贤之道"

在中国传统的经世理念中,贤才乃治国之本,主要表现在重贤、求贤、用贤等方面,这些"贤才治国"理念对维护社会稳定具有重要的现实意义,如诸葛亮说:"夫失贤而不危,得贤而不安,未之有也。为人择官者乱,为官择人者治"①。即根据人来调整官职就会混乱,根据官职来选择人才就会有条不紊。说明不能因人设事,而应当因事设官,并选择适合的人来担任。郑珍在儒家的影

---

① (三国)诸葛亮:《诸葛亮集·文集》卷三《便宜十六策·举措第七》,段熙仲、闻旭初编校,北京:中华书局,1960年,第66页。

响下,其用贤之道表现在以下几个方面:

首先,重贤。"为政之要,惟在得人"的治国理念深刻影响着中国历代政治家和思想家,如"尚贤者,政之本也"(《墨子·尚贤子》),"不信仁贤则国空虚"(《孟子·尽心章下》),由此可见,选贤任能的治国理念具有重要的现实意义。重视贤才,是因为贤才是治世之本,是国家政权稳定的重要保障。韩婴说:"得贤者昌,失贤者亡。自古至今,未有不然者也。"①而"治世不得真贤,譬若治疾不得真药也"②,因此,在儒家看来,治国之关键在于人才的选拔,一个贤人能抵千军万马。古人不仅认为得贤者国治,而且认为失贤者国乱,国家的繁荣和衰落与君主的重贤与否有着莫大的关系。"身安、国安、天下治必贤人"(《吕氏春秋·求人》),"贤去,则国微"(《黄石公三略·下略》),"天下之政,非贤不理;天下之业,非贤不成"(《重任贤科》),重视贤才,最重要的一个原因是失贤易而得贤难,正所谓"千军易得,一将难求"。因此,历代明君贤相都千方百计地去争取贤人治国。郑珍无不意识到贤才对国家和社会的重要促进作用,而且意识到贤才对复兴正学,营造良好的政治环境有着不可替代的作用,郑珍说:"正学之兴,邪慝之亡,当必有克副贤大夫之厚望者,二三君子以余颇识邦故"③。表达了对贤人治世的渴望和追求。

生于乱世,郑珍感到如果没有能造福人民的贤士良臣辅佐君

---

① (汉)韩婴:《韩诗外传·卷第七》,朱英华整理、朱维铮审阅,上海书店出版社,2012年,第94页。
② (汉)王符:《潜夫论笺校正》卷二《思贤第八》,汪继培笺、彭铎校正,北京:中华书局,1985年,第79页。
③ (清)郑珍:《郑珍集·文集》,王瑛点校,贵阳:贵州人民出版社,1994年,第68页。

王,仅凭至高无上的独裁权力,是不可能真正救民于水火之中的。诚如他对唐子方所言:"诏以安抚重,夺公林卧幽。男儿当此时,何暇为身谋。恒情颇却顾,视公殊休休。乾坤有艰虞,整顿须人筹。不赖二三贤,斯民何由寥。"①郑珍显然是倾向于把国家中兴的命运寄托在了"二三贤"身上,即"不赖二三贤,斯民何由寥",他说:"伤心村农日赛祷,儿女不足增鸡豚。去年赂请猎南里,归兵献获皆米银。人豺夜行如檀麟,官豺昼聚称上宾。邑中豺伯纵豺食,群豺饱卧东城闉,民命若彼官若此,豺尔何幸遭此君。方今扩兽颇乱猖,斩绝种类须良臣"②。良臣未现,而现实则是"贵仕无令名,不如不尊显。文官秖爱钱,不如为牧嗣。朝廷用书生,亦曰其言善"③,他们不仅没有能力挽狂澜于即倒,而且还不纳忠言良谏,有的官员甚至鱼肉百姓,默允士兵和军官肆意搜刮民脂民膏,以致民怨沸腾,更有甚者,他们直接参与"窃贼"(起义军、叛军)勾结作乱。郑珍说:"黔贼乱如流,愈治愈无归。岂无开塞法,劣吏安得知?书生敢妄言,出口即怒讥。我里苦酒贼,惆贼实由饥。舍田食人田,可恶亦可悲。斯寨聚残破,黎弟为之尸。能使毒攻毒,讵非忠信资。纷纷功利徒,误国以营私。"④由于这些庸臣酷吏的种种暴行,导致民不聊生,社会动乱,郑珍进而把希望转向了乡村士绅和颇有良知的读书人,郑珍说:"世道岂长乱,良臣

---

① (清)郑珍:《巢经巢诗钞注释·后集》卷一《送唐子方方伯奉命安抚湖北》,龙先绪注,西安:三秦出版社,2002 年,第 405 页。

② (清)郑珍:《巢经巢诗钞注释·前集》卷二《捕豺行》,龙先绪注,西安:三秦出版社,2002年,第 70 页。

③ (清)郑珍:《巢经巢集》,光绪二十年刊本,第 175 页。

④ (清)郑珍:《巢经巢诗钞注释·后集》卷六《读元遗山〈学东坡移居诗〉八首,感次其韵》,龙先绪注,西安:三秦出版社,2002 年,第 661 页。

诚可思。王官既难恃,庶人可为之。百端系我肠,终日沾我鬓"①。但郑珍并没有意识到国家衰退的根源在于晚清统治下的积弊难返,沉疴已久,若不从根本上解决体制的问题,仅凭"二三贤"是不可能完成救国救民的任务。

其次,求贤。古人曾将治国之道概括为"立志""责任""求贤"三个要素,说明求贤是治国理政中的一项重要内容,求贤是传统经世理念的重要组成部分。选拔人才是政府官员的职责,所以掌权者无不以聚才为道,以求才为务,而作为臣民,为国尽忠最重要的方式就是举荐人才。"国家之用贤才,必如饥渴之于饮食,诚心好之,求取之急惟恐不至,口腹之获惟恐不尽"(《资治通鉴·汉纪九》),即国家对人才的需求如饥似渴,才能大治。"何世无才。患人不能识之耳。苟能识之,何患无人"(《资治通鉴·汉论十一》),"有贤不能知,与无贤同;知而不能用,与不知同;用而不能信,与不用同"(《功名论》),即知人善任,说明"知人"与"任人"同样重要。"天下之实才常深伏而不发,非遇事焉,则有终身不可窥也"(张束,《知人论》),正如"千里马常有,而伯乐不常有"(韩愈,《杂说》),如果没有对人才的重视和渴求,人才不会"毛遂自荐",甚至会"隐而不仕"。刘备之所以"三顾频烦天下计",才有诸葛亮"两朝开济老臣心"。从这个角度来说,"世有伯乐,然后有千里马"(韩愈,《杂说》),时势造英雄,贤才代代出,求之则得,不求则失。

---

① (清)郑珍:《巢经巢诗钞注释·后集》卷六《读元遗山〈学东坡移居诗〉八首,感次其韵》,龙先绪注,西安:三秦出版社,2002 年,第 661 页。

郑珍"用贤之道"与其循吏思想是相通的。正所谓"选贤任能",必须建立在良好的选举制度之上,科举制度经过数百年的发展,到了清中后期就已经病入膏肓、沉疴难治了。郑珍对此有着非常深刻和清晰的认识。郑珍说:

> 右明天启元年鹿石卿先生中顺天乡试朱卷一册,为其裔简堂所藏。石卿即《明史》传鹿善继之子化麟,安溪李文贞公表墓称为明孝子鹿解元者也。册凡刻首场《四书》文三、《春秋》文四,次场谕一、表一、判语五,三场对策五。其式首标名籍习经,次同考官、两考试官批,皆总评三场,二三场则惟同考批,并大字,在文前别叶。此当时刻卷式样,非赖是末由见也。册阅今二百二十九年,字大纸厚,又子孙善弄,无少损烂。读其文,洞彻义理。策直斥时事,侃侃无避忌。各体条达,似唐宋人,坐起言行,无施不可。

> 至论表、判语、时务策,废天下学者以不必言,因不必知,于朝章、尉律、国计民生十九贸贸固宜。内列阁部科道,外膺民社封疆,一奏议一谳鞠,大半听之幕客书吏之手,而己瞠乎其上,其将于何责之? 天下方太平固可耳,讵不无积重虑?《易》曰:"穷则变,变则通。"取士至今日,穷乎? 未穷乎? 摩挲斯册,意匪直敬为孝子之遗也。[①]

这两段言论阐述了明清两代科举制度的差异,简要地指出了清代

科举取士的不足之处，主要有三：第一，主考官（决策者）空空然无见识，考察空洞之义理，导致科举取士成了一种"碰运气"式的公众赌博行为；第二，在试题方面，由于清代论表、判语、时政等实用性内容的废除，导致考生只知道理论而缺乏实践能力，提拔的官员无执政之才；第三，只有改革选拔制度，才能解救国家于危难之中。虽然郑珍已经意识到科举制度的弊端，但他并没有提出有效的措施，而试图通过"穷则变"和"变则通"的理念对科举制度抱以幻想和希望，这种温和的改良而不彻底地变革旧有的制度，实践证明其改革之路是行不通的。

　　晚清官场腐败，卖官鬻爵成风，许多贤才得不到重用，郑珍为此感到担忧，他在《与邓湘皋书》中惋惜邓湘皋的怀才不遇，他说："自度学不足经济当世，抑又无从得之，强木不惯屈膝鞠躬，亦陇种东笼而退耳。以故进取一念，直付东流"①。昏庸当道，贤才只能隐而不仕。郑珍说："每日暄夕佳，携妻若妹若小儿女奉孺人坐亭上，或据树石诵书咏诗，思昔贤随遇守分之遗风；或借儿女黏飞虫呼蝼蚁，观其君臣劳逸部勒。"②表现出对政治黑暗的无奈之情，只能隐居而安，在这样的社会背景下，或传扬先贤遗风，或独善其身，郑珍的求贤理念在当时只能是一种理想。

　　最后，用贤。用贤是以"贤才"经世的重要内容，"夫尚贤者，政之本也"（《墨子·尚贤》），用贤之道乃执政之本。既要用贤有术，更要求贤有道。儒家在这一点主张"用贤贵在勿求其全"，正所谓"水至清则无鱼，人至察则无徒"（《大戴礼记·子张问入官

---

① （清）郑珍：《巢经巢诗文集》，民国三年花近楼刻遵义郑征君遗著本，第 95 页。
② （清）郑珍：《郑珍集·文集》，王瑛点校，贵阳：贵州人民出版社，1994 年，第 47 页

篇》)，重贤、求贤、知贤的关键和目的是用其所能，不拘一格，不苟求全。屈原认为"尺有所短，寸有所长；物有所不足，智有所不明"(《楚辞·卜居》)，为政为人不应该总是用求全责备的眼光判断人，也不应该以己之长责人之短。唐太宗认为"人之行能，不能兼备，朕常弃其所短取其所长"(《资治通鉴》卷 198)，人非圣人，孰能无过，人各有所长，对用人来说，重要的是扬长避短，选择贤才的正确方法就是择其优者而用之，予英雄有用武之地。用贤之道，肯定其价值是毋庸置疑的，疑人不用，用人不疑，这是古今在用人方面的一个重要原则，欧阳修指出"用人之术，任之必专，信之必笃，然后能尽其才，而后可成其事"①，用人的方法就是要专一地任用，坚定的信任，这样才能充分发挥其才干。用人生疑必会"上不信下，下不信上，上下离心，以至于败"(《资治通鉴·周记》)。

关于用贤任能，郑珍强调为人臣者，一定要做到"忠显"，比如郑珍赞赏大禹一生忠于治水的显赫事功，郑珍说：《孟子》历叙禹功，必谓舍中国行三千余里，行千数百里之水而举要服之一流一浸，当不其然"②。对于宋朝播州安抚使杨价。郑珍说：

> 忠显，宋理宗赐侯庙号也。时勋褒丰伟如此，岂意其墓似今日哉？搓乎！以侯与父若子当宋末造，世笃忠贞，而侯尤极志化民厉俗，请于朝，岁得贡播州之士三人。播之人才科目骎骎比内州县自是始，其所造于就土者为大。越六百

① (宋)欧阳修：《欧阳修全集》卷十七《为君难论上》，李逸安点校，北京：中华书局，2001年，第 293 页。
② (清)郑珍：《郑珍集·文集》，王瑛点校，贵阳：贵州人民出版社，1994 年，第 42 页。

年,曾不得周椁之土以萌其朽骨,是诚可悲也已! 不知者不
足责,知者而亦听之,将若之何? 余昔在黎平,谒何忠诚公
墓,悲其芜圮侵践也,赋一诗,以为空言何补。后数年,今楚
抚胡公林翼为守,见余诗慨然,即茬封桓、制兆域、创祠亭,一
如余意所料量处分,至今牧儿不敢近焉。以杨侯之忠于宋,
视何公之忠于明,其时势劳绩略相等,安知今不复有胡公者
乎? 石知邑人,又好古慕忠孝,侯墓之于邑,与有其责。苟遇
能如胡公者,余望其告之也。①

这段话是郑珍高度评价杨价的忠贞不渝、保境安民的丰功伟绩。
在选贤方法上,郑珍提倡循吏,他说:"吾皇勤政理,国本在才
贤"②。倡导通过改良科举考试来选拔和培养人才,并把贤人治
国作为国家的立国之本。但是清代科举考试的内容,如论表判
语、时务策略等被废弃,使考生不了解朝章尉律,不懂国计民生,
被选拔的官员,大多都没有治国的能力,郑珍认为科举考试应该
重视德才兼备,学人应该通过学习"四书""五经"提升道德修为,
以及具备实业富国利民的实干精神,才能成为治国贤良,这是郑
珍所追求的"贤才"经世理想。

(二)"学至圣人"与"求圣之道"

圣人是德润教化的化身,是"天理"的体认者,又是"天理"的

---

① (清)郑珍:《郑珍集·文集》,王瑛点校,贵阳:贵州人民出版社,1994 年,第 66 页。
② (清)郑珍:《巢经巢诗钞注释·后集》卷一《送翁祖庚中允毕典黔学入觐》,龙先绪注,西
　安:三秦出版社,2002 年,第 402 页。

诠释者，还是"天理"的传承者，故而学人有了"学至圣人"和"求圣之道"的理想追求，郑珍说："然读圣人之书，准古今之情，概物我之行事，存之于至中至正，不惑于密施之则。所以育万物，叙人伦，合上下，一千古而不敢稍忽"①。所以郑珍认为没有圣人，就没有圣人之言、圣人之书，也就没有圣人之教，没有圣人之教，就没有圣人之"礼"、圣人之"仁"、圣人之"道"。郑珍说："世无昆弟者恒少，自曾祖及己身四世皆无昆第为尤少，有昆弟而皆不生子，斯即匹夫匹妇之家已百不闻一矣，然人间不得无此事，而圣人制礼，要止据常为律，苟值不常，其例亦即此可通。"②在这段引言中，郑珍提及圣人"礼制"，其认为虽然人们知道尊重长辈、礼让亲友，但对于为何要"尊重""礼让"，则"人间不得无此事"，学人不能明确认知圣人之礼，因此要"要止据常为律，苟值不常，其例亦即此可通"，即只有圣人才能更好地认知礼义廉耻，只有圣人可体悟"天理"，也即是圣人能够通过这些日常的风俗表象来诠释"礼""仁"的本质，并将这些"深意"呈现出来，成为自身所具有的"常律"，因此，"学至圣人"是学人们共同追求的目标。

因此，郑珍倡导"学至圣人"，他说："要书好根本总在读书做人。多读几卷书，做得几分人，即不学帖，亦必有暗合古人处，何况加以学力"③。要立志"圣人之道"，根本总在读书做人，或许必有暗合古人处，抑或可窥见圣人之门。郑珍说："有功圣道，则又以天下古今为量，非一郡一邑之所得私，别待论定，兹不备及。"④

---

① （清）郑珍：《郑珍全集》（第一册），黄万机译，上海：上海古籍出版社，2012 年，第 52 页。
② 同上，第 171 页。
③ （清）郑珍：《郑珍集·文集》，王瑛点校，贵阳：贵州人民出版社，1994 年，第 128 页。
④ （清）郑珍：《郑珍全集》（第一册），黄万机译，上海：上海古籍出版社，2012 年，第 24 页。

贤人有功于圣道,不计较个人得失,经常反省自我。

现实中,郑珍所交往的主要以乡里绅士、学士为主,大部分与穷士为伍。但郑珍立志于"圣人之道",为此殚精竭虑,他说:"士有穷昕夕,殚心志以治其学者,其不与世相闻也久矣"①。而后能尽古人之道,合乎周公之德,"吉士为之子,皆能尽古人之道,而合乎周公之所以教。世之为君母庶子者,闻兹风,其慈孝之本心或可油然而起也乎? 故申礼意而书之"②,影响后世。若是不能"学至圣人",也要学习"圣人之道",立志做个贤人,贤人也能够在某个区域或者领域产生一定影响力的人,如"好古之士,欲考镜南中,争求是书"③"先子至,初以文赋开其塞,继以性道化其顽。先子乐甚,广为甄陶,得士如胡长新,能文,后举进士;刘之琇能诗。州人自是益知向往程朱,砥砺名节"④,如果不能成为大贤,也可以安居穷乡僻壤,以德性教化当地的蛮顽之气,成为学士。"学至圣人"是一个能自我完善德性的过程,也是检验个人道德修养的重要标准。郑珍说:

> 尽职诚劳,然以仁待臣民,则朝廷自治,以静镇邦国,则兵革自销,只勿惮吐握之勤,举贤自辅,各任其职,已总其成,而阴阳燮理,风雨调和矣,又何倦尘嚣之有? 且圣君贤相,遇合甚难,以相公为上所倚任,郊天首重,尤且代行,诚能如我所言,则明良共济,功德昭宣于今日矣,又何想岩古之有? 逢

① (清)郑珍:《郑珍全集》(第一册),黄万机译,上海:上海古籍出版社,2012 年,第 3 页。
② (清)郑珍:《郑珍全集·文集》,王瑛点校,贵阳:贵州人民出版社,1994 年,第 110 页。
③ (清)郑珍:《郑珍全集》(第一册),黄万机译,上海:上海古籍出版社,2012 年,第 16 页。
④ 同上。

　　吉嫉功妒能，妨贤树党，实不仁不静，不能吐握者。①

"天道无定"而永恒，故圣人精神亦常存。"功德昭宣于今日"，顺应圣人之道，尽职诚劳，则"朝廷自治，静镇邦国，兵革自销"，悖逆圣人之道则"不仁不静，不能吐握"，就不能学至圣人，得圣人之道。为求圣人之道，则须修内在之"仁"于"礼"之中。郑珍说：

　　以求夫《易》，则尊卑之情准；求夫《诗》，则淫荡之闲辨；求夫《书》，则君民之谊通；求夫《春秋》，则名分之道正；求夫《礼》，则悖乱息，放纵严，而百行之精粗以审。苟如是，而各修之而内之于仁于礼之中，措之于治国平天下之道，不亦庶几乎！尚读之不善，反以快奔趋之异，骛义利之淆，或至冒高歧而有不足者，岂特浅之视若腐杇已哉！故学者精汉而尊宋，蕲至乎仁礼，则少有破碎害道之机。②

即通过探索先贤圣人之《易》《诗》《书》《春秋》《礼》等，则百行皆合于"仁""礼"之道，这成为郑珍追求的至高境界。

　　郑珍认为，学人当以"学至圣人"为目标，这是对二程"人皆可为圣人"理念的继承和发展，二程曰："人皆可以为圣人，而君子之学必至圣人而后已。不至圣人而已者，皆自弃也"③。二程认为，

---

① （清）郑珍：《郑珍集·文集》，王瑛点校，贵阳：贵州人民出版社，1994 年，第 124 页。
② （清）郑珍：《郑珍全集》（第一册），黄万机译，上海：上海古籍出版社，2012 年，第 52 页。
③ （宋）程颢、程颐：《二程集·粹言》卷一《论学篇》，王孝鱼点校，北京：中华书局，2004 年，第 1199 页。

人人都可以成为圣人,君子的最高目标应该达到圣人的标准,否则皆视为自弃也。二程"学至圣人"的理想目标,这就是要培养德艺兼备、既贤且能的人才。但郑珍认为"学为全人",乃至圣人,应当从基本的学习礼仪制度开始,其《小戴礼记》的主要内容就是论述先秦的礼制、礼仪,并对仪礼进行注释。郑珍说:"《小戴记》曰:'凡释奠者,必有合也,有国故则否。'郑君注:'国无先圣先师,则所释奠者当与邻国合。若周有周公,鲁有孔子,则各自奠之。'今论先师三公皆国故,于汉郡县则盛、尹二公为邻国,谓合否皆协礼制。"①郑珍希望学人受到圣人礼法的熏陶而形成良好的德行操守。他认为"诗书礼乐之教殆如草昧"②,可见,礼制、道德在经世思想中起着重要的作用。他主张通过读书学习,寻求宇宙万物之间运行的法则,懂得礼制,培养良好的道德修养,从而通向圣人事功。

郑珍继承二程"学至圣人"的观点,积极推行"学至圣人"的教育理念。目的是要培养德才兼备的人才,形成良好的德性,为此,郑珍把《弟子职》手书在书院的墙上,以供弟子熟诵,郑珍说:"人之所以贵,不在七尺躯。则贵乎书者,又岂故纸钦? 然人道之器,书亦道之舆"③。鼓励学人勤奋求学,养圣人浩然之正气,即"固宜多读书,尤贵养其气"④,又说:"惟其勤读书,道德塞太虚"⑤。

---

① (清)郑珍:《郑珍集·文集》,王瑛点校,贵阳:贵州人民出版社,1994 年,第 52 页。

② 同上,第 51 页。

③ 白敦仁:《巢经巢诗钞笺注》,成都:巴蜀书社,1996 年,第 1367 页。

④ (清)郑珍:《巢经巢诗钞注释·前集》卷七《论诗示诸生时代者将至》,龙先绪注,西安:三秦出版社,2002 年,第 304 页。

⑤ 同上,第 297 页。

郑珍之孙刚出生时，他便忙于抄写启蒙课本，并让孙儿习诵"三礼"。可见，圣人之礼、气、道、德等内容，是郑珍教化弟子和晚辈的重要素材。他主张通过"读书通古今，行身戒不义"，学思践履来认识事物的规律，知礼法，懂仁义，养成良好的道德品行，乃至成为全人。

既然圣人高尚，是君子贤人追求的目标，那么普通人是否与圣人无缘？理学家并不这么认为，代表性的即是泰州学派的王艮，他认为"圣人者可学而至也"，王阳明甚至认为"满街都是圣人"，郑珍说："为圣为贤，止是如此。论古今通理，有'潭潭府中居'之俗子必无'鞭背生虫蛆'之哲人"①。郑珍认为"为圣为贤"，必古今通理，无论出生背景如何，穷富与否，只要"行身戒不义"，学行并进，止是如此。但其实要成为圣人实属不易，孔子曾经终日忧思，认为自己没有达到君子四道之一，《论语·述而》曰："德之不修，学之不讲，闻义不能徙，不善不能改"，孔子如此勤于修炼，尚不能说窥见圣门，而况于常人，因此，在郑珍看来，为圣为贤，皆在修炼，这无疑是对二程、王阳明"人人皆可尧舜"的肯定与追求。

郑珍认为"求圣之道"首先从诵读四书五经入手。初到古州任教，郑珍对当地的文化风俗和教育状况颇为惊讶，"不以某一无知解，乐与往还。核其风气，大抵地介极僻，故纯朴有余。而家少藏书，肆盛瞽说，学者五经题成诵，诸史罕闻名，徒梯卑烂八股，若将终身"②，对当地的学人不能诵阅四书五经的状况感到担忧。为此他不仅指导当地学生诵读四书五经，而且他还对儿子郑知同

---

① （清）郑珍：《郑珍集·文集》，王瑛点校，贵阳：贵州人民出版社，1994年，第120页。
② （清）郑珍：《巢经巢诗文集》，民国三年花近楼刻遵义郑征君遗著本，第98页。

说,朱子把大部分精力都花在了《四书集注》上,其根基就在《近思录》。他希望郑知同认真学习,并要求子孙后辈能在上小学堂之前完成对"三礼"的研读,郑珍所倡导并付诸实行的圣道内容多为儒家圣贤经典即《四书》《五经》《史记》《三礼》等。

此外,郑珍受孔子、孟子思想的深刻影响,主张以保民、安民为标准检验贤人治世的"功德"。郑珍认为"利害在民非在官"①,他积极倡导和践行孟子"与民制产"的民本思想,从农民的根本利益出发,强烈要求官员保护人民的根本利益。郑珍记录了地方政府盘剥农民的典型案例,如"一石偿五石,惟图顾目前。贪民知过利,寨主已开先。时价配新粲,美听无息钱。乘时当致富,持算亦由天"②,加收数倍的粮税,"支蓬勉为耕栽住,食粝聊充旱晚饥。太息禹门方卖谷,万人皮烂几家肥"③,农民被逼到风餐露宿的境地,郑珍说:"曩昔谷一石,中价二两银。十年贱及半,亦已伤农民。今乃至六钱,售者且无人。轻粲岂所愿,日夕忧贼氛"④。这是痛批晚清地方政府有违圣贤爱民保民养民之道。此乃为圣之道,是郑珍"学至圣人"和"求圣之道"的具体事功,他把圣贤事功作为其经世济民的重要组成部分,郑珍说:"禹功所至,赫人耳目,今古同情"⑤。表达了对"学至圣人"和"求圣之道"的不懈追求。

①　(清)郑珍:《巢经巢诗钞注释·后集》卷六《禹门哀》,龙先绪注,西安:三秦出版社,2002年,第665页。
②　(清)郑珍:《巢经巢诗钞注释·后集》卷六《饿四首》,龙先绪注,西安:三秦出版社,2002年,第668页。
③　(清)郑珍:《巢经巢诗钞注释·后集》卷五《送弟妹至潘家坝归》,龙先绪注,西安:三秦出版社,2002年,第612页。
④　(清)郑珍:《巢经巢诗钞注释·后集》卷一《弄谷》,龙先绪注,西安:三秦出版社,2002年,第421页。
⑤　(清)郑珍:《郑珍集·文集》,王瑛点校,贵阳:贵州人民出版社,1994年,第42页。

郑珍结合现实境遇,形成了契合时代的经世思想,提出了许多经世济民的主张,包括"亲民""教化""贤人"等方面的经世理念。这些经世理念,在地方上得到了的实践和运用,为促进黔中的经济、政治和文化发展作出了积极的贡献。

结　语

　　郑珍理学思想是在晚清"汉宋融合""经世致用"的学术背景下形成的,在晚清社会动荡、价值失落之际,学风笃实的理学思想迎合了学人迫切需要复兴儒家正学的现实需求,在"沙滩地域"文化中撑起了一杆复兴理学的旗帜。郑珍在家族文化氛围和湖湘学术思潮的影响下,有效吸收了孔孟、程朱、张履祥等思想的积极成分,呈现出创新、开放、包容的时代元素,形成了融合汉宋、经世致用的学术旨趣。郑珍的理学思想激发了晚清学人关注程朱理学的积极态度,使学风转变为笃实的风气作出了积极的贡献。

　　通过对郑珍学统传承的研究,可窥探郑珍秉承孔孟、程朱、杨园等儒家之核心理念。在儒学思想浸润的基础上,郑珍力求"通许郑之学为明程朱之理,拟汉、宋为一数"。为寻求经学义理,郑珍以许慎、郑玄为宗;为明程朱之理,立志扫俗、立身行己,以程朱为尊。同时,郑珍不立门户,"不以门户相强""折衷持平",其学术旨归:一在汇聚汉宋;二在经世致用。作为晚清时期西南地区程朱学派的重要文化代表,对郑珍理学思想传承的研究,有利于探索理学思想在贵州地域文化中的发展情况，以及呈现地域文化与中原文化之间的作用和张力。郑珍的理学学统传承，标志着晚清理学汉宋融合、经世致用的学术特征。

在"理气"关系问题上，郑珍在继承程朱的基础上，构建了一个以"理气合成"为核心的理学思想体系，有其价值和特点。理本论的建构标志着儒家形而上学思想系统的确立，而郑珍"理则无止""气则有终"就是建立在形而上学的思想系统之中。郑珍将万古永恒的"理"当作世界的本原，宇宙万物同属于永无止境的"理"，"理"是主宰万物的观念，"气"则为形而下的具象之物，这是对程朱"理本体"论的吸收和借鉴。在郑珍的人生观、世界观和价值观中，其清晰地认识到人是自然界不可分割的一个部分，这激发了郑珍不断体认"天理"、探索世界的兴趣，同时也是郑珍渴望达到天人合一的一种表现。但是郑珍对"天理"的认识是局限的，在晚清的现实境遇中，囿于地域文化格局的限制，郑珍对待命运的态度时而会呈现出消极和矛盾的面向。但郑珍继承和传播了程朱理气观念中的积极因素，对晚清理学有一定的理论贡献。

郑珍基于"天理"的认知，认识到"为学为己"的重要性，其正心诚意，至诚至善，皆是对儒家修身之法的深刻体悟，以便其将"静以修身，俭以养德"的儒家修身理念贯彻到处己、处人、处事之工夫中。郑珍的修己工夫，是对儒家"处己"修身理念的继承，其目的在于匡扶人心和整治地方人心颓惰。郑珍的"静涵""恭敬""自恃"等处己方式，对提升个人修养和道德境界有着重要的促进作用，成为圣学"内圣外王"世界缺乏人情义理和心灵安顿的一个补充，更有利于将此"推己及人"，即若每个人都能自觉修炼，言行一致,整个社会将呈现出"始于修身,终于济世"的状态。郑珍重视儒家文化中的血缘亲情关系,并将其处理家庭关系之工夫扩展到处理社会人际关系之中。在儒家礼制的规范下,遵孝道、行仁义、重亲情、尚质朴,这对我们形成良好的家庭家教家风有着重要的现实意义。郑珍在处事方面坚持"事必求是,言必求诚",并将"言必顾信,行必中礼"的理念运用于人生践履中,这种笃实的作风,对摒弃空疏流弊的社会风气起到了良好的效果,对维护儒家礼仪制度作出了积极的贡献。郑珍处己、处人、处事的工夫论继承孔孟程朱,具有独特的价值,是孔孟、程朱之学在晚清实用层面的反映。

从本质上说,郑珍的知行论是基于寻求儒家道德认知与实践的知行论,是提升道德实践能力的知行论。在程朱理学和考据汉学的影响下,郑珍寻求到了一条治学以"经学"为要、修身以"尊宋"为本的知行路径。在郑珍所处的晚清,汉宋已成融合互补的关系,而许多学者已走上了"治经宗汉,析理尊宋"的求知路径。虽然这一时期的程朱陆王之学已在学理上无所创见,但是汉宋融合、行重于知、经世致用已成为学者们治学的突破口,方法亦多在由字通经、由经通理,由文字、训诂以明经书义理等方面。从郑珍的学思历程来看,郑珍不仅以汉学、文字学成就问世,而且将宋学视为其修德进业的不二法门,由此,一味强调郑珍为汉学家的身份,显然已不符合其学术实际。从郑珍的知行先后的关系上看,郑珍主张知先于行,即"论读书必归到经术行义上";从知行的轻重关系上看,郑珍主张行重于知,即"行一分,始算得真知一分";从知行的联系上看,郑珍主张知行相互影响、相互联系,不可分割,即"学行并进""文质相宜"。这显然顺应了晚清经世致用的潮流,其主要是寻求一条内在的道德修养和外在的道德实践之路,也就是说,郑珍的认知论是以道德修养和实践为主要目的,属于道德认识论。

郑珍的伦理观涉及"天理"与"人欲","生死"与"义利"、"尊德性"与"道学问"等方面。其继承了宋明理学家伦理思想的优秀成分,形成了自己的独特的伦理观。如其在批判朱熹"存天理,灭人欲"理论的基础上,将理欲关系阐释为"有欲斯有理"与"理欲皆自然",继而提出既要"存天地之理"、也要"存寒饿之欲"二者并存的观点,这是对朱熹理欲关系的一种突破和发展;在"生死"和"义利"方面,郑珍继承孔孟,对生命价值和人生意义的思考富有个性特色,如"死得其所""自全之道""达则富贵若固有""穷亦名誉不去身""天道有难识""此心终不移"等,皆体现了郑珍不断探求"仁义"之道,安贫乐道、淡泊明志的精神特质;在"德性"与"学问"方面,郑珍强调"尊德性"与"道问学"不可偏废,学行并进,其在这个问题上继承朱熹。郑珍显然看到了宋学末流"尊德性而不道问学""高谈性理""坐入空疏之弊",也看到了汉学"不明形下之器""矜名考据""规规物事""险溺滞重"之弊。同时指出宋学家未尝不精于许郑考据,汉学家亦何尝不能明于程朱之道,故主张汇聚汉宋,切勿偏废其一,视为殊途,切合晚清时宜。

郑珍的经世思想主要体现在民生、教育、政治等方面。在民生方面,郑珍从亲民、养民、富民等角度体察民情,把人民的衣食问题作为治世的根本,基于"民本"思想的立场,郑珍提出了"养民者食""戴君者民""饥寒乱之本""饱暖治之原""先富后教""不扰而治"等"亲民"主张,表现出关注国计民生以促进社会稳定和谐的家国情怀,反映了郑珍"亲民"的经世理念;在教育方面,郑珍积极践行儒家"教化"的理念,其教育的内容主要是"好学深思"与"务求切实"、"致思得其真"与"能师得其学"、"以辨明华夷"与"以道处蛮夷"等。郑珍"学以致用、励行教化"的经世思想,为地方移风易俗、民族文化交流和融合发展作出了积极的贡献;在政治方面,由于在中国传统的经世理念中,贤才乃治国之本,贤人治国是国家政权稳定和政治清明的重要标志,因此,郑珍提出"国本贤才"的主张,其"用贤之道"主要表现在重贤、求贤、用贤等方面,这是郑珍所追求的"贤才"治世理想。因此,郑珍倡导学人当"学至圣人",积极追求"圣人之道",目的是让学人形成良好的德性,以培养德才兼备的"贤才"以经世。

　　总之,郑珍以孔孟、程朱、杨园的思想为治学根基,传承了儒家思想的重要内容,在贵州文化史上具有重要的地位。郑珍"汇聚汉宋为一薮"的治学宗旨,为晚清理学汇聚汉宋、经世致用的学术范式转向具有重要的促进作用,为晚清开辟了一条继承性、融合性、致用性、地域性的学术路径。郑珍理学思想虽然起于贵州狭小的学术地域,但拥有孙应鳌、李渭、陈法等为代表的著名理学家,贵州亦曾出现过理学发展的高峰期。在晚清的特殊学术环境中,郑珍就由汉学转向程朱理学经世致用的方向,而汉学又丰富了郑珍原有的学术特质,激发了郑珍学术思想的张力和活力。郑珍作为"沙滩文化"中的一个重要人物,具有重要的地位和作用,其思想影响到了贵州政治、经济、文化等方面,丰富和拓展了晚清理学研究的学术场域。

参考文献

一、古籍类

（唐）李隆基：《孝经》，古逸丛书本。

（东晋）陶潜：《陶渊明诗》，曾集辑，宋绍熙三年刻本。

（东晋）陶潜：《陶渊明集》卷三，四库全书本。

（宋）程颢、程颐：《二程遗书》，四库全书本。

（宋）朱熹：《章句集注·中庸》，吴县吴氏仿宋本。

（元）刘因：《四书集义精要》，四库全书本。

（宋）黎靖德：《朱子语类》，明成化九年陈炜刻本。

（宋）陆九渊：《象山全集》，徐阶附录，明李氏刊本。

（明）王守仁：《阳明先生则言》，明嘉靖十六年薛侃刻本。

（清）顾炎武：《亭林诗文集》文集卷之四，孙毓修编诗集校补，景上海涵芬楼藏原刊本。

（清）李光地：《朱子全书》卷六十六，清康熙五十二年武英殿刻本。

（清）翁方纲：《复初斋文集》卷十四，清李彦章校刻本。

（清）王念孙：《王石先生遗文》卷二，高邮王氏遗书本。

（宋）朱熹辑：《二程语录》，清正谊堂全书本。

（宋）朱熹：《朱子文集》，清正谊堂全书本。

（清）王昶：《春融堂集》，清嘉庆十二年塾南书舍刻本。

（清）纪昀：《纪文达公遗集》卷八，清嘉庆十七年纪树馨刻本。

（清）刘开：《刘孟涂集》，清道光六年姚氏檗山草堂刻本卷二。

（清）李元春：《时斋文集初刻》卷二，道光四年刻本。

（清）严如熤：《乐园文钞》卷三，道光年间刊本。

（清）方东树：《汉学商兑》，清道光十一年刻本。

（清）胡承珙：《求是室文集》卷四，道光十七年刻本。

（清）胡培翚：《研六室文钞》，清道光十七年泾川书院刻本。

（清）潘德舆：《养一斋集》卷十三，道光二十九年刻本。

（清）潘德舆：《养一斋集》卷十八，清道光二十九年刻本。

（清）潘德舆：《养一斋集》卷二十二，同治十一年刊本。

（清）戴絅孙：《味雪斋文钞》甲集卷一，道光三十年刻本。

（清）江潘：《国朝宋学渊源记》，清粤雅堂丛书本。

（清）王先谦：《同治朝》，同治六年八月十六日清刻本。

（清）郑珍：《道光遵义府志》卷三十三，清道光刻本。

（清）郑珍：《仪礼私笺》，清同治五年唐鄂生刻本。

（清）郑珍：《轮舆私笺》，清同治七年莫氏金陵刻本。

（清）郑珍：《郑学录》，清同治刻本。

（清）郑珍：《说文新附考叙》，清思进斋丛书本。

（清）郑珍：《亲属记》，清光绪十二年贵阳陈氏刻本。

（清）郑珍：《巢经巢集》，光绪二十年刊本。

（清）郑珍：《巢经巢诗文集》，民国三年花近楼刻遵义郑征君遗著本。

（清）郑珍：《巢经巢全集》，赵恺辑，民国二十九年铅印本。

（清）李棠阶：《李文清公遗书·卷五》，光绪八年刊本。

（清）俞渭修、陈瑜纂：《光绪黎平府志》，清光绪八年黎平府志局刻本。

（清）黎庶昌：《遵义沙滩黎氏家谱》，光绪十五年南京刻本。

（清）朱一新：《佩弦斋文存》卷上，清光绪二十二年龙氏葆真堂刻拙盦丛稿本。

（清）震钧：《天咫偶闻》，清光绪三十三年甘棠转舍刻本。

（清）黄伯禄：《正教奉褒》，上海慈母堂，光绪三十年刻本。

（清）莫友芝：《郘亭遗文》，清末刻本。

赵尔巽：《清史稿》，民国十七年清史馆铅印本。

徐世昌辑：《晚晴簃诗汇》，民国十八年退耕堂刻本。

周恭寿修，赵恺纂：《民国续遵义府志》，民国二十五年刊本。

二、著作类

（汉）韩婴：《韩诗外传·卷第七》，朱英华整理、朱维铮审阅，上海书店出版社，2012 年。

（汉）王符：《潜夫论笺校正》卷二《思贤第八》，汪继培笺、彭铎校正，北京：中华书局，1985 年。

（汉）刘向：《说苑斠补》卷第八《尊贤》，昆明：云南人民出版社，1959 年。

（汉）王充：《论衡校释·卷第十七·治期篇》，黄晖撰，北京：中华书局，1990 年。

（唐）李隆基注：《十三经注疏：孝经注疏》，邢昺疏，金良年整理，上海：上海古籍出版社，2009 年。

（三国）诸葛亮：《诸葛亮集·文集》卷三《便宜十六策·举措第七》，段熙仲、闻旭初编校，北京：中华书局，1960 年。

（宋）程颐、程颢：《二程集》，北京：中华书局，1981 年。

（宋）朱熹：《晦庵先生朱文公文集》，四部丛刊本，上海：商务印书馆，1929 年。

（宋）朱熹：《朱子全书》，上海：上海古籍出版社，2002 年。

（宋）朱熹：《朱熹集》卷三十七，郭齐、尹波点校，成都：四川教育出版社，1996 年。

（宋）朱熹：《四书集注·中庸章句》，北京：中华书局，1983 年。

（宋）陆九渊：《陆九渊集》卷一，北京：中华书局，2008 年。

（宋）欧阳修：《欧阳修全集》卷十七《为君难论上》，李逸安点校，北京：中华书局，2001 年。

（清）夏燮：《中西纪事》卷二《猾夏之渐》，欧阳跃峰点校，北京：中华书局，2020 年。

（清）黄宗羲：《明儒学案》，北京：中华书局，1985 年。

（清）张履祥：《杨园先生全集》，北京：中华书局，2002 年。

（宋）黎靖德：《朱子语类》，朱杰人、严佐之、刘永杰主编，上海：上海古籍出版社，2002 年。

（清）戴震：《戴震全书》，合肥：黄山书社，1995 年。

（清）严可均：《全隋文先唐文》，北京：商务印书馆，1999 年。

金良年：《孟子译注》，上海：上海古籍出版社，2012 年。

曹元弼:《礼经学》,北京:北京大学出版社,2012 年。

(清)永瑢:《四库总目提要》,北京:中华书局,1965 年。

(清)戴震:《孟子字义疏证》卷上,北京:中华书局,2008 年。

戴琏璋、吴光:《刘宗周全集》,台北:中研院中国文哲研究所,1997 年。

(清)罗典:《凝园读易管见·清故鸿胪寺少卿罗慎斋先生传》,兰甲云校点,长沙:岳麓书社,2013 年。

(清)焦循:《孟子正义》卷十六,陈居渊主编,南京:凤凰出版社,2015 年。

王栻:《严复集》,北京:中华书局,1986 年。

赵尔巽:《清史稿·郑珍传》,北京:中华书局,1977 年。

(清)江藩:《炳烛室杂文》,上海:商务印馆,1936 年。

(清)江藩:《国朝汉学师承记》,北京:中华书局,1983 年。

(清)阮元:《揅经室集》上册,北京:中华书局,1993 年。

(清)龚自珍:《龚自珍全集》,北京:中华书局,1959 年。

(清)刘宝楠:《论语正义》,北京:中华书局,1990 年。

钱钟书:《汉学师承记》,北京:生活·读书·新知三联书店,1998 年。

(明)王阳明:《王阳明全集》,上海:上海古籍出版社,1992 年。

(清)王懋竑:《朱熹年谱·卷之四·一一九四年(六十五岁)》,何中礼点校,北京:中华书局,1998 年。

(明末清初)唐甄:《潜书·上篇·七十》,吴泽民编校,北京:中华书局,1963 年。

(明末清初)陈确:《陈确集·别集》卷五,北京:中华书局,1979 年。

(明末清初)王夫之:《四书训义》卷三,杨坚修订,长沙:岳麓书社,2011 年。

(明)刘宗周:《刘宗周全集》,吴光主编、钟彩钧审校,杭州:浙江古籍出版社,2012 年。

严复:《〈天演论·新反〉案语》,北京:中华书局,1986 年。

(明末清初)孙奇逢:《语录》,清畿辅丛书本。

杨伯峻:《论语译注》,北京:中华书局,1958 年。

(清)康有为:大同书[M].北京:中华书局,1956 年。

(清)康有为:《康有为政论集》,北京:中华书局,1981 年。

胡适:《胡适学术文集·中国哲学史》,北京:中华书局,1998 年。

（清）康有为：《孟子微·礼运注·中庸注》，北京：中华书局，1987年。

胡适：《胡适文存》，北京：外文出版社，2013年。

（清）谭嗣同：《谭嗣同全集》，北京：中华书局，1990年。

（清）梁启超：《梁启超书话》，绿林书房辑校，杭州：浙江人民出版社，1998年。

（清）梁启超：《清代学术概论》，北京：中华书局，1989年。

胡先骕：《读郑子尹〈巢经巢诗集〉》，南昌：江西高校出版社，1995年。

钱仲联：《梦苕庵清代文学论集》，济南：齐鲁书社，1983年。

钱仲联：《论近代诗四十家》，合肥：安徽教育出版社，1999年。

钱穆：《中国学术思想史论丛》，北京：九州出版社，2013年。

冯友兰：《中国哲学史新编》，北京：人民出版社，1998年。

（清）徐世昌：《心巢学案》卷一百八十，北京：中国书店，1990年影印本。

（清）徐世昌：《春海学案》卷一百四十六，北京：中国书店，1990年影印本。

（明）徐光启：《徐光启集》，王重民辑校，上海：上海古籍出版社，1984年。

萧一山：《清代通史》，北京：中华书局，1986年。

张其昀：《民国遵义新志》，黄加服、段志洪主编，成都：巴蜀书社，2006年。

黄宾虹：《中国名画家全集·黄宾虹》，石家庄：河北教育出版社，2000年。

王文锦：《礼记译解》，北京：中华书局，2001年。

何俊、尹晓宁：《刘宗周与蕺山学派》，北京：中国人民大学出版社，2009年。

（清）莫友芝：《莫友芝日记》，张剑整理，南京：凤凰出版社，2018年。

（清）莫友芝：《莫友芝诗文集》，张剑编校，北京：人民文学出版社，2009年。

凌惕安：《郑子尹（珍）先生年谱》，香港：崇文书店，1975年。

（清）俞渭修、陈瑜篡：《光绪黎平府志》，清光绪八年黎平府志局刻本。

余英时：《中国思想传统的现代诠释》，南京：江苏人民出版社，1989年。

龙先绪：《巢经巢诗钞注释》，西安：三秦出版社，2002年。

（清）莫友芝：《莫友芝诗文集》，张剑编，北京：人民文学出版社，2009年。

（清）莫友芝：《莫友芝全集》，张剑、张燕婴整理，北京：中华书局，2017年。

（清）莫友芝：《莫友芝诗文集》，张剑编，北京：人民文学出版社，2008年。

（清）莫友芝：《巢经巢诗钞序》，上海：上海古籍出版社，2019年。

（清）莫庭芝：《黔诗纪略后编》卷七，贵阳：贵州人民出版社，2014年。

（清）张穆：《海疆善后宜重守令论》，北京：中华书局，1963年。

张舜徽：《郑学丛着》，济南：齐鲁书社，1984年。

（清末民初）刘师培：《清儒得失论·清儒得失论——刘师培论学杂稿》，北京：中国人民大学出版社，2004年。

（清）王鸣盛：《蛾术编》卷五十八，北京：商务印书馆，1958年。

冯楠：《贵州通志·人物志》，贵阳：贵州人民出版社，2000年。

崔宜明：《先秦儒家哲学知识论体系研究》，上海：上海人民出版社，2014年。

韩琦、吴旻校注：《正教奉褒·明朝》，北京：中华书局，2006年。

白敦仁：《巢经巢诗钞笺注》，成都：巴蜀书社，1996年。

黄万机：《郑珍评传》，成都：巴蜀书社，1989年。

（清）郑珍：《郑珍集·文集》，王瑛点校，贵阳：贵州人民出版社，1994年。

（清）郑珍：《郑珍全集》（全七册），黄万机译，上海：上海古籍出版社，2012年。

（清）郑珍：《亲属记》，冯惠民、李肇翔、杨梦东点校，北京：中华书局，1996年。

（清）郑珍：《樗茧谱》，莫友芝注解，张剑、张燕婴整理，北京：中华书局，2017年。

赖永海：《佛学与儒学》，杭州：浙江人民出版社，1992年。

赖永海：《中国佛性论》，南京：江苏人民出版社，2010年。

释印光：《印光法师文钞》，北京：宗教文化出版社，2000年。

李承贵：《德性源流——中国传统道德转型研究》，南昌：江西教育出版社，2004年。

李承贵：《陆九渊》，昆明：云南教育出版社，2009年。

李承贵：《杨简》，昆明：云南教育出版社，2011年。

李承贵：《生生的传统——中国传统哲学认知范式研究》，北京：中国社会科学出版社，2018年。

王月清：《中国德育思想史》，南京：江苏教育出版社，1993年。

王月清：《中国佛教伦理研究》，南京：南京大学出版社，1999年。

杨维中：《经典诠释与中国佛学》，北京：宗教文化出版社，2006年。

杨维中：《中国佛教心性论研究》，北京：宗教文化出版社，2007年。

陈鼓应：《老子注释及评介》，北京：中华书局，2003年。

陈来：《朱子哲学研究》，上海：华东师范大学出版社，2000年。

陆永胜：《心学政——明代影中王学思想研究》，北京：中华书局，2016年。

陆永胜：《阳明学与中国当代文化建设》，贵阳：孔学堂书局，2020年。

龚书铎：《清代理学史》，广州：广东教育出版社，2007年。

王茂：《清代哲学》，合肥：安徽人民出版社，1992年。

张昭军：《晚清民初的理学与经学》，北京：商务印书馆，2007年。

史革新：《晚清理学研究》，北京：商务印书馆，2007年。

汪学群：《清代学问的门径》，北京：中华书局，2009年。

陈祖武：《清代学术源流》，北京：北京师范大学出版社，2012年。

车冬梅：《清代道咸同时期理学学术与思想研究》，西安：西北大学出版社，2013年。

吕妙芬主编：《明清思想与文化：台湾"中央研究院"近代史研究所六十周年纪念论文集》，北京：世界图书出版公司，2016年。

曾秀芳：《郑珍研究》，北京：中国社会科学出版社，2016年。

［加拿大］施吉瑞：《诗人郑珍与中国现代性的崛起》，郑州：河南大学出版社，2016年。

［德］恩格斯：《马克思恩格斯选集》，北京：人民出版社，1995年。

三、期刊类

李承贵：《"心即理"的奥义》，《社会科学战线》2021年第10期。

李承贵、张芙蓉：《中国传统伦理思想中的"理"、"欲"关系论》，《江西师范大学学报》2006年第4期。

王月清：《传统修养境界论初探》，《江苏社会科学》1996年第6期。

陆永胜：《道德·价值·信仰——当代文化语境中王阳明良知图式的三重向度》，《江苏行政学院学报》2021年第3期。

陆永胜：《"仁"之现代诠释的三个向度》，《华南师范大学学报》（社会科学版）2018年第2期。

陆永胜：《论莫友芝诗歌意境的美学特征》，《凯里学院学报》2014 年第 5 期。

黄万机：《评郑珍的经学成就》，《贵州文史丛刊》1986 年第 5 期。

黄万机：《郑珍世界观初探》，《贵州文史丛刊》1987 年第 3 期。

韦启光：《郑珍的哲学思想》，《贵州社会科学》1992 年第 12 期。

徐钰：《论郑珍对王学之评价》，《贵州师范大学学报》2014 年第 6 期。

徐钰：《论清代"西南巨儒"郑珍的宋学取向》，《教育文化论坛》2016 年第 4 期。

龚书铎：《清代理学的特点》，《史学集刊》2005 年第 4 期。

史继忠：《"沙滩文化"揭秘：文化与教育交融》，《教育文化论坛》2010 年第 2 期。

黄万机：《夜郎故地文化史上的奇葩——遵义沙滩文化述论》，《教育文化论坛》2010 年第 2 期。

许兴宝：《"温良恭俭让"精神实质的重新审视》，《西北第二民族学院学报》（哲学社会科学版）1999 年第 6 期。

蔡方鹿：《程朱理学的经学观》，《学习论坛》2008 年第 6 期。

蔡方鹿：《论宋明理学的经学观》，《四川师范大学学报》（社会科学版）2009 年第 1 期。

朱汉民：《湘学的学术旨趣》，《现代哲学》2014 年第 3 期。

朱汉民：《学术旨趣与地域学统》，《文史哲》2014 年第 5 期。

吴震：《明清之际人性论述的思想转变及其反思》，《道德与文明》2022 年第 2 期。

吴震：《朱子学理气论域中的"生生"观——以"理生气"问题为核心》，《清华大学学报》（哲学社会科学版）2019 年第 6 期。

陈敏荣：《论顾炎武"经学即理学"的学术史意义》，中南民族大学学报（人文社会科学版）2009 年第 3 期。

邹望芳：《会通汉宋——郑珍、莫友芝学术渊源考》，《社科纵横》2018 年第 5 期。

陈立胜：《"修己以敬"：儒家修身传统的"孔子时刻"》，《学术研究》2020 年第 8 期。

汪庆华：《努力培养可堪大用能担重任的西部建设者》，《中国高等教育》

2020 年第 17 期。

　　蔡利民：《哲学的生命体验》，《理论视野》2012 年第 11 期。

　　王威威：《"理"、"势"、"人情"与"自然"——韩非子的"自然"观念考察》，《晋阳学刊》2019 年第 2 期。

　　王威威：《韩非的"自然之势"与"人设之势"新解》，《兰州学刊》2011 年第 11 期。

　　樊良树：《中国王朝周期律及现代启示》，《2013 年全国哲学伦理学博士后论坛论文集》，2013 年。

　　王之榜：《赞"贫贱不能移"》，《道德与文明》1991 年第 3 期。

　　张文彪：《宋明理学的鬼神生死思想探析》，《福建论坛》（文史哲版）2001 年第 12 期。

　　徐钰：《论清代"西南巨儒"郑珍的宋学取向》，《教育文化论坛》2016 年第 4 期。

　　任在喻：《语语珠玉　如闻如视——郑珍〈母教录〉品析》，《贵州文史丛刊》2010 年第 3 期。

　　赵明：《谈中国传统哲学思想中的华夷之辩》，《湖州师范学院学报》2004 年第 8 期。

　　王路平：《黔中王门——贵州阳明文化学派的形成》，《阳明学刊》2012 年第 1 期。

　　陈刚：《论气节——中华气节观的意蕴、内涵与作用》，《学海》2009 年第 1 期。

　　周桂钿：《民以食为天和国以民为本——从古到今的社会历史观初探》，《福建论坛》（文史哲版）1998 年第 6 期。

　　黎哲：《孔子的学习观研究》，《湖北师范大学学报》（哲学社会科学版）2018 年第 3 期。

　　史开斌：《试论郑珍的教育思想》，《贵州教育学院学院》（社会科学版）1997 年第 9 期。

四、硕博论文类

　　刘再华：《晚清时期的文学与经学》，复旦大学博士论文，2003 年。

　　侯长生：《同光体派的宋诗学》，复旦大学博士论文，2007 年。

宁夏江:《清诗学问化研究》,暨南大学博士论文,2009 年。

陈蕾:《郑珍诗学研究》,华东师范大学博士论文,2011 年。

周芳:《道咸宋诗派研究》,山东大学博士论文,2012 年。

李美芳:《贵州诗歌总集研究》,浙江大学博士论文,2013 年。

李文博:《清代韩愈接受与研究论稿》,南京大学博士论文,2014 年。

陈秋月:《郑珍〈说文逸字〉研究》,陕西师范大学博士论文,2018 年。

李明勇:《晚清贵州图书传播研究(1840—1911)》,华中师范大学博士论文,2018 年。

王国梁:《贵州士绅的形成、发展和转型研究(1413—1911 年)》,云南大学博士论文,2019 年。

张明:《贵州阳明学派思想流派初探》,贵州师范大学硕士论文,2003 年。

邢博:《〈巢经巢诗钞〉研究》,山东大学硕士论文,2005 年。

陈海花:《莫友芝与〈郘亭知见传本书目〉》,山东大学硕士论文,2006 年。

王有景:《郑珍诗歌研究》,陕西师范大学硕士论文,2007 年。

黄江玲:《郑珍的诗歌美学研究》,贵州大学硕士论文,2009 年。

周芳:《道咸年间的台阁诗人程恩泽和祁寯藻对诗坛的影响》,山东大学硕士论文,2009 年。

吕姝焱:《晚清诗话中的“性情”说》,河南大学硕士论文,2014 年。

张明:《贵州阳明学派思想流变初探》,贵州师范大学硕士论文,2003 年。

唐燕飞:《才力与学问——郑珍〈巢经巢诗钞〉研究》,赣南师范学院硕士论文,2012 年。

宋立:《基于清代金石题跋的“宋四家”书法接受观念》,西南大学硕士论文,2016 年。

刘雨婷:《莫友芝书法艺术研究》,南京大学硕士论文,2017 年。

帅幸微:《晚清贵州文人书家的儒学思想研究》,西南大学硕士论文,2018 年。

图书在版编目(CIP)数据

郑珍理学思想研究 / 王安权著. -- 上海 ：上海三
联书店，2025．6. -- ISBN 978-7-5426-8921-4

Ⅰ．B249.95

中国国家版本馆 CIP 数据核字第 202516SH25 号

郑珍理学思想研究

著　　者 / 王安权

策　　划 / 韦舒甄
责任编辑 / 杜　鹃
装帧设计 / 一本好书
监　　制 / 姚　军
责任校对 / 王凌霄

出版发行 / 上海三联书店
　　　　　(200041)中国上海市静安区威海路 755 号 30 楼
邮　　箱 / sdxsanlian@sina.com
联系电话 / 编辑部：021－22895517
　　　　　　发行部：021－22895559
印　　刷 / 上海展强印刷有限公司

版　　次 / 2025 年 6 月第 1 版
印　　次 / 2025 年 6 月第 1 次印刷
开　　本 / 890 mm×1240 mm　1/32
字　　数 / 200 千字
印　　张 / 9.625
书　　号 / ISBN 978－7－5426－8921－4/B・960
定　　价 / 98.00 元

敬启读者,如发现本书有印装质量问题,请与印刷厂联系 021－66366565